Déchets, rejets et pollutions

Comprendre pour agir

Questions contemporaines

Chômage, exclusion, globalisation… Jamais les « questions contemporaines » n'ont été aussi nombreuses et aussi complexes à appréhender. Le pari de la collection « Questions contemporaines » est d'offrir un espace de réflexion et de débat à tous ceux, chercheurs, militants ou praticiens, qui osent penser autrement, exprimer des idées neuves et ouvrir de nouvelles pistes à la réflexion collective.

Dernières parutions

André PRONE, *Communisme en acte, Travail désaliéné et Contre-culture politique*, 2025.
Steven Bruno NGANGA, *L'équilibre des invisibles. Ce que le monde doit à ceux qu'il ignore*, 2025.
Jean-Marc ESNAULT, *Transition. Le mot qui voulait tout changer*, 2025.
Gilbert DALGALIAN, *Un nouveau monde au forceps, Essai sur les violences du présent et les futurs à inventer*, 2025.
Michel VIEILLEFOSSE, *Climat : comprendre sans simplifier*, 2025.
Samuel MAYOL et Gérard DURAND, *République et immigration. Les défis de l'intégration en France,* 2025.
Louise FINES, *Fractures et luttes contemporaines, Essai sur l'imaginaire*, 2025.
Nicolas GAVET, *La violence à travers le temps : du glaive à la bombe*, 2025.
Jacques LANGLOIS, *Qu'est-ce que le système capitaliste néolibéral ?,* 2025.
Maxime NECHTSCHEIN, *La décroissance est-elle possible ? Entre les lois de l'Univers et le rêve politique*, 2025.
Paul-Henri TROLLÉ, *Le vain pouvoir*, 2025.
Philippe DEROUETTE, *Frugalité, la clé d'une sobriété réussie*, 2025.
Lory GARCIA, *L'isolement des personnes avec un Trouble du Spectre de l'Autisme. Entre solitude et inclusion,* 2025.
Triantafyllia KADOGLOU, *La question féminine, Chronique d'un drame culturel mondial sans fin*, 2025.
Floyd NOVAK, *Mettons fin au productivisme, Pour une transition écologique radicale*, 2025.
Jean MELEUX, *Manifeste d'un citoyen engagé. Des propositions concrètes pour sortir de l'impasse*, série « Que faire ? », 2025.
Esin EKIZOGLU, *Vers les territoires mobiles émergents. De l'objet technique singulier aux pratiques urbaines partagées*, série « Questions urbaines », 2025.
Jean-Dominique SEVAL, *La fin de Babel et autres effets inattendus de la révolution numérique*, 2025.

Daniel Ducher

Déchets, rejets et pollutions

Comprendre pour agir

L'Harmattan

Du même auteur

Planète Garonne : un fleuve à l'âge de la crise écologique, Librinova (édition en ligne), 2023
Quand le train cherche sa voie : plongée au cœur du système ferroviaire français, L'Harmattan, 2024

En couverture : photographie © Daniel Ducher
Point d'apport volontaire de déchets ménagers à Paris 17

5-7, rue de l'École-Polytechnique, 75005 Paris
http://www.editions-harmattan.fr
ISBN : 978-2-336-58583-3
EAN : 9782336585833
Dépôt légal : janvier 2026

Note de l'éditeur

Pourquoi nos sociétés, si innovantes, restent-elles impuissantes face à ce qu'elles produisent et rejettent ? Pourquoi les déchets et les pollutions demeurent-ils les angles morts de nos modes de vie, alors qu'ils en sont le produit le plus tangible et le plus persistant ?
Daniel Ducher apporte une réponse à la fois rigoureuse, documentée et profondément réflexive. Car le déchet est bien plus qu'un problème technique : il est l'impensé central de la modernité, la trace concrète de notre rapport trouble à la finitude et notre refus obstiné de la limite.
L'auteur révèle une contradiction fondatrice : nos économies sont bâties sur la production et l'accélération, mais elles ont expulsé de leur champ de vision la question du résidu, de l'irréversible. Nous avons construit une culture de l'invisible, où ce qui est « hors de vue » cesse d'exister... jusqu'à ce qu'il revienne nous hanter sous forme de crise écologique ou sanitaire.
Mêlant histoire, sciences et philosophie, Daniel Ducher nous invite à repenser radicalement notre manière d'habiter le monde. Voir et assumer nos rejets devient ainsi le premier pas vers une responsabilité collective retrouvée.
Un essai captivant qui s'inscrit pleinement dans l'ambition de la collection "Questions Contemporaines" : élargir la focale pour mieux saisir les grands déséquilibres de notre temps.

Abdu Gnaba
Directeur de la collection « Questions contemporaines »

Introduction

« Notre destin dépend de l'énergie que nous mettrons pour éviter que notre terre devienne inhabitable. »
Hubert Reeves, in L'océan vu du cœur, Seuil, 2023, p. 186

Ce livre comporte trois parties : la première est consacrée aux perceptions, aux concepts, et aux acteurs en matière de déchets, rejets et pollutions. Ces derniers sont détaillés dans une seconde partie. La troisième partie s'attache à présenter diverses pistes pour les éviter ou les réduire.

La première partie, composée des chapitres 1, 2 et 3, est ainsi une entrée en matière dans un sujet à la fois proche et lointain, familier et extérieur, montré et caché, engageant notre quotidien comme les relations à courte ou à longue voire très longue distance.

Le chapitre 1 expose la perception par les citoyens en France des problèmes environnementaux, et notamment des nuisances et des déchets, à partir de quelques enquêtes récentes. C'est un premier cadre. Il y apparaît une tendance croissante à la valorisation de la préoccupation environnementale, en même temps que sa relativisation (jouent aussi le pouvoir d'achat, la sécurité,...). Plus marquante est l'expression du lien avec un désir partagé de changement profond de la société.

Le chapitre 2 propose une approche originale de la "Terre habitable", c'est-a-dire des lieux où vit l'humanité, en expliquant ses grands déterminants (les cycles biogéochimiques), à partir des travaux du géochimiste Jérôme Gaillardet[1]. Ce schéma conceptuel tisse la toile de fond concrète des activités humaines et de leurs rejets de toutes sortes. C'est déjà une invitation à considérer différemment les « milieux », océans, nuages, sols, montagnes, forêts, fleuves..., et à relier les temps très longs qui voient s'allumer puis s'éteindre les volcans, et ceux très courts qui rythment l'existence humaine. On y

1 Jérôme Gaillardet, La Terre habitable - ou l'épopée de la zone critique, La Découverte, 2023, 255 p.

découvre l'articulation intime entre trois systèmes : climatique, écologique et géologique.

Le chapitre 3 nous familiarise avec les acteurs et les objets de la "rudologie", la discipline qui étudie les déchets. Il s'agit de remonter des gestes du quotidien jusqu'aux installations complexes et souvent massives de la « technosphère », notre seconde nature. Les exutoires le plus souvent oubliés des guides locaux de sensibilisation sur les « écogestes » finissent par apparaître au grand jour. Les réseaux passent là sous nos pieds, et parfois ils se rappellent à nous par quelque débordement intempestif. Une profession très importante dominée par des acteurs d'envergure mondiale, agit aux côtés des collectivités locales dont le rôle est déterminant, parfois écrasant. Des définitions sont posées en fin de chapitre. Comme les biens et services, les déchets font l'objet d'une « hiérarchie » et d'une comptabilité assises sur quelques conventions de vocabulaire, non sans mal, car une partie relève de trafics frauduleux ou passe à travers les mailles du filet. La distinction avec les « rejets » permet de ne pas oublier les effluents liquides ou gazeux. A travers le mot « pollutions » s'expriment les effets qu'ils soient visibles ou non.

La deuxième partie détaille les impacts, les « justifie », les quantifie et les illustre en pratique, au fil des chapitres 4, 5 et 6.

Le chapitre 4 présente brièvement le "bilan" annuel (le flux donc) des déchets, rejets et pollutions dans le contexte national. Les définitions deviennent parlantes : part des « DMA », les déchets ménagers et assimilés, ceux que le grand public connaît le mieux ; importance des déchets des activités avec le poids considérable des déchets de construction, pourtant inaperçus ; déchets dangereux également, que l'on explicite un peu plus clairement à la faveur d'un projet de nouvelle installation dans le nord de la France ; nature des pollutions diverses et plus ou moins diffuses enfin.

Le chapitre 5 propose une immersion dans le temps humain long, depuis plus de deux millénaires, et notamment depuis les trois derniers siècles, particulièrement polluants, que Jarrige et Le Roux ont décrit dans leur magistral ouvrage sur « la contamination du monde »[1]. Ce chapitre décrit aussi divers compartiments du dispositif actualisé de surveillance des nuisances et des risques, concernant la santé humaine et les milieux (air, eau et sols) auxquels citoyennes et citoyens peuvent avoir accès.

Le chapitre 6 met en perspective ces diverses approches autour de

1 François Jarrige, Thomas Le Roux, La contamination du monde : Une histoire des pollutions à l'âge industriel, Paris, Le Seuil, 2017, 480 p.

trois pôles d'intensité que sont la (sur) consommation, les énergies et les guerres. Le premier pôle est illustré par le bassin d'Arcachon d'aujourd'hui (en Gironde), au travers d'une sorte de « contre visite » proche du terrain. Il s'agit d'un territoire emblématique du choc frontal entre, d'une part, la pression anthropique (démographique et touristique) et, d'autre part, la singularité mais aussi la fragilité des milieux naturels, eu égard à la question des déchets, rejets et pollutions, à leurs effets cumulatifs. On ira ainsi à la rencontre de cinq « points chauds » : la Dune du Pilat et les campings attenants jouant avec l'illégalité, le site pétrolier « Vermillon » situé en forêt et en instance de relance, la grande usine de fabrication de papier Smurfit Kapa de Facture-Biganos qui montre « patte blanche », l'ancien centre d'enfouissement des déchets d'Audenge aujourd'hui reconverti après de longues années d'indécision, et enfin la problématique lancinante des eaux usées et la souffrance des huitres qui ont fait la renommée du Bassin.

S'agissant des énergies, on s'attarde sur le charbon toujours présent (la France fait exception en ayant fermé ses mines, la dernière il y a vingt ans), et le nucléaire toujours aussi controversé (la France aux premières loges en revanche et dans une phase de relance). On évoque aussi les guerres, au 20e comme au 21e siècle, qui montrent leur extrême nocivité pour l'environnement, en parallèle de la destruction de vies humaines. « Si vous n'arrivez pas à les tuer directement, brulez leurs forêts et rendez leur air irrespirable, polluez leur eau et minez leurs sols », telle pourrait être une stratégie guerrière cynique. Pour celles et ceux qui ne la connaitraient pas, la « Charte de l'environnement » intégrée à la Constitution française en 2005 est rapportée en annexe.

La troisième partie de l'ouvrage, la dernière, explore les pistes de « solutions », au fil des chapitres 7, 8 et 9.

Le chapitre 7 expose les actions « classiques », axées sur les effets, au travers de quatre processus : la circularité « imaginée », le « progrès technique » avec les « MTD » et d'autres méthodes (« ACV » et « ERC »)[1] ; la dilution ; et l'externalisation (qui a pris une ampleur inconsidérée). Lorsqu'il s'agit de répondre à l'abondance néfaste des déchets, rejets et pollutions, le réflexe qui vient immédiatement est de mettre en avant les vertus de nouveaux comportements individuels (le tri, la réutilisation, l'échange ...) et de meilleures techniques (en milieu industriel, comme par exemple un filtre plus performant pour

1 MTD : meilleures techniques disponibles, ACV :analyse du cycle de vie, ERC : séquence éviter réduire compenser

limiter l'émission de certains polluants dans l'eau ou l'air), et notamment la « circularité ». Elle constitue l'idéal selon le rudologue, c'est-à-dire le déchet devenu ressource au cycle suivant et ainsi de suite jusqu'à l'infini. On peut aussi compter sur la technique de « dilution » vieille comme le monde (un fluide évacué dans un cours d'eau auquel personne ne voit rien sauf les poissons...), ou l'externalisation des nuisances dont les puissants (mais pas que) usent largement (mines dans un lointain pays par exemple, ou usines positionnées à l'est de la ville afin de n'en pas subir les fumées nauséabondes si les vents dominants viennent de l'ouest).

C'est précisément parce que cette première approche centrée sur les effets nous laisse avec d'importantes quantités de déchets - surtout dès que l'on convient d'augmenter l'échelle de notre vision - qu'il nous faut voir plus largement, le contexte lui-même, et même regarder « en arrière », c'est-à-dire tenter de remonter aux causes de la production de tous ces déchets.

Le chapitre 8 aborde donc l'action sur le contexte, en ciblant le sujet des densités (de Malthus avec son « principe de population » autour de 1800 à « l'équation de Kaya » en 1993) et en explorant les outils juridiques à large échelle, au plan international (convention de Bâle sur les mouvements transfrontières de déchets dangereux, nouveau règlement européen relatif aux transferts de déchets, ...). A une extrémité de l'éventail des visions, se situent les « techno-optimistes » (venus notamment de la Silicon Valley) qui ont déjà prévu de migrer le moment venu vers d'autres planètes ! Des illustrations nous ramènent aux contextes, avec le programme des villes « zéro déchet » qui parle aux citoyen-ne-s et interpelle les collectivités locales, ou les initiatives peu connues d' « écologie industrielle et territoriale », d'autant plus importantes qu'elles ciblent les flux de matières, d'énergie et d'eau.

Le chapitre 9 enfin aborde l'action sur les causes, la plus difficile à envisager car elle suppose, estimons-nous, une remise en question globale et structurelle « entre modération et redirection ». Celle-ci peut prendre diverses formes encore peu étudiées : dépassement du « développement durable » tel qu'on l'entend aujourd'hui (selon le rapport Brundtland de 1987) vers une « durabilité forte », « déconsommation » soucieuse de l' « empreinte matière » (à ne pas confondre avec la « décroissance »). Plus encore, une « écologie du démantèlement » se fait jour. Il s'agit d'apprendre à « hériter » des installations massives et obsolètes de la technosphère, mais aussi de savoir en opérer la « fermeture ». Cela se fait déjà, si l'on songe au démantèlement des réacteurs nucléaires parvenus en fin de vie (9 actuellement nous dit EDF), ou du tout récent plan national de résorption des décharges littorales présentant des risques de relargage des déchets en mer (55 sites au total).

La conclusion invite à ne pas céder à la fatalité de la « contamination généralisée », mais au contraire à mieux la comprendre pour pouvoir la contrer. Ceci en s'évertuant notamment à scruter la « technosphère » tout autant que ce que nous appelons la « nature ». Elle invite aussi à prolonger le débat sur nos approches de l'environnement, mais aussi sur les trois perspectives sociétales globales qui s'offrent à nous.

Partie 1
Perceptions, concepts et acteurs

Chapitre 1er - Les préoccupations des Français en matière d'environnement

Chapitre 2 - La planète Terre, cette inconnue

Chapitre 3 - Bienvenue en rudologie !

Chapitre 1er
Les préoccupations des Français en matière d'environnement

Nous disposons en France depuis plus d'une trentaine d'années d'enquêtes permettant d'identifier les préoccupations des Françaises et des Français en matière d'environnement. Celles-ci fluctuent au fil des années, en lien notamment avec la conjoncture socio-économique générale. Fait notable, on y apprend l'aspiration très largement partagée à une transformation profonde de la société. Pour autant, le domaine des déchets et des pollutions (air mis à part) est faiblement mentionné.

1-La population française profondément consciente des enjeux environnementaux

Dans une récente étude pour l'ADEME sur l'opinion des Français en 2024, le CREDOC écrit :

« Malgré une baisse de l'inflation durant l'année 2023, ses effets se ressentent toujours début 2024, se traduisant par un sentiment de vulnérabilité largement partagé au sein de la population. Les Français sont également de plus en plus préoccupés par les problèmes de sécurité, d'immigration et de pauvreté, qui devancent les préoccupations environnementales.

La population est pourtant profondément consciente des enjeux environnementaux, de la responsabilité de l'effet de serre et du facteur humain dans les catastrophes climatiques mais aussi de l'impact de la perte de biodiversité. Ils continuent à soutenir très largement (82 %) une mobilisation de moyens pour lutter contre le réchauffement climatique semblable à ceux déployés pour lutter contre la crise du Covid-19. Ces attentes fortes pour l'environnement s'accompagnent d'un important désir de changement sociétal – 82 % estiment que la société doit se transformer profondément. »[1]

---

1 ADEME, CREDOC (Hélène Blake), 2024, « Sensibilité à l'environnement, action

Graphique - Parmi les sujets suivants*, quels sont les deux qui vous préoccupent le plus ? – cinq premiers sujets choisis parmi une liste de 11 (op cit. p. 3)

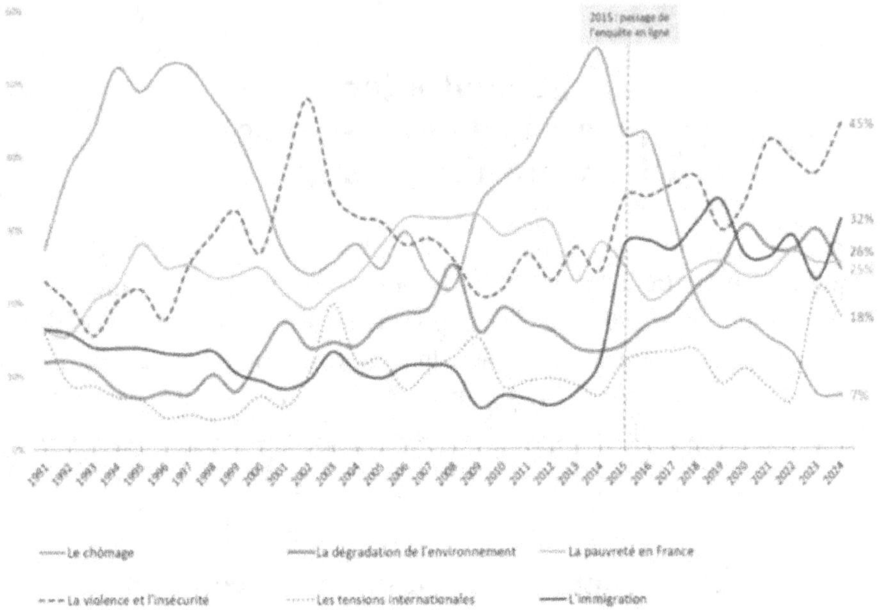

Source : CREDOC, Enquêtes Conditions de vie et aspirations des Français. Question CREDOC.

**Parmi 11 sujets : le chômage, la dégradation de l'environnement, les maladies graves, la pauvreté en France, la pauvreté dans le monde, la drogue, la violence et l'insécurité, les tensions internationales, les conflits sociaux, l'immigration, l'Europe.*

Le graphe ci-dessus donne la chronique des préoccupations depuis 30 ans et permet d'identifier la place occupée par le sujet de « la dégradation de l'environnement » et son évolution au fil du temps. Il montre une tendance croissante à la valorisation de la préoccupation environnementale, en même temps que sa relativisation.

Plus étonnante est l'expression du lien avec un désir partagé de changement profond de la société. La même étude note : « La volonté d'action pour l'environnement s'inscrit dans le contexte d'une attente

publique et fiscalité environnementale : l'opinion des Français en 2024 », 23 p. Cette note a été élaborée à partir de l'enquête « Conditions de vie et aspirations », dispositif existant depuis 1978. La vague d'enquête de janvier 2024 a été réalisée du 20 décembre 2023 au 15 janvier 2024 en ligne, auprès d'un échantillon de 3.000 individus représentatifs de la population âgée de 15 ans et plus, résidente en France métropolitaine, en Corse et dans les DROM

forte et partagée de réforme sociétale : 82 % de la population considère que la société française a besoin de se transformer profondément. Elle reste toutefois divisée sur la manière de mettre en œuvre ces réformes, soit par des réformes progressives (39 %), soit par des réformes radicales (42 %). » Un nouveau graphique traduit ce constat (op cit. p. 11) :

Graphique - Un fort soutien pour une transformation profonde de la société
« Estimez-vous que la société française a besoin de se transformer profondément ? » (oui/non)
« Pour que la société change comme vous le souhaitez, êtes-vous pour des réformes progressives ou des changements radicaux ? »

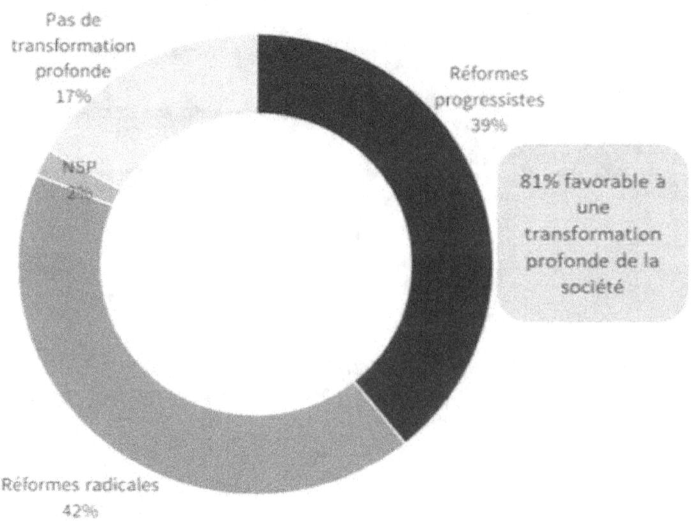

Source : CREDOC, Enquêtes Conditions de vie et aspirations des Français, décembre 2023-janvier 2024. Question CREDOC.

2-Déchets et pollutions n'apparaissent pas devoir figurer dans les priorités de l'action publique

Un peu plus loin dans cette étude, il est question des priorités que devrait retenir l'action publique : « Parmi les actions que les pouvoirs publics devraient mettre prioritairement en œuvre pour protéger l'environnement, la production d'énergie peu émettrice arrive en tête des solutions privilégiées : l'investissement dans les énergies renouvelables est mentionné en première place par 21 % des personnes et le nucléaire par 18 %. Beaucoup soulignent également le rôle des pouvoirs publics dans la baisse des émissions des transports : 20 % des personnes considèrent que développer les transports en commun et limiter l'usage de la voiture doivent être en tête des priorités pour les pouvoirs publics. » C'est ce que traduit le graphe suivant (op cit. p. 10).

Graphique - Une diversité d'actions jugées prioritaires pour l'environnement

« Selon vous, quelles devraient être les priorités des pouvoirs publics pour la protection de l'environnement ? (3 réponses maximum) »

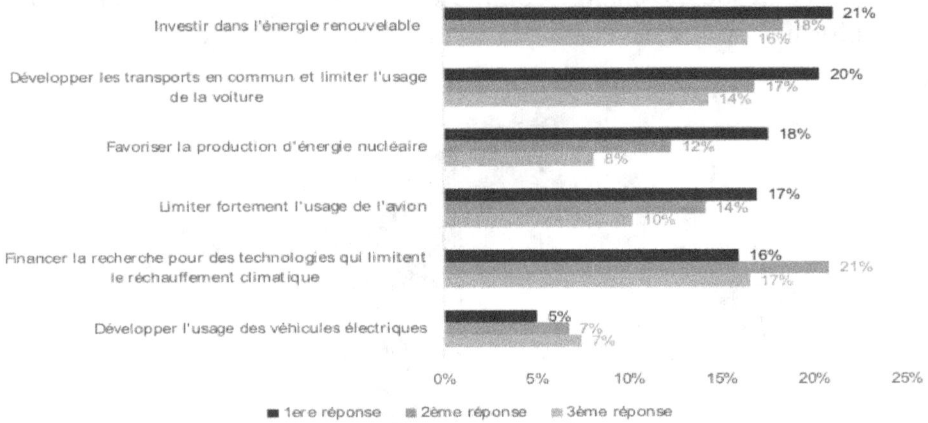

Source : CREDOC, Enquêtes Conditions de vie et aspirations des Français, décembre 2023-janvier 2024. Question proposée par TRANSDEV.

Mais qu'en est-il alors des déchets et des pollutions ? D'autres statistiques qui affinent les « préoccupations environnementales » permettent d'estimer la place relative des différents domaines, comme l'indique la « synthèse des connaissance en 2023 » publiée par le ministère en charge de l'écologie[1].

Il précise : « Le réchauffement climatique demeure la préoccupation principale des Français, mais les problématiques liées aux catastrophes naturelles et aux pollutions sont également très présentes. » Et plus avant : « Entre 2010 et 2022, le réchauffement de la planète s'est largement imposé comme la principale préoccupation environnementale des Français (+ 28 points). Ce sujet devance

1 Ministère des territoires, de l'écologie et du logement, « Préoccupations environnementales des Français - Synthèse des connaissances en 2023 », publié sur internet le 30/11/2023

désormais nettement les catastrophes naturelles, la pollution atmosphérique et la dégradation des milieux aquatiques. Alors que la pollution de l'air était la principale préoccupation environnementale en 2010, la part des Français citant ce problème environnemental a considérablement baissé au cours des six dernières années. »

Plus précisément encore, l'augmentation des déchets des ménages, tout comme la pollution de l'eau, des rivières et des lacs, figurent en-dessous de 10% des préoccupations environnementales, et les valeurs sont en recul par rapport à celle du début de la période observée (2010). C'est ce que traduit le graphe ci-dessous.

Ces mêmes statistiques renseignent également sur les problèmes ressentis à proximité du domicile, ainsi que sur la hiérarchie des risques environnementaux.

Concernant la proximité, ce sont le bruit et le manque de transports en commun qui viennent en tête.

Concernant les risques environnementaux, les incendies figurent en tête des risques « très élevés » suivis de la pollution de l'air, des pesticides, des canicules, de la pollution des sols, de la pollution de l'eau, des déchets chimiques, etc.

Les graphes en suivant détaillent ces informations.

Évolution des préoccupations environnementales des Français (en %)

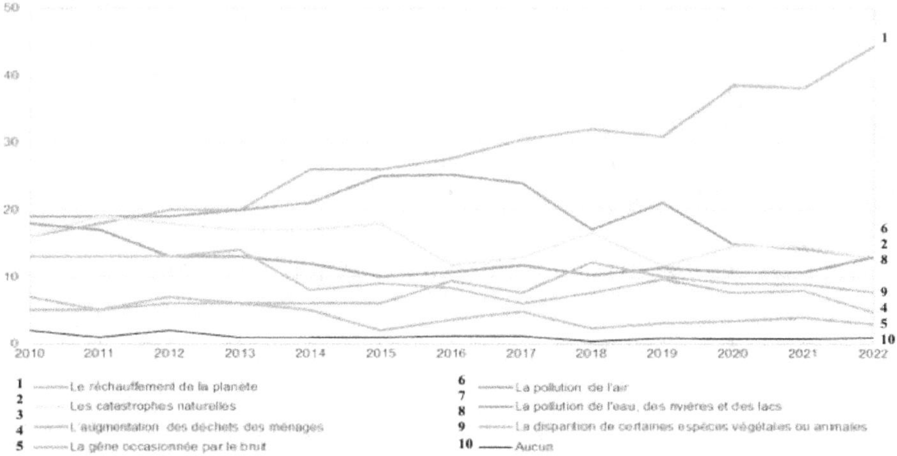

© SDES

***Note :** la question posée était : « Parmi les problèmes suivants liés à la dégradation de l'environnement, quels sont les deux qui vous paraissent les plus préoccupants ? ». Le graphique présente*

exclusivement le premier choix des enquêtés.
***Champ :** France métropolitaine.*
***Source :** SDES, plateforme Environnement de l'enquête « Camme » réalisée par l'Insee en novembre 2022*

Évolution des problèmes environnementaux <u>de proximité</u> (en %)

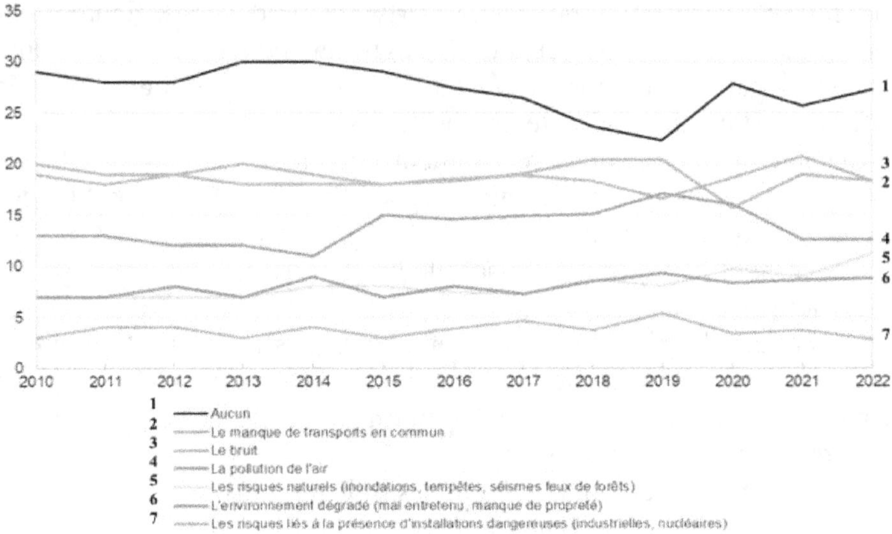

© SDES
***Note :** la question posée était : « Parmi les problèmes suivants, quels sont les deux qui concernent le plus votre quartier ? ». Le graphique présente exclusivement le premier choix des enquêtés.*
***Champ :** France métropolitaine.*
***Source :** SDES, plateforme Environnement de l'enquête « Camme » réalisée par l'Insee en novembre 2022*

Perception des <u>risques environnementaux</u> par les Français, en 2022 (en %)

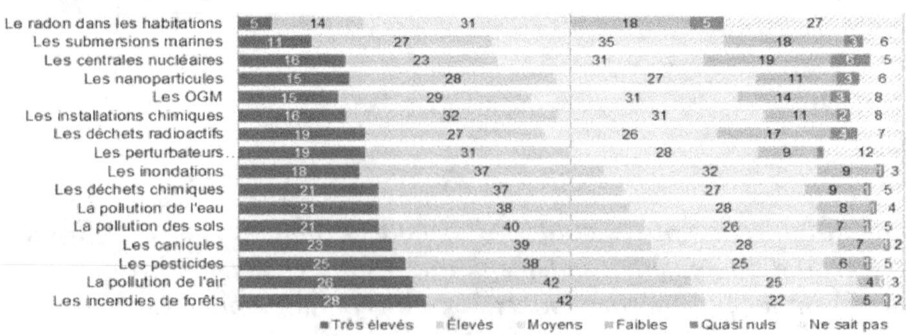

© SDES
Note : *la question posée était : « Dans chacun des domaines suivants, considérez-vous que les risques pour les Français en général sont très élevés, élevés, moyennement élevés, faibles ou quasi nuls ? ».*
Données collectées du 23 au 30 novembre 2022.
Champ : *France métropolitaine.*
Source : *IRSN, baromètre 2022 sur la perception des risques et de la sécurité par les Français*

3-Et le niveau d'information reçue sur les déchets en particulier est très hétérogène

Un sondage réalisé fin 2023 par l'Ifop pour Sépur (un acteur de la gestion des déchets) permet d'approfondir la thématique[1]. On y apprend notamment que :

-les Français trient facilement au quotidien, mais ont parfois des doutes : « Pour près de 9 Français sur 10, trier ses déchets au quotidien est un acte facile (89%). Pour autant, la majorité des répondants (54%) admet avoir « parfois » (42%) sinon « souvent » (12%) des doutes sur le choix de la poubelle adaptée au moment de jeter ses déchets. »

-Les jeunes (18-24 ans) « expriment des aspirations écologiques, mais leurs pratiques de tri ne se démarquent finalement pas de leurs aînés ».

-Le niveau d'information reçue apparaît « très hétérogène, avec une courte majorité de Français (51%) se sentant suffisamment informée pour trier correctement leurs déchets (…) On observe une polarisation forte entre d'une part, des Français déjà acquis au tri sélectif (globalement bien informés et trouvant la pratique facile) et d'autre part, ceux qui demeurent à convaincre. »

-Une légère majorité de Français recycle ses biodéchets (54%) alors qu'une nouvelle réglementation s'applique en la matière depuis le 1er janvier 2024, et c'est plutôt le fait des ménages en secteur rural qu'urbain et en maison plutôt qu'en appartement, comme on pouvait s'y attendre, au moins tant que le service public de collecte des déchets

1 Sondage Ifop pour Sepur, Les Français et leurs poubelles, 29/12/2023. L'enquête a été menée auprès d'un échantillon de 1.001 personnes, représentatif de la population française âgée de 18 ans et plus. Les interviews ont été réalisées par questionnaire auto-administré en ligne du 20 novembre au 1er décembre 2023. Résultats sur internet : https://www.ifop.com/publication/les-francais-et-leurs-poubelles/

n'a pas évolué partout sur ce plan.

Le tableau ci-dessous éclaire le manque de poubelles ou de conteneurs, où l'on constate que viennent en tête les déchets électriques et électroniques, ainsi que les vêtements, puis les biodéchets.

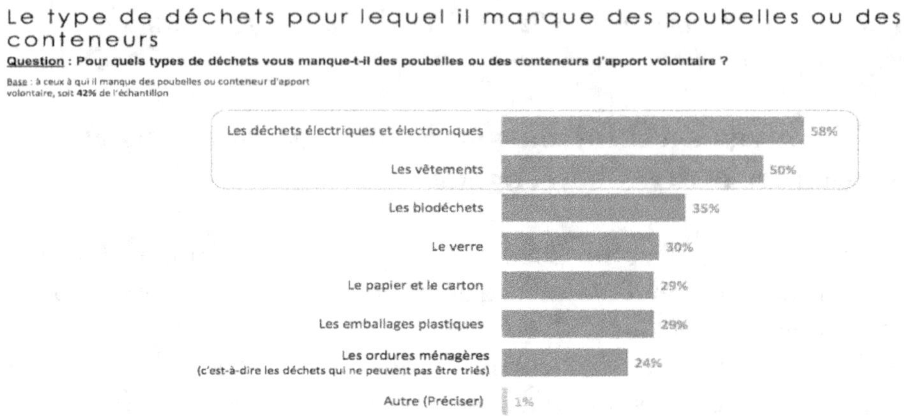

Source : sondage Ifop pour Sepur, 29/12/2023
(*) Total supérieur à 100, les interviewés ayant pu donner plusieurs réponses

Tous les chiffres rappelés dans ce chapitre montrent à la fois l'ampleur et l'enchevêtrement des préoccupations des ménages, parmi lesquelles la dégradation de l'environnement apparaît forte et constante. Elle renvoie elle-même à de multiples dimensions dominées aujourd'hui par les effets du changement climatique et des aléas météorologiques (inondations ou sécheresses, canicules, incendies de forêts, …), sans que la question des déchets n'émergent réellement, parfois pénalisée par un faible niveau d'information reçue. Faut-il pour autant en déduire que ce sujet est derrière nous ? Rien n'est moins sûr. Le chapitre suivant s'attache à décrire le fonctionnement dynamique de notre planète eu égard à son habitabilité par les humains, ce qui permettra par la suite d'appréhender en quoi les modes de vie actuels sont – ou non – compatibles avec le maintien de cette habitabilité à moyen et long terme.

Chapitre 2
La planète Terre, cette inconnue

« Le mont est un immense laboratoire naturel, où toutes les forces physiques et chimiques sont à l'oeuvre, se servant, pour accomplir leur travail, de cet agent souverain que l'homme n'a pas à sa disposition : le temps. »

Elisée Reclus, Historie d'un ruisseau... suivi d'histoire d'une montagne, réédité en 2017, cité in Gaillardet, La Terre habitable - ou l'épopée de la zone critique, La Découverte, 2023, p. 58

Ce chapitre vise à modeler notre perception du système terrestre, de telle sorte de nous rendre plus sensible à nos interactions quotidiennes en son sein. On présentera ainsi une approche basée sur les cycles biogéochimiques, nous incitant à un regard plus averti sur la « Terre habitable » (section 1), en abordant la question du temps (on devrait plutôt dire « de » temps au pluriel) (s. 2), avant de considérer cette sphère supplémentaire dans le système – la Technosphère - qui prend une ampleur considérable depuis deux siècles (s. 3).

1-Du globe terrestre à la Terre habitable : vers une « zone critique »

Voici bientôt cinq cents ans que les savants Copernic et Galilée ont établi que nous vivons sur Terre dans un système plus global - « héliocentrique » - c'est-à-dire autour du soleil (hélios : le soleil en grec). Au fil des derniers siècles, la connaissance sur le cosmos a permis de connaître encore plus largement l'univers, ses caractéristiques majeures, et de formuler des hypothèses sur sa naissance et partant, celle de la planète Terre, il y a environ 4,5 milliards d'années. De cette période originelle, notre planète garde une quantité phénoménale d'énergie et de matière. Elle se trouve depuis dans une dynamique continuelle au travers de cycles dits « biogéochimiques » à des échelles de temps et d'espace très variables.

Dans des développements actuels accès sur le climat[1], on cherche à comprendre et à modéliser les évolutions et les interactions entre les « enveloppes fluides du système planétaire » que sont l'atmosphère, l'océan, la cryosphère (masses de glace, de neige et de sols gelés), les surfaces continentales et la biosphère. De nouveaux scénarios climatiques pourront ainsi être établis et rapprochés des scénarios macro-économiques et, partant de là, déboucher sur des actions visant à modérer les effets des activités humaines sur le climat.

La biosphère, qui nous intéresse en particulier en tant que siège de la vie, peut être envisagée sous l'angle de « trois grands systèmes », comme le précise un rapport sur les cycles biogéochimiques de l'Académie des sciences de 2007 sous la direction de Georges Pédro, que nous citons[2] :

*1 Le système le plus externe est situé à l'interface basse atmosphère-surface de la Terre et concerne plus particulièrement les zones océaniques qui représentent 72 % de la surface du globe. Il est sous l'influence de la circulation atmosphérique en relation avec les océans et les glaciers et met en jeu essentiellement deux cycles : le cycle du carbone (CO2) et celui de l'eau. C'est cette zone qui détermine la nature du climat et de son évolution. Le système mis en jeu peut donc être désigné par le vocable « **système climatique** » ;*

2 Au contact de cette première interface, s'individualise à la surface des terres émergées une mince couverture ameublie dont on a parlé plus haut. C'est là que se sont mis en place, sous l'influence de l'énergie solaire et grâce à la photosynthèse, toutes les réactions biochimiques conduisant à la genèse de matière vivante, puis à sa décomposition. C'est là aussi que se développent les relations entre les communautés d'organismes vivants (biocénose) et le milieu naturel (biotope), si caractéristiques des écosystèmes.

*Le système en question peut donc être qualifié de « **système écologique** », qui met en jeu la plupart des éléments chimiques, et notamment ceux indispensables à la vie, tels le carbone, l'azote, le phosphore, le soufre, le calcium, les oligo-éléments. . .*

*3 Enfin, en-dessous de ces deux domaines, débute une zone complètement azoïque (ndr : milieu sans trace de vie) où règnent des températures et des pressions de plus en plus élevées au fur et à mesure que l'on s'éloigne de la surface. On a alors affaire au « **système géologique** » classique, domaine de la géochimie avec pleine*

---

1 Voir le programme ESM2025, sur internet : https://www.esm2025.eu/

2 Georges Pédro (Direction), Académie des sciences, Cycles biogéochimiques et écosystèmes continentaux, 2007, 482 p., voir p. 12-13-14

application des lois de la chimie...

Dans le même ordre d'idées, le géochimiste Jérôme Gaillardet, professeur à l'Institut de physique du globe de Paris, consacre un livre à la « zone critique », cette partie de la planète qualifiée de « Terre habitable »[1]. Ce livre passionnant ne se limite pas à définir les contours et les enjeux de ce domaine de recherche, entre laboratoires et « terrains » partout de par le monde, mais il alerte aussi sur l'ampleur des désordres d'origine humaine, et appelle à une refondation des champs disciplinaires et des apprentissages (notamment pour recoller animé et inanimé, vivant et minéral). Parce que, selon lui, tout se passe sur cette mince couche à la rencontre de l'atmosphère et des couches géologiques, il engage à diriger nos explorations « spatiales » vers les profondeurs plutôt que vers le ciel. Il est urgent, écrit-il, de développer une sorte de « terraception » (op cit p. 235) qui nous permettrait de mieux habiter la Terre. « Nous vivons à l'intérieur d'une petite partie de ce globe, nous en dépendons, mais nous ne connaissons des contours physiques de cet habitat que son espace topographique. ... La géophysique permettra d'ajouter une dimension souterraine au paysage. ... une exploration spatiale au-dessous et non au-dessus » écrit-il en parlant d'une « terra incognita » (p. 187).

Notre système héliocentrique, tourné vers Hélios, le soleil, n'en est pas moins aussi commandé par Hadès, le dieu des profondeurs, responsable de la tectonique des plaques et de l'activité volcanique, et donc du remodelage des reliefs sur le temps long. C'est là, précise J. Gaillardet, que se joue la « chorégraphie de l'habitabilité », illustrée par le dessin suivant (op cit. p. 106).

1 Jérôme Gaillardet, La Terre habitable - ou l'épopée de la zone critique, La Découverte, 2023, 255 p. et programme sur internet : https://www.ozcar-ri.org/fr/accueil/

La chorégraphie de l'habitabilité – Jérôme Gaillardet

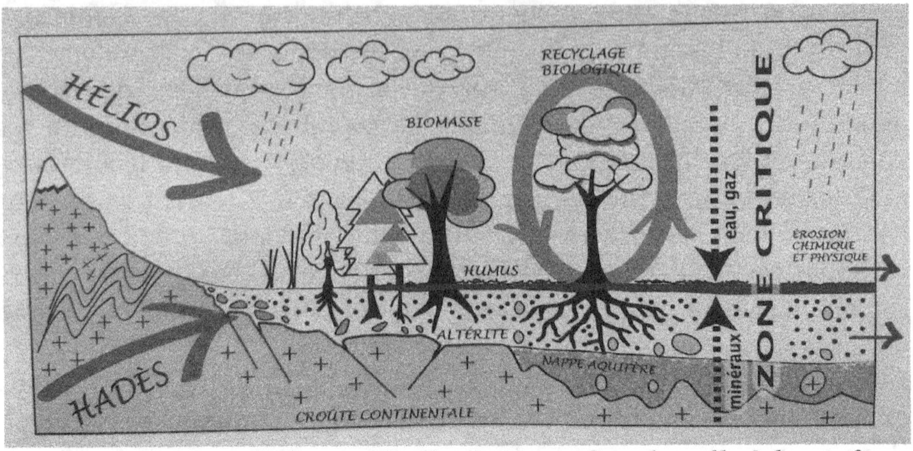

La rencontre entre Hélios et Hadès tisse une fine dentelle à la surface des continents, la seule pellicule habitable de la planète, une zone critique composée d'entités entrelacées : vivants, visibles et microscopiques, eau, altérite, humus. Elle anime des mouvements de la matière visibles (le sol devient sédiment) et invisibles (l'eau se charge de sels minéraux en transit) lorsque l'érosion entraîne les produits de l'altération chimique et de la photosynthèse.

Il ne s'agit pas de réifier ce nouvel espace, d'en faire un « globe bis », mais d'y vivre tout en comprenant les logiques de ses changements permanents pour éviter de les perturber outre mesure, comme nous le faisons malheureusement aujourd'hui. Il s'agit, indique J. Gaillardet, d' « une zone limite, une interface instable et en permanente transformation, une zone de résidence dans le mouvement de la matière. Hadès représente l'énergie interne de cette planète radio-active, qui conserve encore les traces de la chaleur dissipée par les chocs de météorites qui lui ont donné naissance. Hélios, l'énergie du soleil, irradie puissamment notre planète, alimenté par la fusion nucléaire de l'hydrogène en hélium qui se produit loin de nous, dans l'étoile. Ces deux énergies se dissipent et rentrent en frottement. De cette confrontation naît l'unique et mince zone habitable et habitée dans laquelle nous, humains, sommes et sommes forcés de demeurer. » (op cit. p. 121)

2-Une question de temps ?

a-Le temps « accéléré » ...

Si l'on réajuste ainsi les lunettes au travers desquelles considérer les milieux dans lesquels nous vivons, il faut aussi le faire à propos du temps. Ainsi, affirme J. Gaillardet, les activités humaines « perturbent significativement les lignes de temps des cycles planétaires, des temps biologiques à géologiques, de plusieurs milliers à millions d'années. (...) Aucune bactérie ne métabolise le plastique, car le plastique est né de la chimie des derniers siècles. Et quand les humains créent de nouveaux processus, c'est vite et intensément. » (op cit. p. 214)

Autres exemples cités par l'auteur : « Les glaces du Groenland révèlent des accumulations de poussières riches en plomb correspondant aux civilisations grecque et romaine. » Autre cas relatif à la fabrication tant d'explosifs que d'engrais pour l'agriculture conventionnelle : « En inventant un procédé industriel de fixation de l'azote de l'air, les humains ont multiplié par sept un flux de transformation de l'azote gazeux en formes assimilables (nitrate et ammonium), auparavant assuré par quelques bactéries fixatrices d'azote du sol, et ont ainsi totalement déséquilibré un cycle qui permettait le recyclage durable de l'azote des écosystèmes. »

b-Le temps « juste » : l'exemple de la graine

Dans un autre registre, Gilles Clément évoque dans sa leçon inaugurale au Collège de France intitulée « Jardins, paysage et génie naturel »[1], deux « champs d'investigation » à investir d'urgence : le « *recyclage* en territoire fini », et « le temps, son usage, sa prise et son abandon ». Il écrit à propos du temps :

« Pour des raisons liées aux saisons, au rythme des flux dans l'organisme des plantes, à l'incidence énergétique du soleil, à l'abondance ou à la rareté de l'eau, les végétaux prennent leur temps. Ils se décident au développement lorsque les circonstances nécessaires au développement sont réunies. Accélérer le processus les amènerait à croître dans des conditions menaçant leur propre vie. Alors ils attendent le moment venu. Le bon moment. Ni crédit ni dette de temps. À aucun moment le temps ne représente un placement, un objet de spéculation, il est juste ou alors il n'est pas.

1 Gilles Clément, Jardins, paysage et génie naturel, Collège de France, Leçon inaugurale prononcée le jeudi 1er décembre 2011

L'exemple le plus puissant, et pourtant le moins regardé sous cet angle, est la graine : la semence en sommeil. La graine retient le temps. Nous ne savons pas jusqu'à quel point, elle non plus. Elle attend le moment venu. Elle retient et elle efface le temps. Entre l'instant de sa naissance, à partir du fruit, et l'instant de sa croissance, il ne se passe rien. Rien pendant des semaines, des mois, des années. Parfois des siècles.

Ce rien efface le temps mais il contient la vie. (...) D'une telle apnée biologique, aucun autre organisme n'est capable. C'est l'exemple le plus spectaculaire d'une parfaite et totale économie. Et pourtant, une graine, c'est petit. »

Il ajoute en conclusion de ce texte au sujet du temps : « Aucune autre civilisation que la nôtre ne l'a si violemment malmené. Les névroses conjuguées de la performance et de la compétitivité – faisant de l'autre un ennemi et non un voisin, encore moins un ami – ont transformé le parcours en exploit, le voyage en déplacement et l'évaluation de toute chose en gain de temps par la vitesse. »

3-Réveil dans la « technosphère »

Cette nuit j'ai fait un rêve où je parcourais une nature vierge comme vous pouvez l'imaginez. Peut-être étais-je avec Rip, le chien de mon enfance, partis nous tapir tous les deux en bordure d'un taillis pour observer les lapins de garenne sortir prendre leur petit-déjeuner. Et finalement je me réveille : je suis dans la technosphère ! Ici le moteur vrombissant d'un camion lourdement chargé qui remet les gaz pour aborder la côte devant l'immeuble, là le tic-tac du réveil, et tant d'autres artéfacts qui occupent les vies humaines d'aujourd'hui sur une large part de la planète habitée. C'est que, surtout sur les deux derniers siècles, alors que la démographie fait un bond (boom) sans précédent dans l'histoire de l'humanité, les créations humaines sont allées bon train, pour le meilleur et pour le pire. Voici un constat volontairement situé à l'arrière plan du quotidien : eu égard au grands cycles biogéochimiques dont nous avons déjà parlé, pour mieux cerner cette technosphère où siègent désormais largement nos vies, et pour les sols, les mers et les cieux pris chacun dans leur ensemble.

a-L'anthropisation sous l'angle des cycles biogéochimiques

Le rapport de l'Académie des sciences que nous avons déjà cité indique sans ambages que l'homme a été amené (citation op cit. p. 8-

9) :

–à remettre en circuit du carbone provenant des combustibles fossiles (qui était jusque-là soustrait) et à libérer de grandes quantités de CO2 ne provenant pas de la biomasse; sans oublier le carbone émis dans l'atmosphère à la suite des opérations de déboisement, puis du labourage répétitif des terres à des fins agricoles, et ce depuis le néolithique ;

–à perturber le cycle de l'azote en fabriquant, puis en utilisant des engrais azotés et en accentuant dans les régions tempérées et tropicales de la planète, les problèmes d'acidification des terres ;

–à contribuer à la salinisation des sols dans les régions arides sous l'influence d'une irrigation régulière des cultures ;

–à modifier la redistribution de divers éléments (phosphore, potassium, chlore. . .) ou composés que l'on a introduit dans le circuit agronomique pour compenser les exportations (ndr : au sens agronomique) par les récoltes ;

–à provoquer la dissémination de nombreux métaux en relation avec le développement de la métallurgie et de l'agronomie (cuivre, zinc, nickel, étain, plomb, mercure. . .) ou encore des molécules biocides de synthèse utilisées dans les traitements phytosanitaires ;

–à mettre en circulation des radionucléides à longue durée de vie en rapport avec l'utilisation de l'énergie nucléaire ;

–à produire de grandes quantités de déchets (industriels, agricoles et urbains) qu'il s'agit maintenant de résorber. . .

Il s'en suit l'émergence de problèmes en relation avec la modification des systèmes écologiques et la détérioration des cycles biogéochimiques, tels l'effet de serre (additionnel), l'eutrophisation des eaux, l'acidification ou la salinisation des sols, les dépérissements forestiers (pluies acides), les phénomènes de pollution . . ., avec des conséquences qui sont loin d'être négligeables pour les sociétés au plan de l'avenir de l'humanité, dans les domaines de l'alimentation et de la santé notamment. Ceci étant, la solution à notre époque n'est pas de bloquer toute nouvelle activité humaine en raison de l'intense pression démographique actuelle, mais de relever le défi majeur que constituent, de nos jours, la préservation du capital naturel et la qualité de la vie sur la planète.

b-L'émergence de la technosphère

La technosphère correspond à toutes les créations d'origine humaine qui fournissent un cadre matériel à nos vies et les remplissent : bâtiments d'habitation ou d'activités, infrastructures de communication et de transport, mais aussi terres ou mers exploitées pour l'agriculture et la pêche, etc. Pour le biologiste Olivier Hamant, « la technosphère est la seule {de toutes les sphères} qui est en grande partie étrangère au recyclage »[1]. Des chercheurs britanniques ont tenté de l''estimer plus précisément[2] :

Nous évaluons l'échelle et l'étendue de la technosphère physique, définie ici comme la production matérielle additionnée de l'entreprise humaine contemporaine. Elle comprend des composantes urbaines, agricoles et marines actives, utilisées pour soutenir le flux d'énergie et de matières pour la vie humaine actuelle, et une couche de résidus croissante, actuellement seulement en petite partie recyclée dans la composante active. (...) La transformation rapide d'une grande partie de la masse de surface de la Terre en technosphère et ses innombrables composants souligne la nouveauté de la transformation planétaire actuelle. »

Les chercheurs ont estimé la masse approximative des principaux composants de la technosphère physique, classés par ordre de masse décroissante (ci-dessous les cinq premières valeurs en %) :

Aires urbaines	36,9%
Habitat rural	20,9%
Pâturages	16,5%
Terres cultivées	12,5%
Fonds marins chalutés	07,5%

Jérôme Gaillardet estime quant à lui que la masse des infrastructures humaines égale la masse des vivants avec 29 milliards de tonnes. Cela représente 3 fois le rejet des volcans et 2 fois les apports des fleuves aux océans (Gaillardet, op cit. p. 216).

Pour spéculatifs qu'ils soient, tous ces chiffres n'en doivent pas moins nous alerter sur la réalité qu'ils veulent exprimer : pour bon nombre d'entre nous, la technosphère est omniprésente, à tel point que nous ne nous en rendons même plus compte.

c-Ces milieux qu'on croyait infinis : sols, mers, cieux

Commençons avec les sols, car c'est là même que nous naissons et vivons. Une lecture de la synthèse d'un récent rapport spécial de la

1 Olivier Hamant, La troisième voie du vivant, Odile Jacob, 2022, p. 138

2 Jan Zalasiewicz (Department of Geology, University of Leicester, UK) et autres, Scale and diversity of the physical technosphere: a geological perspective, The Anthropocene Review, 2017, Vol. 4(1) 9–22

Cour des comptes européenne permet d'identifier l'ampleur du sujet[1] : « La bonne santé des sols est essentielle à la durabilité de l'agriculture. Or, 60 à 70 % des sols de l'UE ne sont pas sains, en raison notamment des pratiques actuelles de gestion des sols et des effluents, lesquelles ont également une incidence négative sur la qualité de l'eau et sur la biodiversité. » La conclusion des investigations des rapporteurs est lapidaire : « Nous parvenons à la conclusion qu'en raison de normes souvent peu ambitieuses (tant du point de vue de leur définition que de leurs exigences) et d'un ciblage limité au niveau national, les outils disponibles n'ont pas été suffisamment exploités, et que la santé des sols pourrait encore être grandement améliorée. »

Les deux figures qui suivent, extraites du rapport, rappellent pour la première la contribution importante des sols à l'atteinte des objectifs de développement durable des Nations-Unies, et pour la seconde la nature des pressions subies par les sols agricoles en Europe.

Vue d'ensemble des objectifs de développement durable liés aux sols

Source: Cour des comptes européenne, sur la base des objectifs de développement durable des Nations unies.

1 Cour des comptes européenne, Action de l'UE pour une gestion durable des sols – Des normes peu ambitieuses et un ciblage limité, Rapport spécial, 2023, 59 p., voir notamment les p. 4, 8 et 9

Pressions exercées sur les sols agricoles européens

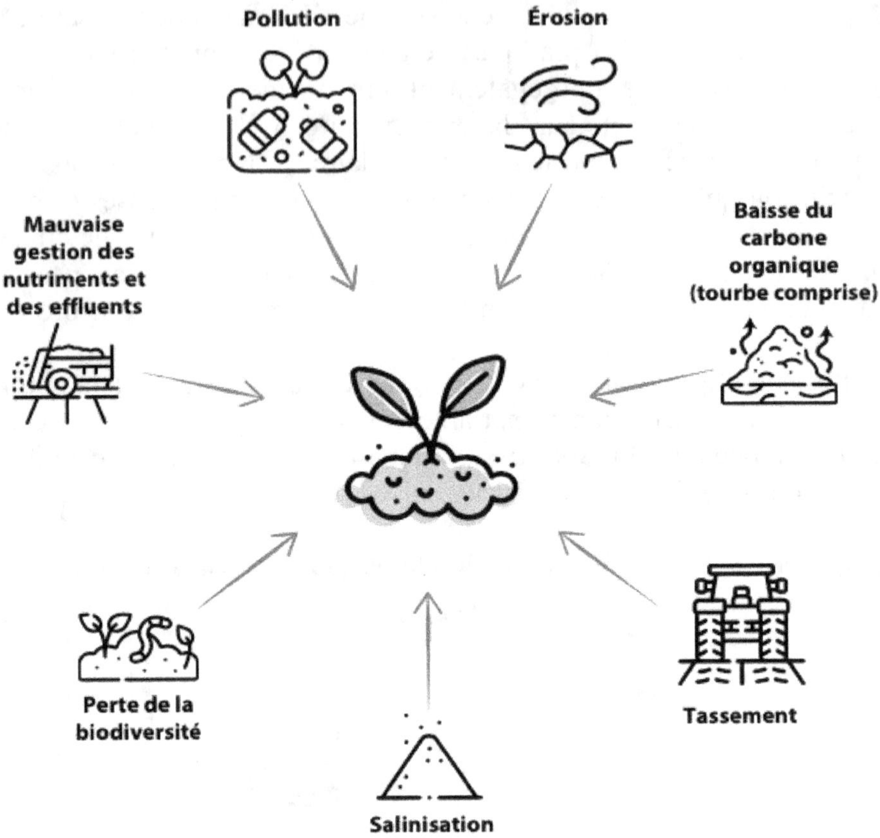

Source: Cour des comptes européenne, sur la base des données de la Commission

Les océans et la cryosphère (glace, neige et sols gelés) connaissent eux aussi des évolutions importantes, même si elles sont moins visibles quand on n'habite pas une zone littorale, polaire ou de haute altitude. Le rapport spécial publié par le GIEC en 2019 en atteste et alerte sur la situation. Voici un extrait du résumé du rapport publié par l'Observatoire national sur les effets du changement climatique (citation)[1] :

Impacts Niveau des mers

• *Au cours du 20e siècle, le niveau moyen global de la mer a augmenté d'environ 15 cm. Actuellement, cette augmentation*

1 GIEC, Rapport spécial sur les océans et la cryosphère, 2019, résumé de l'ONEC, février 2020

s'accélère et pourrait atteindre 1,10 m en 2100, si nous ne réduisons pas fortement nos émissions de gaz à effet de serre.

• Les événements extrêmes du niveau de la mer qui sont actuellement observés une fois par siècle, comme les inondations côtières, vont être plus fréquents et se produire une fois par an dès 2050 dans de nombreux pays.

• D'ici à 2100, sans une forte adaptation, tous les littoraux du monde seront exposés à des risques élevés de submersion marine, d'érosion côtière et de salinisation (nappes phréatiques et zones humides près des côtes), forçant des populations entières à se déplacer.

• Plus nos émissions de gaz à effet de serre sont élevées, plus les risques et le nombre de personnes touchées augmentent.

Impacts Hautes montagnes

• Les régions avec les plus petits glaciers (Europe, Afrique orientale, Andes tropicales et Indonésie) perdront plus de 80 % de leur masse actuelle de glace d'ici 2100, selon les scénarios d'émissions élevées.

• Le recul des glaciers de montagne modifie la disponibilité et la qualité de l'eau en aval, avec des répercussions sur de nombreux secteurs (agriculture, hydroélectricité...) ou simplement l'accès à l'eau potable.

• Avec la fonte des glaciers et la diminution de la couverture neigeuse, des espèces animales et végétales migrent vers le haut des pentes, d'autres diminuent et risquent de disparaître, mettant en danger des écosystèmes entiers et les populations qui en dépendent.

• La fonte des sols gelés (pergélisol), qui renferment de grandes quantités de carbone, risque d'entraîner une hausse considérable des concentrations de gaz à effet de serre dans l'atmosphère.

Impacts Océan et vie marine

• L'océan absorbe la majeure partie de la chaleur excédentaire dans le système climatique liée

aux émissions anthropiques et en absorbera jusqu'à 5 à 7 fois plus, selon les scénarios d'émissions élevées.

• Le réchauffement des océans réduit le mélange entre les couches d'eau, ce qui entraîne une diminution de l'apport d'oxygène et de nutriments nécessaires à la faune et à la flore marines.

• Le nombre de vagues de chaleur marines a doublé depuis 1982 et elles sont de plus en plus intenses. Elles seront 50 fois plus fréquentes si nos émissions continuent d'augmenter fortement.

• L'océan, qui a absorbé 20 à 30 % des émissions de carbone

d'origine humaine depuis les années 1980, devient plus acide. Cette acidification, qui a déjà des répercussions sur la vie marine, va se poursuivre.

Alors faut-il emboîter le pas à l'astronaute Mark Watney interprété par Matt Damon dans le film « Seul sur Mars » de Ridley Scott sorti en 2015[1] ? Mark est laissé pour mort sur la planète rouge par ses coéquipiers au moment d'une violente tempête les conduisant à évacuer leur base en urgence. Mais ses connaissances de botaniste lui permettent de survivre, le temps que ses preuves de vie parviennent sur Terre et qu'une nouvelle expédition vienne le récupérer.

L'ironie de ce genre d'aventure de science-fiction est qu'en réalité le nombre de « débris » résultant des abandons d'appareils dans l'espace extra atmosphérique depuis plus d'un demi siècle (depuis le vol du Spoutnik soviétique le 4 octobre 1957) pourrait rendre dangereuse une partie du voyage, tant le risque de collision devient sérieux. En effet, dans son plaidoyer intitulé « l'espace n'est pas un dépotoir »[2], Jacques Arnould, historien des sciences et en poste au Centre national d'études spatiales, estime que l'espace (d'en haut) est plutôt un dépotoir qu'une poubelle car il est non organisé (op cit. p. 19). Ce 7° ou 8° continent (si l'on compte aussi l'immense agrégat de plastique dans l'océan), comporterait 36.000 objets d'une taille supérieure à 10 cm, résultant en grande majorité des activités nord-américaines, russes et chinoises. Et la tendance est à une croissance exponentielle, si l'on considère les collisions entre objets, comme l'a suggéré dès 1978 Donald J Kessler cité par J. Arnould (op cit. p. 27-28). Ce-dernier avertit : « les humains risquent fort de se trouver emprisonnés sur Terre par les débris qu'ils ont accumulés autour d'elle... » (op cit. p. 80).

Mais revenons sur Terre. La prise en compte au quotidien de nos déchets, rejets et pollutions, dans l'habitat comme dans les activités économiques, nous y attend.

---

1 Le film « The Martian » en anglais est l'adaptation au cinéma du roman de l'auteur américain Andy Weir (2014), qui connaît à sa sortie un succès tant pour la critique qu'au plan commercial

2 Jacques Arnould, L'espace n'est pas un dépotoir ! Editions L'Harmattan, 2023, 100 p.

Chapitre 3
Bienvenue en rudologie !

Selon le dictionnaire Larousse, la rudologie (du latin rudus, -eris, décombres) est « l'étude des déchets et de leur recyclage ou de leur valorisation ». Pour nous familiariser avec ce domaine foisonnant, nous présentons en premier lieu le « principe du pollueur-payeur » (ou PPP) qui en est la pierre angulaire (section 1). Ensuite nous approfondirons le sujet selon les différents types de responsabilités : les particuliers (consommateurs mais aussi citoyens) (s. 2), les entreprises et les organisations (s. 3), notamment les activités particulièrement émettrices industrielles ou agricoles (s. 4), ainsi que les professionnels du traitement des déchets (s. 5), et les collectivités publiques en charge d'encadrer les activités de prise en compte des déchets voire de réaliser ces actions via des entités spécialisées (s. 6). Le chapitre se termine sur quelques définitions (s. 7).

1-Principe du pollueur-payeur : une application encore incomplète

La Cour des comptes européenne a consacré en 2021 un rapport à l'application du principe du pollueur-payeur, dans les quatre domaines de la politique environnementale de l'UE : la pollution industrielle, les déchets, l'eau et les sols[1]. Elle donne la définition suivante du « PPP » : « Concrètement, cela signifie que les pollueurs supportent les coûts engendrés par la pollution résultant de leurs activités, y compris le coût des mesures prises pour prévenir, combattre et éliminer la pollution et celui qui pèse sur la société. » (op cit. p. 4)

Sa conclusion générale est pour le moins nuancée. Selon le rapport, « Dans l'ensemble, nous avons constaté que le principe du pollueur-payeur était pris en compte et appliqué à des degrés divers dans les

---

1 Cour des comptes européenne, Principe du pollueur-payeur : une application incohérente dans les différentes politiques et actions environnementales de l'UE, 2021, 56 p.

différentes politiques environnementales de l'UE et que sa couverture et son application restaient incomplètes. (...) À l'échelle globale de l'UE, 26 % des masses d'eau souterraines doivent encore atteindre un « bon état chimique », et environ 60 % des eaux de surface (rivières, lacs, eaux de transition et eaux côtières) ne sont pas en bon état chimique et écologique. L'UE compte environ 2,8 millions de sites potentiellement contaminés, principalement par l'activité industrielle et l'élimination des déchets. La pollution atmosphérique, qui constitue le principal risque sanitaire environnemental en Europe, est également nocive pour la végétation et les écosystèmes. » (op cit. p. 4-5)

Elle note également : « Le PPP s'applique aux installations les plus polluantes, mais le coût de la pollution résiduelle pour la société demeure élevé. » (p. 16) Le tableau ci-dessous résume ses observations par grands domaines (citations) :

Domaines	Observations
Pollution industrielle	Le coût des dommages causés par les émissions atmosphériques de toutes les installations relevant de la DEI (émissions industrielles) avait diminué d'environ 50 % entre 2010 et 2017. En 2014, l'Agence européenne pour l'environnement (AEE) a estimé que le coût pour la société des dommages dus à la pollution atmosphérique résiduelle causée par 14.000 grandes installations industrielle sur 2008-2012 se situait entre 329 Mds et 1053 Mds d'euros.
Déchets	La directive impose aux États membres d'atteindre des objectifs contraignants. Par exemple, 55% des déchets municipaux doivent être recyclés ou préparés en vue du réemploi d'ici à 2025, ce chiffre passant à 60% d'ici à 2030 et à 65% d'ici à 2035, avec un maximum de 10% de mise en décharge.
Eau	Les pollueurs ne supportent pas l'intégralité des coûts de la pollution de l'eau. Le principe de récupération des coûts est difficile à appliquer à la pollution provenant de sources diffuses, par exemple de l'agriculture, où les pollueurs sont difficilement identifiables.
Sols	Aucun cadre législatif global européen ne protège les sols de la pollution. Le PPP est difficile à appliquer en cas de contamination diffuse des sols en raison de la difficulté intrinsèque qu'il y a à imputer la responsabilité à des pollueurs précis.

2-Les particuliers en première ligne

Même si différents niveaux de responsabilité existent, les habitudes et les comportements des consommateurs – par ailleurs citoyens -

restent décisifs. Par leur besoins et « demande », ils déterminent peu ou prou l'activité des entreprises et celles des collectivités. Après avoir rappelé succinctement quelques situations locales critiques illustratives, nous présentons un schéma de principe des déchets et rejets au niveau domestique, puis les « bonnes pratiques » traditionnellement formulées à l'adresse des particuliers dans leur habitat.

21-Déchets et rejets : une réalité parfois explosive

Il en est des déchets et rejets comme de la circulation des trains : c'est seulement quand il y a des problèmes voyants que l'on aborde publiquement le sujet ! Voici quelques informations tirées de l'actualité au début 2025 dans des pays en théorie correctement équipés :

-Des décharges illégales, en Gironde ou dans le département du Rhône, semblent sorties de nulle part ; l'une d'entre elle (pourtant de taille) est même découverte par une promeneuse !

-Dans l'Oise, deux maires s'opposent quant aux vertus respectives de l'incinération, ou du stockage (enfouissement), pour traiter les déchets d'une population de près de 800.000 habitants dans 575 communes.

-En Charente-Maritime, un grand projet de conversion de friche industrielle en centre-ville démarre avec des protections visiblement insuffisantes, provoquant des nuisances restant à expertiser.

-De l'autre côté de la Manche, au Royaume-Uni, les conséquences du retard accumulé dans la modernisation des installations de traitement des eaux usées provoquent un scandale national.

-Encore plus loin, outre Atlantique, un secteur de l'Etat du Maine se voit totalement contaminé (sols, faune, humains) par des années d'épandage des boues issues du traitement des eaux usées.

-Aux Etats-Unis encore, dans l'Illinois cette fois-ci (au sud de la ville de Saint-Louis), une localité, Centreville, se trouve en faillite et dans l'incapacité depuis des années de faire face aux crues, avec des réseaux d'eau potable et d'assainissement obsolètes et menaçant la santé des habitants.

C'est pour ne pas en arriver là qu'une attention accrue de la société civile, comme des élu.e.s, de l'administration, et un professionnalisme avéré des opérateurs, s'avèrent toujours plus nécessaires.

22-Déchets et rejets dans l'habitat : au-delà du flux des « solides »

Le schéma (pratique) que nous avons tracé vise à donner l'image à la fois la plus complète et synthétique des déchets et rejets dans l'habitat (voir ci-après). Il appelle les commentaires suivants :

-c'est un système, qui ne peut se comprendre sans l'amont de l'habitat, avec tous ses « fournisseurs » agricoles, industriels, artisanaux, serviciels (eux mêmes producteurs de déchets et rejets), et un aval devant permettre idéalement un itinéraire des déchets vers un nouvel usage, ou à défaut leur élimination sans impact dommageable pour les milieux naturels (en clair : l'air, l'eau ou les sols) et notamment sur les organismes vivants (parmi lesquels les humains) ;

-ce schéma ne figure pas un flux unique, celui des déchets solides auxquels on pense immédiatement, mais quatre flux, car il faut aussi compter avec les rejets liquides (eaux vannes des WC et autres eaux usées), avec les rejets provenant de l'usage de combustibles (utilisés notamment pour le chauffage de l'habitation), ainsi que tous les déchets « évités », que ce soit via les diverses voies de réutilisation ou de « valorisation » (on parle de « circularité ») ou, encore mieux, par une consommation modérée (certains évoquent la « déconsommation »);

-le terme de « traitement » (des déchets et rejets) souvent utilisé pour signifier la chaîne se voulant vertueuse en aval de la consommation (représentée par des flèches dans le schéma), met rarement l'accent sur les résidus à terminaison, « au bout du bout » pourrait-on dire ; c'est précisément là (pas seulement) que surgissent les problèmes éventuels avec, par exemple, l'épandage non maîtrisé des boues d'épuration des eaux usées, les polluants rejetés dans l'air par les anciens incinérateurs de déchets ménagers dont la proportion dépasserait les normes admissibles, les « fuites » dans les milieux résultant d'anciennes décharges, les eaux « épurées » rejetées à la rivière ou à la mer dans un état insuffisamment « propre », etc.

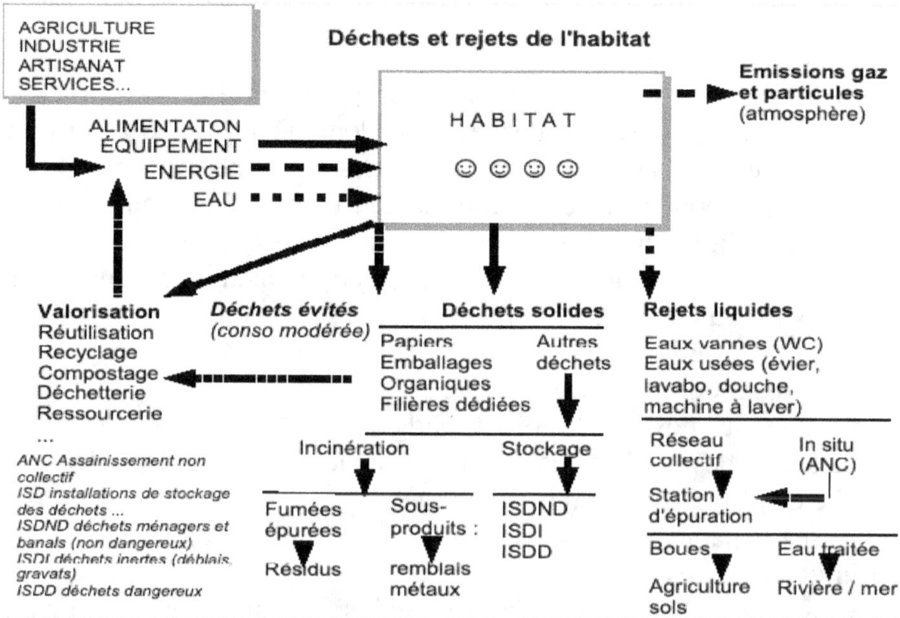

Partant de là, voyons maintenant ce qu'il y a dans notre « poubelle », avec ce schéma tiré d'un guide de l'ADEME[1], ciblé sur le flux des solides :

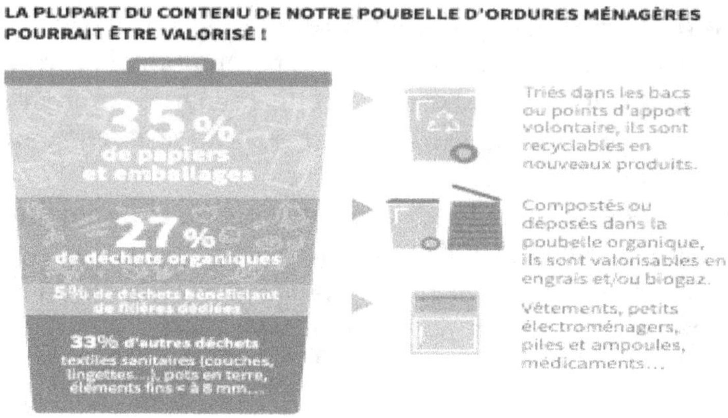

Ce dessin est explicite, montrant les trois parties principales que sont les emballages, les organiques, les autres déchets, ainsi qu'une petite partie correspondant à des « filières dédiées ».

1 ADEME, Que faire de ses déchets - Moins jeter et mieux trier, édition septembre 2019, 11 p.

23-A nous les bonnes pratiques !

L'ADEME, à la suite de ce constat, propose tout à la fois d'alléger sa poubelle et de trier ses déchets. Le document précise en effet : « Actuellement, plus de 3/4 des déchets dans nos poubelles n'y ont pas leur place. Ils pourraient être valorisés en étant triés, compostés ou apportés aux bons endroits (bornes de collectes, déchèterie...) pour être recyclés. » S'ensuit une série de recommandations (que nous reprenons littéralement) :

o En lien avec l'usage :

Évitez les produits à usage unique

Évitez le plus possible les objets gadgets

Choisissez des produits fiables, réutilisables et réparables

Achetez d'occasion, empruntez, louez...

Utilisez le papier avec modération

Limitez les piles

Respectez les doses recommandées (lessive, gel douche, shampoing...)

o Entretenir, réparer, réutiliser

o Des déchets que l'on peut éviter

Apportez-le (votre objet) à une organisation caritative

Remettez-le en vente

o Réduire le gaspillage alimentaire

En magasin, vérifiez bien les dates de péremption des produits frais et adaptez la quantité à vos besoins. Et distinguer les produits selon la mention : « à consommer jusqu'au... », ou « à consommer de préférence avant le... »

o Pailler et composter les déchets de cuisine et de jardin

o Des logos pour vous guider à trier

Sur les produits que vous achetez, plusieurs symboles vous donnent des informations précieuses pour éliminer vos déchets.

Triman	Poubelle barrée	Anneau de Môbius
Ce logo indique que le produit ou l'emballage ne doit pas être jeté dans la poubelle des ordures ménagères, mais être trié à domicile ou rapporté dans un point de collecte (bacs en magasins, déchèteries...) pour être recyclé. Le logo Triman ne figure pas encore sur tous les produits et emballages concernés par cette consigne. Donc attention, l'absence de logo ne veut pas dire qu'il ne faut pas trier le déchet.	Apposé sur les produits électriques et électroniques, les lampes, les piles et les accumulateurs, ce logo indique qu'ils ne doivent pas être jetés avec les ordures ménagères : ils font l'objet d'une collecte séparée. Apportez-les en magasin ou en déchèterie.	C'est le symbole du recyclage. Les produits qui l'arborent, ou leur emballage, sont recyclables. Néanmoins, ils seront recyclés si le système de collecte ou la filière du recyclage existe et si les consignes de tri sont correctement respectées. Si un chiffre est apposé à l'intérieur de l'anneau, il indique le pourcentage de matière recyclée qui entre déjà dans la composition du produit.

o **Et surtout ne restez pas dans le doute pour jeter vos déchets ?**
Rendez-vous sur le site www.quefairedemesdechets.fr !

Plus de 850 types de déchets et 50.000 points de collecte ont été recensés. En renseignant un objet ou un matériau, selon son état, vous découvrez la meilleure façon de le trier et ce qu'il va devenir. Vous pouvez aussi connaître la liste des points de collecte situés près de chez vous.

La page internet en attente de votre requête

Changement de décor. L'émission de télévision « Détox ta maison, 7 jours pour tout ranger »[1] en dit long sur les modes de consommation et la prégnance de la dimension matérielle dans la vie contemporaine de nos contrées. L'animatrice y explique avec conviction que « ranger sa maison c'est ranger sa vie » et qu'il faut remettre dans le bon ordre les priorités, d'abord les personnes avant les objets. Avec ses coéquipiers, une organisatrice d'espaces et de rangements et un menuisier habile récupérateur, elle conduit les familles à prendre conscience d'une accumulation excessive. Fixant l'objectif de réduire de 50% le nombre d'objets de toutes sortes (de la cuisine, du salon comme des chambres ou de la buanderie), l'animatrice initie la famille au tri et aux diverses possibilités de recyclage, de don ou de revente. Nous connaissons la règle des « 3R » consistant à Réduire-Réutiliser-Recycler les déchets, et nous découvrons ici la règle des « 3C » Catégoriser-Compartimenter-Contenir, chez soi.

3-Les déchets des entreprises

Les entreprises et plus largement les organisations ne sont pas en reste en matière de prise en compte des déchets, même si le sujet y semble encore émergent et le potentiel « d'évitement » important. L'INSEE y consacre une étude et l'ADEME émet une série de recommandations que nous allons voir maintenant.

31-Les déchets « banals » en tête dans les entreprises

Une étude de l'INSEE parue en janvier 2025 retrace la nature et le tonnage des « déchets non dangereux » dans les entreprises[2] :

Figure 1 – Répartition des déchets non dangereux par type selon le secteur d'activité en 2022

Type de déchets	Industrie manufacturière		Commerce		Services	
	En milliers de tonnes	En %	En milliers de tonnes	En %	En milliers de tonnes	En %
Déchets banals	11 671	78	4 856	86	4 323	77
Déchets ponctuels	73	0	63	1	365	7
Déchets organiques	3 147	21	730	13	913	16
Ensemble hors minéraux et boues	**14 891**	**100**	**5 649**	**100**	**5 601**	**100**

Lecture : En 2022, 78 % des déchets non dangereux hors minéraux et boues produits dans l'industrie manufacturière sont des déchets banals.
Champ : France, établissements de l'industrie manufacturière de 10 salariés ou plus, établissements du tertiaire de 20 salariés ou plus.
Source : Insee, enquêtes sur la production de déchets non dangereux en 2022.

1 Sur TF1 - TFX
2 Les déchets dans les établissements de l'industrie et du tertiaire en 2022, Insee Première n° 2034, janvier 2025, 4 p.

Voici le résumé de l'étude (citation) :

Les établissements de 10 salariés ou plus de l'industrie manufacturière ont déclaré avoir généré en 2022 près de 15 millions de tonnes de déchets non dangereux hors minéraux et boues, et les établissements de 20 salariés ou plus du tertiaire (ndr : Commerce et Services dans le tableau) en avoir produit plus de 11 millions de tonnes. Les déchets banals représentent l'essentiel de ces déchets (de 77 % à 86 % selon le secteur), le reste étant principalement constitué de déchets organiques et de déchets verts.

La grande majorité de ces déchets sont des déchets triés (composés d'une seule matière), davantage dans l'industrie manufacturière que dans le tertiaire (91 % contre 73 %). Dans le secteur tertiaire, il s'agit majoritairement d'emballages.

En 2022, 79 % des déchets triés sont valorisés, 19 % sont envoyés en centre de tri, le restant est incinéré sans récupération d'énergie ou mis en décharge. Les déchets composés de plusieurs matières, dits en mélange, sont deux fois moins souvent valorisés (37 %). Dans le tertiaire, la moitié des déchets organiques pourraient être évités.

Presque tous les établissements de 500 salariés ou plus déclarent mener une politique de gestion des déchets (93 %). Celle-ci passe d'abord par la mise à disposition, pour ces établissements, d'équipements de tri des déchets (95 %).

Le tableau suivant donne la répartition des déchets banals :

Figure 2 – Répartition des déchets banals par type selon le secteur d'activité en 2022

en %

Secteur d'activité	Triés – verre	Triés – métaux	Triés – plastiques	Triés – papier-carton	Triés – textiles-cuir	Triés – caoutchouc	Triés – bois	En mélange	Ensemble
Industrie manufacturière	3	28	4	17	0	1	39	9	**100**
Commerce	2	6	6	46	0	3	13	24	**100**
Services	2	4	5	47	0	0	13	29	**100**
Ensemble	**2**	**18**	**5**	**30**	**0**	**1**	**28**	**17**	**100**

Lecture : Dans l'industrie manufacturière, 39 % des déchets banals sont du bois.

Champ : France, établissements de l'industrie manufacturière de 10 salariés ou plus, établissements du tertiaire de 20 salariés ou plus.

Source : Insee, enquêtes sur la production de déchets non dangereux en 2022.

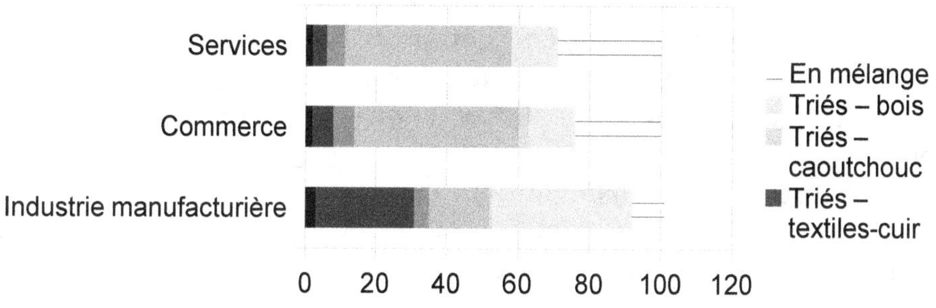

32-Le tri à la source des « 9 flux »

L'ADEME diffuse à destination des entreprises un document dans lequel elle incite au « tri à la source des 9 flux »[1]. Elle indique que « suite à des réglementations successives, 9 flux au total doivent être triés à compter du 1er janvier 2025 : papier/carton, métal, plastique, verre, bois, fraction minérale, plâtre, biodéchets, textile. Sont concernés : tous les producteurs et détenteurs de déchets, hors biodéchets (entreprises, artisans, administrations, collectivités...) :

> Qui sont collectés par un prestataire privé,

> Ou qui sont collectés par le service public des déchets et qui génèrent plus de 1100 litres par semaine de déchets (tous déchets confondus) seuls ou à plusieurs, sur une même implantation (par exemple, un immeuble tertiaire ou une galerie commerciale). »

Une série de recommandations sont formulées pour ce faire. Toutefois l'ADEME rappelle que « le meilleur déchet est celui que l'on ne produit pas », poursuivant : « Trier, c'est bien. Mais remonter à la source de ses déchets pour comprendre leur origine et mettre en place des actions permettant de les réduire, dans une logique d'écoconception, c'est encore plus bénéfique ! »

4-Directive révisée pour les activités particulièrement émettrices industrielles ou agricoles

La directive européenne 2010/75/UE relative aux émissions industrielles (DEI) fixe des limites d'émission fondées sur un système d'autorisation pour environ 52.000 grandes installations industrielles dans l'UE. La France en compte environ 6.950 parmi lesquelles on dénombre près de 3.400 élevages. Il est utile ici de rappeler que la directive s'applique aux (33) secteurs ci-après (parmi lesquels le traitement des déchets). Dans certains d'entre eux, elle se limite aux installations dépassant une certaine taille :

o **Industries d'activités énergétiques**: combustion de combustibles dans des installations, raffinage de pétrole et de gaz, production de coke, gazéification ou liquéfaction de charbon et d'autres combustibles ;

o **Production et transformation des métaux**: grillage ou frittage de minerai métallique, production de fonte ou d'acier et transformation des métaux ferreux et non ferreux ;

1 ADEME, En la matière soyez efficace ! Tri à la source des 9 flux, 7 p.

o **Industrie minérale**: production de ciment, de chaux et d'oxyde de magnésium, production d'amiante ou fabrication de produits à base d'amiante, fabrication du verre, fusion de matières minérales et cuisson de produits céramiques ;

o **Industrie chimique**: production de produits chimiques organiques et inorganiques, fabrication d'engrais, de produits phytosanitaires ou de biocides, de produits pharmaceutiques et d'explosifs ;

o **Gestion des déchets**: élimination ou valorisation des déchets dangereux, élimination ou valorisation de déchets dans des installations d'incinération ou des installations de co-incinération, élimination des déchets non dangereux et gestion des décharges ;

o **Fabrication de pâte à papier** à partir de bois ou d'autres matières fibreuses, fabrication de papier ou carton, ainsi que de panneaux à base de bois ;

o **Prétraitement ou teinture de fibres ou de textiles ;**

o **Tannage des peaux ;**

o A**battage d'animaux, traitement et transformation** en vue de la fabrication de produits alimentaires issus de matières premières animales et végétales ;

o **Élimination ou recyclage de carcasses ou de déchets animaux ;**

o **Élevage intensif** de volailles ou de porcs ;

o **Traitement** de surface de matières, d'objets ou de produits à l'aide de solvants organiques ;

o **Fabrication de carbone ou d'électrographite** par combustion ou graphitisation ;

o **Captage des flux de dioxyde de carbone** en vue du stockage géologique ;

o **Préservation du bois** et des produits dérivés du bois au moyen de produits chimiques ;

o **Traitement des eaux résiduaires** dans des installations autonomes, dans des circonstances particulières.

Dans un récent article des Annales des Mines, Jean-Luc Perrin et Loïc Malgorn, rappellent que « depuis 1996, la réglementation européenne encadre la conception et le fonctionnement des installations industrielles les plus émettrices de polluants, dans le but de promouvoir la mise en œuvre des meilleures techniques disponibles afin de réduire, à la source et de façon intégrée par rapport à tous les milieux, les émissions »[1].

---

1 Jean-Luc Perrin et Loïc Malgorn, Révision de la directive IED, in Annales des

Les auteurs examinent dans leur article la révision en cours à date. Celle-ci aboutit début 2024, concernant également la directive 1999/31/CE du Conseil du 26 avril 1999 relative à la mise en décharge des déchets, comme le précise le communiqué de l'Observatoire législatif du Parlement européen[1]. Charge aux Etats membres de transposer les nouvelles dispositions avant le 1er juillet 2026. Sont notamment prévus : l'élargissement du champ d'application de la législation à davantage d'élevages intensifs du fait d'un abaissement des seuils, ainsi qu'à certaines activités industrielles ou extractives (batteries, minerais tels bauxite, chrome, cobalt, etc.), le renforcement des valeurs limites d'émission, le régime des autorisations et des sanctions, les relations avec le public (accès à la justice, participation à la délivrance des autorisations, information sur les émissions).

On dispose d'une information plus précise sur les 50 sites industriels les plus polluants en France grâce au dossier constitué à l'occasion de la rencontre organisée par la Présidence de la République le 8 novembre 2022[2]. Les 50 sites listés représentent 50% des émissions de l'industrie qui elle-même représente 20% des émissions de gaz à effet de serre de la France (environ 43 millions de tonnes de CO2 pour ces sites). Le Président rappelle à cette occasion qu'il faut tenir ensemble trois grands objectifs : le climat, l'industrialisation et la souveraineté :

-climat : un rendez-vous en 2030 avec le moins 55% et un rendez-vous de la neutralité carbone 2050 (UE),

-industrialisation : « nous avons besoin de plus d'industrialisation » (i.e. réindustrialisation),

-souveraineté … à l'échelle de l'Europe.

Une méthode articulant planification écologique, filières, technologies et territoires est présentée. Ces activités concernent principalement le ciment (18 sites) ou la chaux (4), la chimie (8), la métallurgie (5), l'agro-alimentaire (3), l'énergie (2), le verre (1), …. Elles se situent principalement dans deux régions : le Grand-Est (13 sites) et les Hauts-de-France (9 sites), mais aussi la vallée du Rhône et celle de la Seine aval, comme l'indique la carte d'un article de RadioFrance reproduite ci-dessous[3].

Mines, n° 114, avril 2024, p. 36-38

1 Observatoire législatif - Parlement européen, Directive relative aux émissions industrielles, 2022/0104 (COD) 12/03/2024

2 Elysée, « Discours du Président de la République à l'occasion de la réunion avec les dirigeants des 50 sites industriels qui émettent le plus de gaz à effet de serre en France », 8/11/2022, 9 p.

3 Manon Vautier-Chollet, Industrie : La carte des 50 sites industriels les plus

La carte des 50 sites industriels les plus polluants en France
(Article RadioFrance du 7/11/2022)

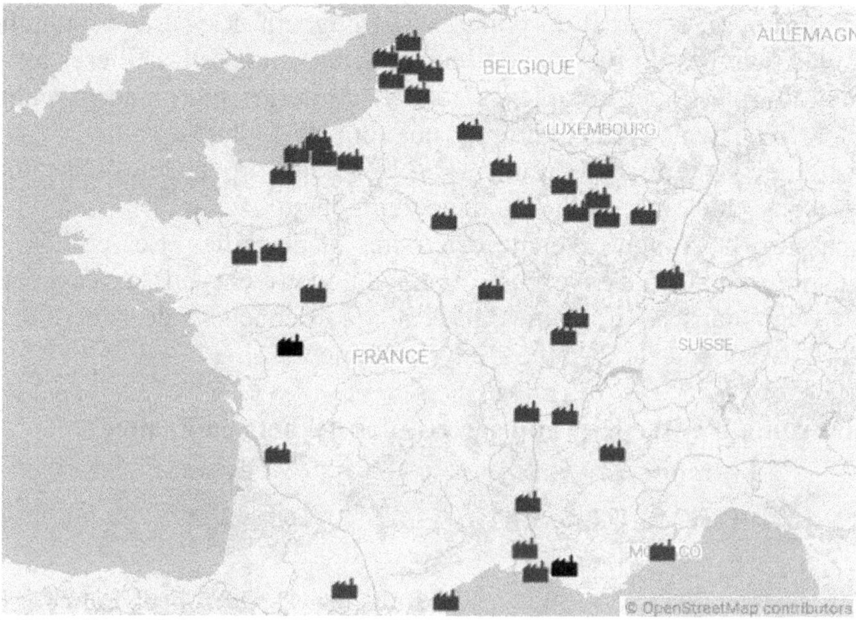

© OpenStreetMap contributors Créé avec Datawrapper

5-Les professionnels du traitement des déchets et rejets

Nous donnons un aperçu d'ensemble du secteur professionnel du traitement des déchets et rejets, puis nous détaillons une figure majeure avec Véolia, et le salon emblématique « Pollutec », avant d'évoquer l'ouvrage des Editions Èrés sur « les travailleurs des déchets ».

51-Aperçu du secteur professionnel du traitement des déchets et rejets

Dans son étude parue en 2024 sur le marché des déchets en France (collecte, traitement, recyclage), Xerfi estime que le secteur emploie plusieurs milliers d'entreprises comptant plus de 170.000 salariés et réalisant plus de 40 milliards d'euros de chiffre d'affaires[1]. L'étude

polluants en France, 07/11/2022, sur internet
https://www.radiofrance.fr/franceinter/la-carte-des-50-sites-industriels-les-plus-polluants-en-france-2112085

1 Xerfi, Le marché des déchets, Tirer parti des opportunités de la transition écologique et des innovations technologiques, 25/09/2024

précise notamment : « Le marché français des déchets est dominé par les géants des services à l'environnement Veolia et Suez. Des challengers, généralistes comme Paprec ou plus spécialisés comme Derichebourg, montent en puissance et gagnent des parts de marché. Sur les marchés du recyclage, l'émergence de nouvelles filières à fort potentiel (plastiques complexes, textiles, batteries, etc.) s'accompagne de l'arrivée de nouveaux entrants, notamment de start-up. »

L'étude s'intéresse notamment à « 15 leaders » pour lesquelles nous précisons quelques données dans le tableau suivant, faisant ainsi apparaître la grande diversité d'activités et de tailles. Les entités les plus importantes, d'envergure mondiale, couvrent un large spectre d'activités dans les domaines de l'eau, des déchets et de l'énergie, le plus souvent sous le vocable « environnement ».

Panorama d'entreprises du secteur des déchets en France

Entreprises			**Activités**
Nom	CA (M€)	Effectif	
Chimirec	204	1200	Toutes filières, 42 sites, clients entreprises
Decons	153	333	Métaux, 24 sites de collecte
Deriche-bourg environ.	3600	5559	Toutes filières
Galloo (France)	279	220	Métaux, voitures, électronique, plastiques, bateaux, poteaux ; 23 établissements (hors siège)
Nicollin	600	10000	Pôles environnement, services, eau
Ortec	1400	15000	200 implantations en France (et 100 à l'international)
Paprec group	3000	16000	350 sites (France)
Pizzorno environ.	264	2457	Propreté, traitement valorisation, 5 sites industriels et 29 agences
Rethmann Remondis	12100	40000	Recyclage, services, eau ; 1000 sites dans le monde (dont 700 en Allemagne)
Séché environ.	1013 France ≈74%	6000	Economie circulaire et décarbonation, gestion de la dangerosité, services à l'environnement ; 120 sites (dont 50 en

			France)
Sepur	370	3000	Gestion des déchets, 50 sites
Suez	8900 France ≈30%	40000	Gestion de l'eau et des déchets
Urbaser environ	357	1450	Collecte, propreté, valorisation ; 26 sites
Véolia	44692 France ≈20%	215000	Gestion de l'eau, des déchets et de l'énergie
Vidalies	133	18	Déchets et débris

Source : liste selon Etude Xerfi 2023 et recherche internet

52-La « technomap » figurant les « solutions » de Véolia

Dans la figure qui suit, nous avons reproduit la « technomap » publiée par Véolia sur son site internet (en mentionnant les contenus des « bulles »), figurant 34 « solutions » du groupe pour les villes, les bâtiments et les industries, dans les trois domaines de l'eau, des déchets et de l'énergie. Cette image (à regarder en format « paysage ») fait singulièrement écho à la « technosphère » que nous avons évoquée au chapitre précédent. Les items d'activités sont développés sur le site internet, présentant la diversité et la richesse des savoir-faire de l'entreprise[1].

1 Sur internet : https://www.activities.veolia.com/group/fr/2

Source : site internet Véolia 03/2025 « Technomap »

53-L'incontournable salon « Pollutec »

Pour finir sur le sujet de la profession, il nous revient de mentionner le salon Pollutec. Celui-ci se présente comme l'événement international de référence des solutions environnementales à l'intention des industriels, villes et territoires[1].

Depuis 45 ans, précise-t-on, Pollutec est « la vitrine des solutions innovantes et des bonnes pratiques.

Au travers ses 11 secteurs d'exposition, il regroupe tous les équipements, technologies et services pour la prévention et le traitement de tous les types de pollution et agit pour la préservation de l'environnement et la mise en œuvre du développement durable.

Le salon propose une programmation riche avec plus de 20 espaces de prise de paroles, des débats et des grandes voix. C'est également un véritable tremplin pour les innovations du marché et le développement à l'international (en réseau avec 14 autres salons dans le monde). »

Voici ses « chiffres clés » :

80.000 m2 d'exposition

51.000 participants professionnels

+100 pays représentés

420 conférences

Prochain salon : Lyon Eurexpo 7-10 octobre 2025

Secteurs d'exposition du salon Pollutec

Secteurs	Contenus
Déchets	Experts en traitement des déchets, nettoyage, recyclage et valorisation à destination des industriels, des collectivités et des professionnels du bâtiment
Eau	Professionnels de l'eau, spécialistes du traitement, de la distribution, de l'assainissement, de l'efficacité hydrique, du smart water et des nouvelles ressources en eau
Energie	Matériels et services pour les secteurs de l'énergie et de l'efficacité énergétique à destination des industriels, des collectivités et du bâtiment
Sites et sols pollués	Equipements, technologies et services pour l'analyse et la dépollution des sols
Villes et territoires durables	Professionnels de l'aménagement urbain et des nouveaux services connectés, des équipements de mobilité urbaine et partagée, de mobilier éco-conçu...
Air, Odeurs, Bruits	Experts de l'analyse de la qualité de l'air extérieur et intérieur, du traitement des odeurs, du traitement des bruits et du traitement des émissions de gaz

1 Sur internet : https://www.pollutec.com/fr-fr.html

Instrumentation, Métrologie, Analyse	Dernières innovations en matière d'instrument d'analyse des pollutions et de contrôle automatisé des procédés
Gestion et prévention des risques	Experts de la gestion et de la prévention des risques industriels, naturels et sanitaires
Biodiversité & Bioéconomie	Professionnels du génie écologique, des équipements, matériels et produits à moindre impact sur les milieux naturels et la biodiversité
Collectifs & Institutionnels	Startups, PME innovantes, pôles de compétitivités, laboratoires de recherche et organismes de financement ou formation
Finance et Assurance	-

Source : site internet pollutec.com

54-Les « travailleurs des déchets »

Peut-on faire comme si les emplois du « travail des déchets » étaient comme les autres ?

Sans doute non, au moins pour certains, et pas que pour des raisons de pénibilité. C'est ce que donne à voir l'ouvrage sur « les travailleurs des déchets »[1] dont le célèbre historien Alain Corbin, spécialiste du XIX° siècle et de l'histoire des sensibilités, signe la préface.

Il y rappelle notamment comment le déchet organique, d'abord source de dégoût, de peur et d'angoisse, mais aussi de fertilité (il permet d'enrichir les sols de culture), a pu influencer la conception des espaces privatifs comme celle des villes, avec le développement de l'hygiénisme notamment.

Il évoque aussi cet autre type de déchet, s'agissant des objets mis au rebut (instruments, vêtements, meubles, …) dont on redécouvre de nos jours les vertus avec les différentes voies de « réemploi » ou de « recyclage » (avec les célèbres applications numériques qui les promeuvent). Le « cycle de l'usure » dont il souligne l'accélération ces deux derniers siècles, pourrait-il se ralentir ?

Il évoque enfin ce nouveau type de déchet, « inconnu », venant de l'usine polluante ou de la centrale nucléaire, qui relance la peur, provoque la résignation, surtout quand on le qualifie d' « ultime, c'est-

1 Delphine Corteel et Stéphane Le Lay (Direction), Les travailleurs des déchets, Editions Erès, 2011, 327 p.

à-dire qu'il est impossible de le réutiliser, de le retraiter, de le dissoudre, de le brûler, alors qu'il faut à tout prix s'en débarrasser ».

L'ouvrage dépeint diverses figures dans des lieux et des temps différents, notamment les chiffonniers du XIX° siècle, les égoutiers (qui eux interviennent en-dessous de la ville), les éboueurs bien sûr qui collectent les ordures ménagères, et d'autres métiers qui restent largement méconnus et loin des projecteurs et des sites internet.

En fin d'ouvrage, Agnès Jeanjean évoque les conditions de travail, affectées d'importantes évolutions, comme dans beaucoup d'autres domaines, en particulier eu égard au développement des gestions déléguées (relations entre les collectivités et les entreprises) et des certifications qualité. Pour le domaine de l'assainissement qu'elle a étudié, elle relève l'émergence d'une fonction d' « ordonnanceur » chargé de programmer à distance les feuilles de route des agents de terrain. La plupart de ceux qu'elle a rencontrés (une dizaine) considèrent, écrit-elle, qu' « une telle organisation ne peut fonctionner qu'en rompant avec la notion de « service de proximité » et en s'appuyant sur des agents mobiles, dégagés de tout lien d'inter-connaissance avec les clients et non originaires du territoire sur lequel ils interviennent. » (op cit. p. 299) Alors que la situation était inverse il y a quelques décennies, avec une inscription forte des professionnels dans le territoire, justifiant sa connaissance intime et partant une capacité d'intervention indéniable.

Enfin il faut évoquer les grèves des éboueurs, qui marquent les esprits car « comme les mobilisations des cheminots ou des raffineries, les grèves d'éboueurs sont de celles qui se voient » note Romane Laignel Sauvage dans un article sur le site internet de l'INA (9//3/2023). L'INA retrace quelques mouvements mémorables du dernier demi siècle, images d'archives à l'appui.

6-Les collectivités territoriales au centre du jeu

Les collectivités territoriales jouent un rôle essentiel dans la prise en compte des déchets et rejets. Nous allons successivement aborder dans cette section le cadre général, le rôle des régions, et celui des intercommunalités, en l'illustrant avec les trois dispositifs principaux, à savoir le centre de stockage (décharge légale), l'incinérateur, et la station de traitement des eaux usées (STEU).

61-Cadre général

Un article d'Educsol sur les « décharges formelles et informelles » en France[1] rappelle quelle est l'organisation administrative en vigueur en matière de gestion des déchets au travers du tableau suivant :

Document 2. Le rôle des acteurs publics dans la filière stockage des déchets en France

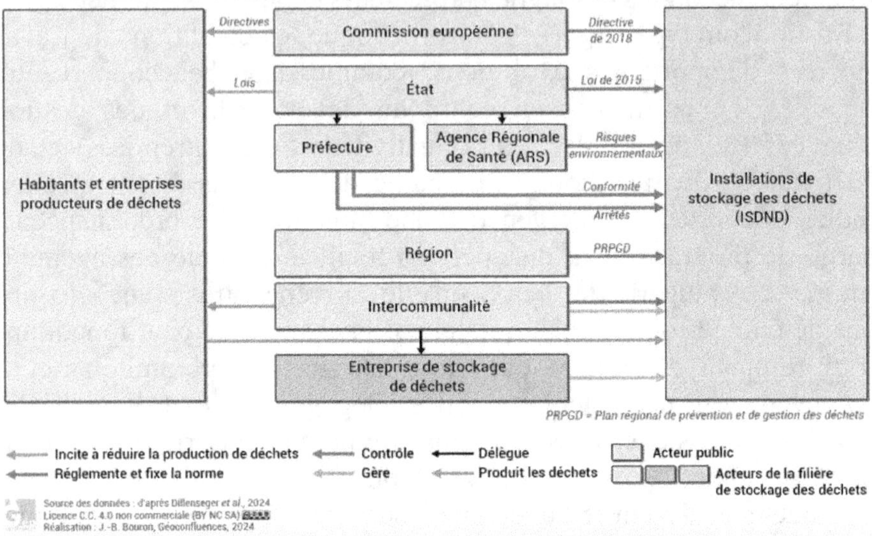

Entre les producteurs de déchets, habitants et entreprises, côté gauche du schéma, et les installations de stockage des déchets (ISD) (ND pour « non dangereux ») sur le côté droit du schéma, sont figurés l'ensemble des acteurs publics ainsi que les entreprises spécialisées dans le stockage. Les régions sont tenues d'élaborer un plan régional de prévention et de gestion des déchets (PRPGD). En outre, 1.200 structures intercommunales sont chargées de la collecte et du traitement des déchets au quotidien. La logique veut que le niveau local soit cohérent avec le niveau régional lui-même en cohérence avec les orientations et les objectifs fixés aux niveaux national et européen.

1 Clément Dillenseger, Héloïse Gaboriaud, Margot Favreau et Aliénor de Viry, « Les décharges formelles et informelles en France, de la montagne de déchets à la colline végétalisée », Géoconfluences, novembre 2024. https://geoconfluences.ens-lyon.fr/informations-scientifiques/dossiers- thematiques/geographie-critique-des-ressources/articles/decharges-isdnd-en-france

62-Cas du plan régional de prévention et de gestion des déchets de Nouvelle-Aquitaine

Prenons le cas d'une région pour bien comprendre la mécanique à l'oeuvre. La Nouvelle-Aquitaine est la région la plus étendue de France avec une grande diversité de territoires et notamment une façade maritime importante. Elle occupe le 3° rang en terme de population avec un peu plus de 6 millions d'habitants (après l'Ile-de-France et ses 12,4 M et Auvergne-Rhône-Alpes avec 8,2 M), avec un gain sur 30 ans d'environ 1 million d'habitants (correspondant à une progression démographique sur la période de 20% contre près de 17% pour la France métropolitaine).

Le site internet du conseil régional donne accès au PRPGD en vigueur dont on peut également consulter le « rapport environnemental » approuvé le 19 octobre 2019[1]. La démarche du plan consiste, à l'échelle de la région, à rapprocher l'état initial du territoire avec celui de la filière déchets (dans tous les domaines, ménagers et activités économiques), afin d'identifier les enjeux qui détermineront les axes de la planification et les priorités pour la période à venir. C'est ce que traduit le tableau ci-dessous, en référence à 5 dimensions et 17 « sous-domaines » environnementaux.

Caractérisation des enjeux de la gestion des déchets du territoire du Plan

(PRPGD Nouvelle-Aquitaine, rapport environnemental 2019, p. 16)

Dimensions de l'environnement	Sous-domaines	Sensibilité du territoire	Impact de la gestion des déchets	Enjeu
Pollutions et qualité des milieux	GES (gaz à effet de serre)	forte	fort	**fort**
	Air	modérée	fort	**modéré à fort**
	Eau	forte	modéré	**modéré à fort**
	Sol et sous-sols	modérée	modéré	modéré
Ressources	Matières premières	forte	fort	**fort**

1 Région Nouvelle-Aquitaine, Evaluation environnementale du plan régional de prévention et de gestion des déchets (PRPGD), Rapport environnemental adopté le 21 octobre 2019, 216 p.

naturelles	Ressources locales	forte	faible	modéré
	Energie	forte	fort	**fort**
Milieux naturels, sites et paysages	Biodiversité et milieux naturels	forte	modéré	**modéré à fort**
	Paysages	modérée	faible	faible à modéré
	Patrimoine culturel	faible	faible	faible
Risques	Risques naturels et technologiques	forte	modéré	**modéré à fort**
	Risques sanitaires	modérée	fort	**modéré à fort**
Nuisances	Bruit	modérée	modéré	modéré
	Trafic	modérée	fort	**modéré à fort**
	Odeurs	faible	modéré	faible à modéré
	Visuelles	faible	faible	faible

D'où il ressort, selon le rapport environnemental, que « les enjeux significatifs (enjeux « modérés à forts » et enjeux « forts ») sont les émissions de Gaz à Effet de Serre (GES), la pollution de l'air, la pollution de l'eau, les matières premières, l'énergie, la biodiversité et les milieux naturels, les risques naturels et technologiques, les risques sanitaires, le trafic. »

Le rapport donne aussi à voir ce qu'il pourrait se passer sans une action volontariste, comme l'indique le « bilan des indicateurs quantitatif du scénario tendanciel » dont nous reprenons les éléments ci-dessous (citation op cit. p. 19-20) :

Pour les déchets inertes :

En 2031, la capacité de stockage des déchets inertes est insuffisante pour faire face aux besoins de stockage en inertes du scénario tendanciel. Ceci risque de générer le développement de pratiques non conformes et de dépôts sauvages de déchets inertes ayant des conséquences sur l'environnement.

Pour les déchets non dangereux non inertes :

La réduction de la capacité totale de traitement et l'augmentation des quantités à traiter ne permettent pas une autosuffisance de la

Nouvelle-Aquitaine dans le cadre du scénario tendanciel. 20 à 30 % des déchets devraient être traités hors Région.Ceci va notamment générer une augmentation des distances de transports et de ses effets sur l'environnement.

Pour les déchets dangereux

Les filières de traitement régionales sont majoritairement des filières de valorisation avec une grosse part combustible et démantèlement VHU (ndr : véhicule hors d'usage), devant le recyclage/récupération et a minima, la régénération. Côté élimination, les déchets dangereux sont majoritairement incinérés. Le stockage et les traitements biologiques et physico-chimiques représentent 10% chacun. Il n'existe pas d'installation de stockage de déchets dangereux en Nouvelle-Aquitaine.

Ce n'est pas le lieu ici d'aller plus avant dans la présentation de ce plan régional. On mesure toutefois toute l'acuité du problème posé par les déchets de toutes natures, dans une région particulièrement attractive et enregistrant une croissance régulière de sa population.

63-Le centre de stockage des déchets de l'agglomération de Saint-Etienne

Comme pour les régions avec le PRPGD, les intercommunalités sont tenues de se doter d'un programme local de prévention des déchets ménagers et assimilés (PLPDMA). Les déchets peuvent être incinérés, et sinon ils sont stockés (on recense en France quelques 220 installations de stockage des déchets non dangereux (ISDND) plus connues sous le nom de « décharges »). A Saint-Étienne par exemple (unité urbaine de plus de 350.000 habitants qui se classe au 16° rang en France), les déchets sont stockés directement dans des installations (site de Borde-Matin), sans passer par l'étape d'incinération. Selon l'article d'Educsol déjà cité, « sur le tonnage total entrant, la moitié des déchets sont des ordures ménagères, l'autre des déchets industriels. La masse de déchets enfouis y diminue d'année en année : avant 2018, le site de Borde-Matin traitait 500.000 tonnes de déchets par an ; en 2023, un décret préfectoral fixe un maximum de 300.000 tonnes. »

L'image reproduite ci-après (Educsol, op cit. p. 10) illustre le cas d'une telle installation. On y voit l'ensemble des dispositifs permettant de prendre en compte les déchets dans des conditions contrôlées.

Les auteurs posent la question du devenir de tels espaces une fois qu'ils n'accueillent plus de nouveaux déchets ? Entre oubli, renaturation ou végétalisation... Leur conclusion porte à réfléchir sur les pratiques de consommations actuelles et sur l'intensité de l'activité économique et industrielle liée (op cit. p. 18):

« Les décharges, sauvages ou légales, sont des lieux où se lit l'importance de la matérialité des modes de vie passés et contemporains. Cette matérialité est pleine de contradictions. Nécessaires pour nous décharger du poids des déchets et nous permettre de vivre dans des environnements immédiats propres, elles sont des lieux qui protègent mais qui peuvent aussi nuire à l'environnement et à la santé. Les sites de décharge sont des lieux particulièrement artificiels mais on y observe aussi une écologisation progressive des modes de gestion, croisant maîtrise technique et contrôle de la nature. Cette écologisation est à double tranchant : si elle apporte des bénéfices en termes de biodiversité et de paysage et qu'elle diminue les risques, elle participe également à faire oublier ou accepter les déchets sans parvenir à la chimère du « risque zéro ». Ces espaces sont amenés à connaître de fortes évolutions en raison de décisions politiques qui engagent à renaturer les anciens sites de décharges et à diminuer de façon relativement importante le tonnage entrant de déchets dans les ISDND. Tantôt appropriées, tantôt rejetées, les décharges sont surtout des lieux oubliés, méconnus voire cachés. »

Un centre de stockage (ISDND) vue du ciel : l'exemple de Borde-Matin dans la Loire
(document Educsol, X Clément Dillenseger, Héloïse Gaboriaud, Margot Favreau et Aliénor de Viry)

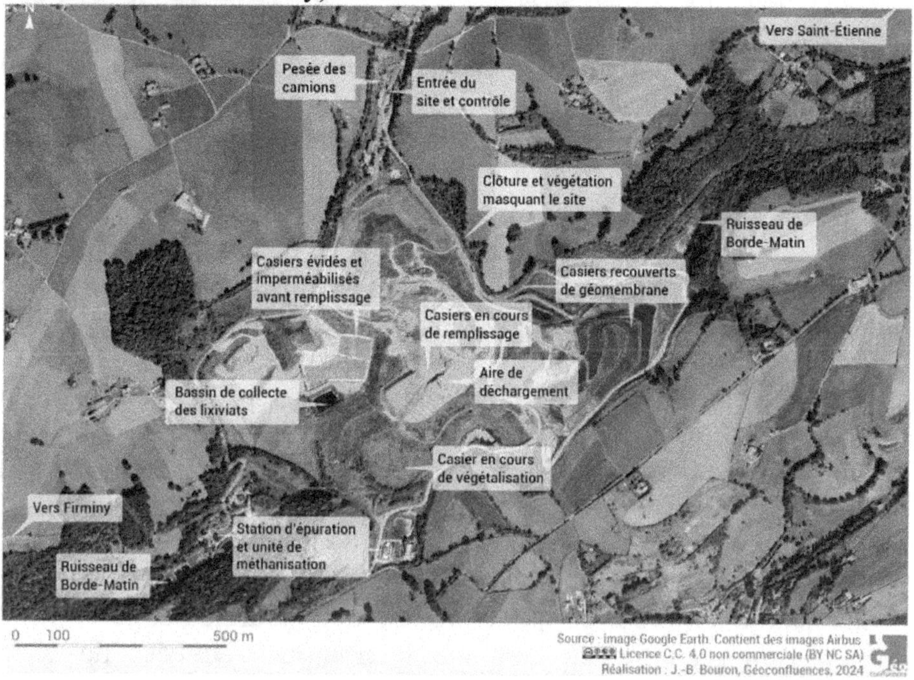

64-L'incinérateur de Paris-Ivry-sur-Seine

De source officielle, « 116 incinérateurs brûlent des déchets en France pour produire de la chaleur et de l'électricité en 2021. Deux tiers des installations produisent à la fois de la chaleur et de l'électricité grâce à des turbines de cogénération. L'incinération des déchets avec valorisation énergétique concerne environ un tiers des déchets ménagers. »[1]

Les débats et discordes qui ont animé depuis vingt ans le projet de modernisation de l'usine d'incinération des ordures ménagères d'Ivry-sur-Seine (en limite au sud-est de Paris), témoignent de la nécessité pour toute la collectivité d'une attention accrue à la question des déchets et des modes de vie qui les génèrent[2], mais aussi aux différentes filières de traitement et d'élimination.

---

1 Sur internet : https://www.statistiques.developpement-durable.gouv.fr/edition-numerique/chiffres-cles-energies-renouvelables-2023/17-dechets-renouvelables-

2 Voir la dépêche de l'AFP du 23/06/2019 et l'article de Localtis (Banque des territoires) du 26/03/2021

Datant de 1969 et propriété d'un établissement public (le Syctom) regroupant 84 communes (1,4 million d'habitants), il s'agit de la plus grande installation du genre en Europe, traitant 730.000 tonnes d'ordures par an et exploitée par la société Suez. Alors qu'elle doit être modernisée, deux volets sont envisagés : d'une part la transformation de l'usine d'incinération (visant une capacité réduite à 350.000 tonnes) dont le permis de construire a été délivré le 28 septembre 2018, d'autre part une usine de valorisation organique destinée à trier les biodéchets (faisant l'objet d'un moratoire). L'enjeu est bien entendu de continuer d'assurer le traitement des ordures d'une partie de l'agglomération, tout en réduisant les nuisances associées et en augmentant les contributions positives (fourniture d'énergie sous forme de vapeur pour le chauffage urbain et d'électricité).

Ainsi, selon le Syctom, la nouvelle unité, baptisée Interval, ambitionne d'être le centre de traitement des déchets de référence en France et en Europe[1]. Elle doit entrer en service en 2025, alors que l'installation existante sera arrêtée et déconstruite. Le Syctom indique que « la nouvelle installation présentera un mieux-disant environnemental par rapport à l'usine actuelle, à tous les niveaux : odeurs maîtrisées, bruit atténué, rejets atmosphériques réduits, neutralisation renforcée des polluants, circulation diminuée… »

Le Syctom publie sur son site internet des données de bilan environnemental. Il précise notamment (mars 2025) : « Le traitement des fumées réalisé au centre à Ivry/Paris XIII garantit des émissions bien inférieures à la réglementation européenne en vigueur. Les rejets atmosphériques sont contrôlés en continu par l'exploitant grâce à des analyseurs placés en cheminée. Parallèlement, le Syctom assure des campagnes régulières de contrôle des rejets et des mesures de retombées atmosphériques par jauge Owen et biosurveillance (mousses et lichens). Les mâchefers issus de la combustion sont transportés par voie d'eau pour être recyclés dans les travaux publics. »

Le public a accès aux données de contrôle des rejets dans l'atmosphère :

-Résultats des mesures en continu : www.sita.fr

-Dossier d'information du public (où figure le schéma de principe de l'installation) : www.sita.fr

-space data : https://www.syctom-paris.fr/acteur-public/data-syctom-paris/donnees-environnementales.html

1 Sur internet syctom-paris.fr

Vue sur l'incinérateur de Paris-Ivry-sur-Seine (le 18 février 2025 à 7h48)
(en plan médian à droite : les quatre tours en livre ouvert de la Grande Bibliothèque à Paris 13°)

Photo Daniel Ducher

65-Les stations de traitement des eaux usées (STEU)

Même s'il ne vient pas immédiatement à l'esprit, car empruntant un chemin différent, le traitement des eaux usées constitue bien un autre domaine majeur en matière de traitement des déchets et des rejets des habitants et des entreprises. Alors que les effluents sont traités in situ, lorsqu'il n'est pas possible de se relier à un réseau – on parle alors d'assainissement non collectif comme c'est le cas dans l'habitat individuel diffus – les rejets sont pris en charge par « l'assainissement collectif » dans les autres situations. Sous l'égide d'une collectivité compétente, agissant de manière directe ou indirecte, un réseau de collecte récupère les eaux usagées pour les conduire à une station de traitement, qui elle-même rejette l'eau une fois traitée via un émissaire final (vers un cours d'eau ou la mer) ainsi que divers éléments (qui sont eux aussi à traiter ou recycler comme les boues d'épuration). C'est en réalité toute cette « chaîne » qu'il convient de considérer pour apprécier le degré d'efficacité des dispositifs, notamment au regard des dommages potentiels à la santé humaine et à la nature. En amont de l'utilisation, le service d'eau potable permet l'alimentation et la distribution. C'est ce que représente le schéma de principe ci-dessous :

Alimentation en eau potable et assainissement après usage

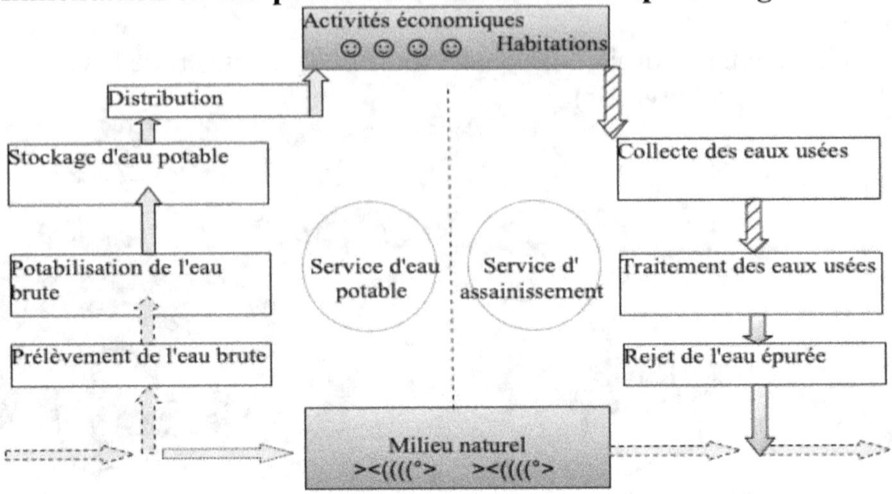

Traitement des eaux usées

L'étape de fin de cycle de traitement des eaux usées (dit à « boues activées »), comporte les quatre séquences suivantes[1] :

1 Les effluents arrivent en station après relèvement et les matières de vidange ou de curage sont amenées par camions.

2 L'eau est prétraitée par dégrillage, dessablage, dégraissage.

3 L'eau subit un traitement biologique avant d'être rejetée dans un cours d'eau.

4 Les boues résiduaires sont traitées et stockées avant leur évacuation.

Or les organisations retenues par les collectivités territoriales compétentes sont variables dans ces domaines et, de surcroît, évolutives dans le temps, comme le rappelle la géographe Sandrine Vaucelle dans un article de 2019 pour les Cahiers de la Métropole bordelaise[2]. Elle situe les configurations à la française par distinction de celles du Royaume-Uni à prédominance privée, et de celles de l'Allemagne reposant sur des entreprises publiques locales. Les critères de taille comme de couleur politique ne semblent pas influencer les configurations. Le tableau suivant reprend ces données en montrant la diversité à l'oeuvre dans les grandes villes françaises[3] :

1 Selon INERIS, Station d'épuration des eaux usées – Prévention des risques biologiques, 2013, dessin p. 7

2 Sandrine Vaucelle, Les modes de gestion des services d'eau, in Les cahiers de la Métropole bordelaise, n° 15 / mai 2019, p. 8-10

3 Op cit p. 10

Répartition des modes de gestion dans les grandes villes françaises

Mode de gestion	Services de distribution de l'eau	Services d'assainissement
Gestion directe	29%	39%
Gestion déléguée	57%	39%
Gestion combinée	14%	22%

Source : Sandrine Vaucelle, d'après IGD 2015, Atlas de la gestion des services publics locaux

Par ailleurs, le site internet gouvernemental sur l'assainissement collectif assure un suivi étroit dans ce domaine[1]. Faisant le point sur la conformité avec les règles européennes (directive du 21 mai 1991 relative au traitement des eaux résiduaires urbaines DERU), il rappelle l'important maillage du territoire que représentent les stations : « En 2023, la France compte dans sa base de données 22.326 agglomérations d'assainissement comprenant 22.827 stations de traitement des eaux usées (STEU) qui représentaient une charge globale de 78 millions d'Equivalents-habitants (Eh) pour une capacité épuratoire de l'ensemble des STEU de 106,3 millions d'Eh. Les agglomérations de 2000 Eh et plus étaient au nombre de 3.841 pour 4.030 stations de traitement des eaux usées, en effet certaines agglomérations sont composites et comportent plusieurs stations. »

On peut lire à la suite : « En juin 2024, la France a rapporté à la Commission européenne, conformément aux articles 15 et 17 de la directive du 21 mai 1991 relative au traitement des eaux urbaines résiduaires, une liste de 610 agglomérations de 2000 EH et plus dont les systèmes d'assainissement sont non conformes au regard de cette directive européenne. »

Le site internet donne accès à une fiche descriptive sur chaque station, à partir d'une cartographie détaillée du territoire national.

C'est, là encore, un champ de préoccupation très important, d'autant plus avec le changement climatique (violence des aléas météorologiques, modification du trait de côte dans les régions maritimes) et les effets de la concentration et de l'extension urbaines (saturation de stations existantes et problème de l'acceptabilité de nouvelles installations, artificialisation des sols limitant l'infiltration

1 Sur internet : https://www.assainissement.developpement-durable.gouv.fr/pages/data/carteIntSteu.php

naturelle en cas de fortes précipitations, ou à l'inverse baisse temporaire des étiages des cours d'eau recevant les effluents finaux en période de sécheresse, etc.).

7-Définitions

Après avoir parcouru le fonctionnement de ce vaste secteur des déchets et rejets, et avant d'aborder un inventaire plus systématique dans la partie suivante de l'ouvrage, le temps est venu de poser les définitions que les spécialistes ont forgées au fil du temps pour appréhender la réalité. La première séquence consacrée aux déchets reprend l'étude INSEE déjà citée, la deuxième séquence porte sur les eaux usées[1], la troisième reprend la « hiérarchie des déchets »[2], et la dernière définit les pollutions[3].

71-Les déchets et leurs modes de traitement (extrait d'Insee Première n° 2034)

U n ***déchet*** *est un résidu produit non intentionnellement, jugé inutile dans un contexte donné, sortant d'un établissement ou subissant un traitement sur site. Les déchets sont les matières destinées à l'abandon ainsi que celles qui sont valorisées, mises en décharge en interne (sur site) ou en externe. La définition d'un déchet est indépendante de la destination finale du déchet et des notions économiques liées à sa gestion.*

Les ***déchets organiques*** *sont des déchets provenant de matières d'origine animale ou végétale issus de l'activité. Ils incluent également les déchets alimentaires issus des cantines des établissements. Au sein des déchets organiques, les* ***déchets évitables*** *sont des déchets alimentaires issus des cantines présentes dans les établissements ou des déchets organiques issus de l'activité des établissements et pouvant être encore consommés ou exploités (c'est-à-dire valorisés).*

Les ***déchets ponctuels*** *sont des déchets produits non couramment : équipements hors d'usage ou déchets verts issus de l'entretien des espaces verts.*

Parmi les déchets qui ne sont ni organiques ni ponctuels, les ***déchets en mélange*** *sont composés de matières différentes. Les*

1 Op cit p. 10

2 Voir le rapport de la Cour des comptes européenne déjà cité (rapport p. 6)

3 Source internet : https://naturefrance.fr/pollutions

déchets triés *sont composés d'une matière unique (bois, verre, papier-carton, caoutchouc, plastiques, textiles, métaux), éventuellement de différentes formes de cette matière tel qu'un assemblage de métaux ferreux et non ferreux. Les* ***déchets banals*** *regroupent les déchets en mélange et les déchets triés.*

Les ***emballages*** *correspondent soit au conditionnement dans lequel l'établissement reçoit les marchandises des fournisseurs, soit aux emballages que lui-même utilise pour distribuer ses produits et qui doivent être jetés si le produit est défectueux ou l'emballage abîmé.*

L a ***redevance par pesée*** *correspond à une facture établie par le collecteur de déchets. La redevance est calculée en fonction du service rendu (volume de déchets collectés).*

La valorisation des déchets comprend plusieurs ***modes de traitement****. Outre la valorisation énergétique avec récupération d'énergie et le remblayage, on distingue :*

- *le recyclage matière qui valorise le déchet comme matière première de recyclage ;*
- *le recyclage organique qui valorise le déchet via différents processus biologiques comme le compostage, la méthanisation ou encore l'épandage.*

Selon l'ADEME, le ***réemploi*** *est une opération par laquelle des matières/produits qui ne sont pas des déchets sont utilisés de nouveau pour un usage analogue à celui pour lequel ils ont été conçus (tels les dons ou ventes de légumes qui ne correspondent pas aux normes à des associations comme les Restos du Cœur).*

Par ailleurs, l'ADEME donne la définition suivante des **déchets ménagers** : « Ils peuvent être classés en cinq groupes : les ordures ménagères, les encombrants (électroménager, meubles, literie, etc.), les déchets dangereux (piles, peintures, solvants, pesticides, médicaments, etc.), les déchets de jardin (terre, feuilles, etc.), les déchets de l'automobile (huiles de vidange usagées, batteries, pneus, etc.). Le ministère en charge de l'écologie précise que « les « **déchets dangereux** » contiennent, en quantité variable, des éléments toxiques ou dangereux qui présentent des risques pour la santé humaine et l'environnement. »

Nous avons résumé les définitions INSEE dans le graphique ci-après :

Classement des déchets par grandes catégories

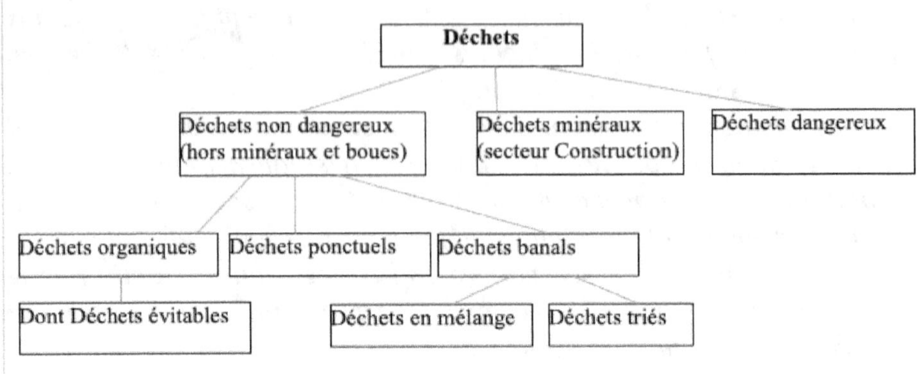

72-Les eaux usées

Les différentes catégories d'eaux usées concernent :

Les eaux usées domestiques. *Ce sont d'une part, les eaux ménagères - dites « eaux grises » - que nous rejetons chaque jour principalement dans la salle de bain et la cuisine pour se laver, faire la vaisselle, nettoyer le linge etc., contenant divers polluants chimiques (carbone, azote, phosphore, ...), ainsi que des métaux et autres polluants (détergents, cadmium, plomb, arsenic, mercure...) issus des produits d'entretien, des cosmétiques, etc.*

Ce sont, d'autre part, les eaux vannes - dites « eaux noires » - qui viennent des toilettes dans lesquelles on trouve l'urine et les matières fécales, contenant des germes fécaux (bactéries et virus contenus dans la matière fécale), ou encore des médicaments.

Les eaux usées industrielles et agricoles. *Ce sont les eaux provenant des usines, des ateliers de fabrication et des structures agricoles. Leurs caractéristiques dépendent de l'usage qui en est fait. Ces eaux usées peuvent contenir notamment des produits toxiques, des solvants, des métaux lourds, des micropolluants organiques, des hydrocarbures, etc.*

Les eaux pluviales et de ruissellement. *Ce sont les eaux de pluie qui, au contact de l'air ou au cours du ruissellement, sur les toits ou les chaussées par exemple, se chargent d'impuretés entraînant une dégradation de la qualité des ressources d'eau naturelles. Ce type d'eaux usées peut notamment contenir des fumées industrielles, pesticides, huiles de vidange, métaux lourds, carburants, matières fécales d'animaux, etc.*

Nous avons également résumé ce passage dans le graphique ci-après :

Classement des eaux usées

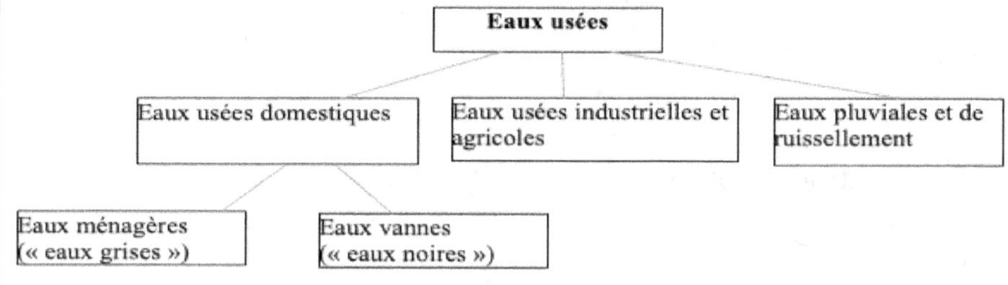

73-La « hiérarchie des déchets »

La hiérarchie des déchets est figurée par la pyramide inversée ci-dessous :

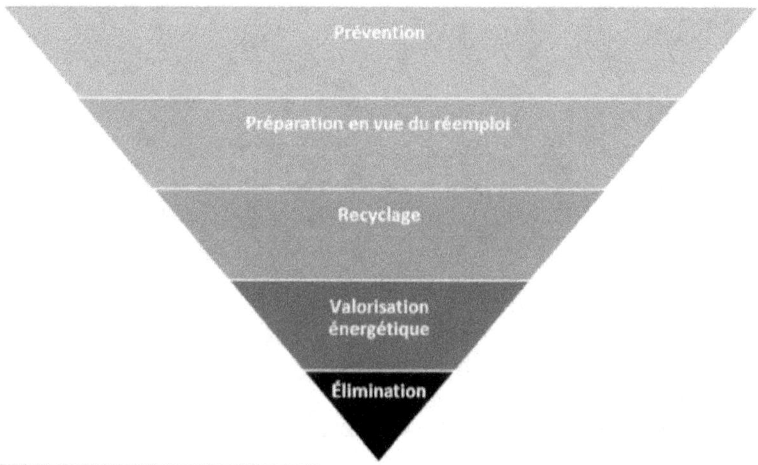

Source: Directive-cadre relative aux déchets

74-Les pollutions

Il existe de nombreuses publications sur les polluants et les pollutions. La définition que donne le site Nature France est la suivante :

« Un polluant est une substance artificielle ou naturelle, introduite par l'Homme dans un milieu où elle était auparavant absente ou présente en faible quantité. (...) Les pollutions liées aux activités humaines touchent tous les aspects de l'environnement : air, eau (douce, salée), sols (y compris le permafrost), nuit, sédiments et enfin êtres vivants. Il existe ainsi différentes catégories de pollutions, qui peuvent être classées soit en fonction de la nature de leurs polluants, du compartiment de l'environnement affecté ou de la nature de ses effets. » Différentes types sont développés sur Nature France :

-Les pollutions mécaniques.

-Les pollutions plastiques.

-Les pollutions chimiques.

-Les pollutions sonores et lumineuses.

-La pollution thermique et barométrique.

-Les autres types de pollutions (radioactives, électromagnétiques, olfactives).

Toutes ces définitions font le lien avec la partie et le chapitre suivants qui entre dans le détail du « bilan ».

Partie 2
Inventaire des déchets et des pollutions

Chapitre 4 - Le bilan : nature, tonnages et « producteurs »

Chapitre 5 - Information, surveillance et risques

Chapitre 6 - Illustrations : territoires, énergies, guerres

Chapitre 4
Le bilan : nature, tonnages et « producteurs »

Ce chapitre vise à donner une image synthétique des flux de déchets et des pollutions en France. Les déchets (section 1) seront d'abord présentés dans leur ensemble, puis plus en détail pour les déchets ménagers, le secteur du bâtiment, et les déchets dangereux, sans revenir sur les déchets des activités économiques (abordés au chapitre 3). Les pollutions sont présentées à la suite (section 2).

1-Le bilan en termes de flux de déchets

a-Tableau d'ensemble

Il n'est pas toujours facile de s'y retrouver dans la comptabilité des flux de déchets, au vu des différents classements dont ils font l'objet. A partir du document des « chiffres clés » publiés par l'ADEME[1], nous nous attachons ici aux éléments basiques du tonnage (mesure des quantités) selon les types de « producteurs » (ç'est-à-dire les émetteurs des déchets). Nous laissons de côté dans un premier temps la « nature » des déchets proprement dite, sauf à dire que les déchets dits « dangereux » représentent 11 Mt (millions de tonnes) du total soit 3,5%.

Le graphique ci-dessous représente la totalité des déchets sur l'année de référence (2020) avec 315 Mt. On y observe immédiatement la part prépondérante des déchets de construction (213 Mt) devant les autres activités économiques et les collectivités (64 + 4 Mt) et les ménages (33,5 Mt réparties entre 20,1 Mt pour les ordures ménagères et 13,4 Mt pour les déchèteries et encombrants).

1 ADEME, Déchets – chiffres-clés, édition 2023, 84 p., voir notamment p. 23-26

Production de déchets en France en 2020

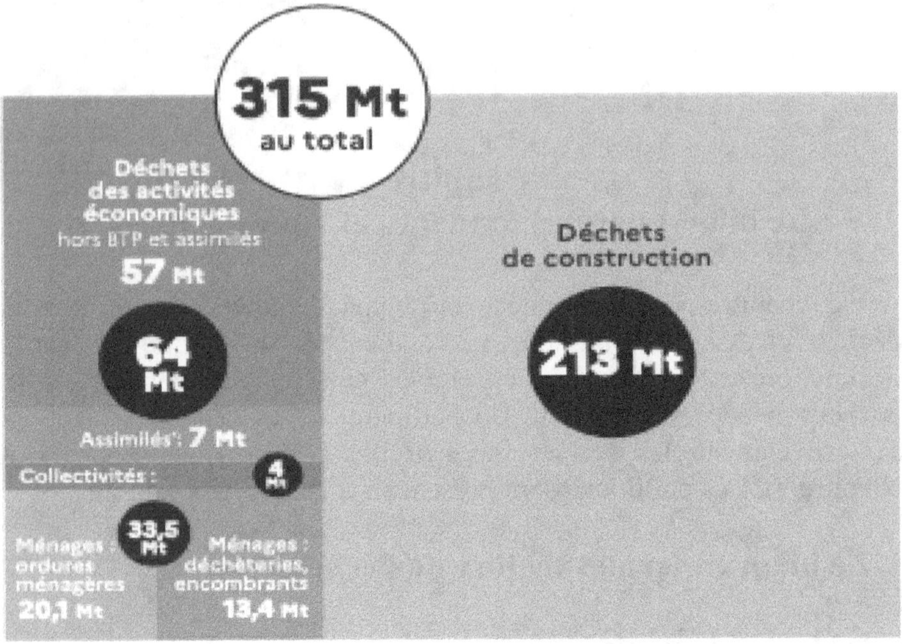

Source : Règlement Statistiques sur les Déchets, 2020 ; ADEME, Enquête Collecte 2019 ; Estimations IN NUMERI par calage des résultats de l'enquête collecte 2019 sur les données du RSD 2020.

Si maintenant on regarde l'évolution sur près de 20 ans (la population française croît entre temps d'environ 6%), on n'observe pas de recul significatif mais plutôt une courbe en vague (rappelons que 2020 est l'année de l'épidémie de Covid-19), comme l'indique le graphique suivant :

Évolution de la production de déchets en France (Mt)

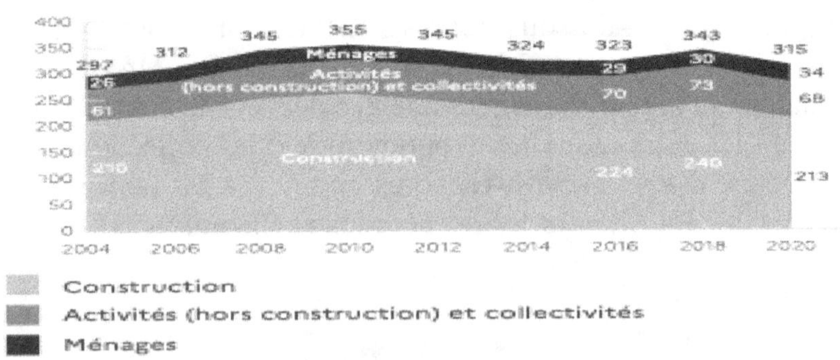

Source : Eurostat, Déchets générés par catégorie de déchets, dangerosité et activité de la NACE Rév. 2 [env_wasgen]

On lit régulièrement que la production de déchets par habitant en France se situe aux environ de 500 kg (0,5 t). Cela correspond au rapport entre les déchets ménagers – ici 33,5 Mt – et une population française de 67 millions d'habitants pour l'année 2020.

Si maintenant on inclut les autres catégories de déchets entrant dans le total de 315 Mt, le ratio de déchets par habitant est près de 10 fois supérieur, à 4,7 tonnes. Il est donc important d'avoir ces deux valeurs en tête quand on aborde le sujet des déchets.

Par ailleurs l'ADEME rappelle quelques comparaisons avec les autres pays européens, elles aussi riches d'enseignements :

-la production de déchets municipaux (déchets ménagers et assimilés, hors déblais et gravats) de la France est comparable à celle de pays voisins ;

-hors construction, la France fait partie des pays européens qui produisent le moins de déchets d'activités économiques par habitant : 1,7 tonne de déchets par habitant en 2020 contre 3,6 pour la moyenne européenne (UE27) ;

-en revanche, les activités de construction produisent en moyenne presque deux fois plus de déchets en France que dans les autres pays européens.

b-Déchets ménagers : la Cour des comptes pointe l'insuffisante mise en œuvre de l'organisation territoriale

La Cour des comptes consacre un chapitre entier aux déchets ménagers dans son rapport public annuel 2023[1]. Le sujet est d'importance eu égard à son poids économique prépondérant. En effet, précise-t-elle d'emblée, « les déchets ménagers et assimilés (DMA) sont, pour l'essentiel, les déchets municipaux produits quotidiennement par les foyers (80 %) et les petits commerces et services (20 %). Ils sont principalement collectés en porte à porte. Les DMA représentent 12 % du volume de l'ensemble des déchets produits en France (582 kg par habitant et par an dont la moitié non triée, soit 249 kilos d'ordures ménagères résiduelles – OMR) mais 61,5 % des dépenses publiques de collecte et de traitement (10,9 Md€). » (op cit. p. 425)

La Cour des comptes estime que si l'organisation territoriale est cohérente, « sa mise en œuvre reste insuffisante ». Elle pointe

---

1 Cour des comptes, Rapport public annuel 2023, mars 2023, Chapitre 5 : Les déchets ménagers : un défi au quotidien pour les intercommunalités et un nouvel enjeu pour les régions, p. 425-452

notamment les marges de progrès « considérables » de notre pays en matière de « seconde vie » de certains déchets et le retard en matière de recyclage des plastiques. Elle s'inquiète aussi de la vétusté et du calibrage d'une partie de l'outil de traitement, qui vont indéniablement peser sur les capacités du secteur à s'adapter pour tenir le calendrier des engagements environnementaux.

Ses investigations la conduisent à établir le budget par habitant et par an du service, s'établissant en moyenne à 123 euros :

-côté charges du service, sont distingués les différentes phases à savoir la prévention, la pré-collecte et la collecte, le transport et le traitement ;

-côté recettes, il s'agit principalement de la taxe et de la redevance en matière d'enlèvement des ordures ménagères, TEOM et REOM, ou TEOMI et REOMI lorsque ces contributions deviennent « incitatives » (I) c'est-à-dire en partie au moins proportionnelles à la quantité d'ordures collectée.

Or, indique la Cour, « la taxe d'enlèvement des ordures ménagères, modalité de financement largement dominante, n'a pas de lien avec les quantités de déchets produits par les usagers et ne présente donc pas de caractère incitatif sur l'évolution de leur volume. L'efficacité de la tarification incitative a pourtant été confirmée par plusieurs études récentes. » (op cit. p. 436)[1]

---

1 La presse se fait toutefois régulièrement l'écho des problèmes posés par l'évolution des modes de collecte avec, en remplacement de la collecte en porte à porte, la mise en place de la redevance incitative (ce qui suppose de pouvoir « mesurer » la quantité de déchets) et des points d'apport volontaire, avec certains effets délétères comme la multiplication des dépôts sauvages, les difficultés d'accès des personnes handicapées, etc.

Répartition et financement des coûts de gestion des déchets : charges et produits en euros par habitant (par an)

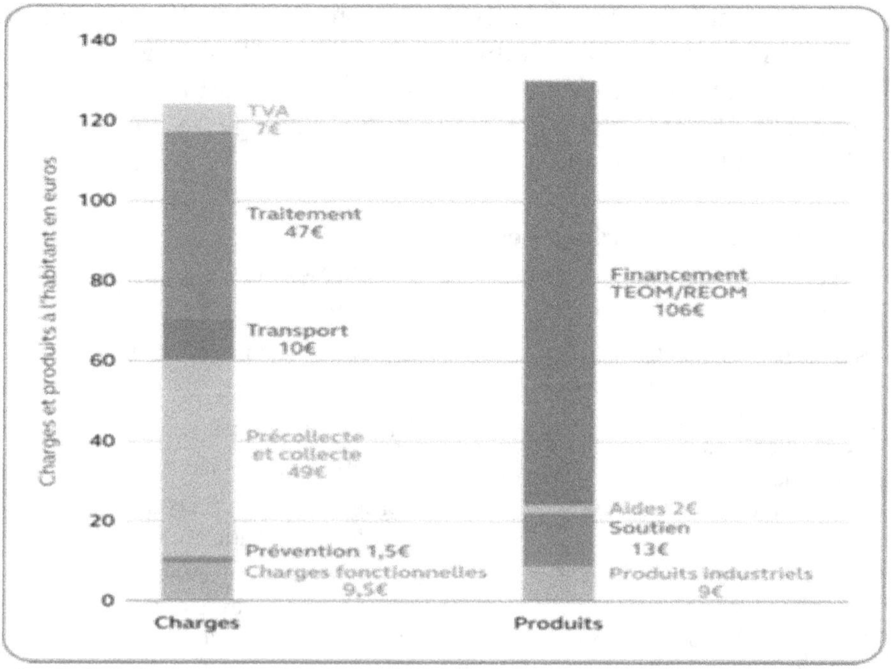

Source : Cour des comptes, d'après Ademe, référentiel des coûts du SPGD, édition 2021 (chiffres 2018)
Note : le taux moyen de couverture des charges par les produits est de 105 %. L'excédent des produits sur les charges correspond principalement à la constitution de provisions pour de futurs investissements.

c-Filières « REP » : le bâtiment aussi

Comme l'indique le ministère en charge de l'écologie, « les filières à responsabilité élargie des producteurs (REP) reposent sur le principe de responsabilité élargie du producteur, reconnu dans la directive-cadre européenne sur les déchets. Selon ce principe, les producteurs, c'est-à-dire les personnes qui mettent sur le marché certains produits, peuvent être rendus responsables du financement ou de l'organisation de la prévention et de la gestion des déchets issus de ces produits en fin de vie. La France est l'un des pays qui a le plus recours à ce dispositif. Les filières REP constituent une application du principe pollueur-payeur. Un tel dispositif permet l'intégration par le producteur du coût de prévention et de gestion des déchets dans le coût du produit, ce qui l'incite à l'éco-conception de son produit pour réduire ces coûts. En outre, les contributions versées aux éco-organismes doivent être modulées avec des primes et/ou des pénalités, selon des critères environnementaux incitatifs liés à l'éco-conception des produits, pour faire prendre conscience aux producteurs de l'intérêt de concevoir des produits qui sont facilement triables, recyclables ou qui intègrent des matières premières de recyclage. »[1]

Ce sont ainsi 8,1 Mt de déchets qui ont été recyclées en 2020 à travers les filières REP. Parmi les 25 filières REP françaises, 14 filières ont été progressivement mises en place à partir de 1993, puis 11 nouvelles filières à la suite de loi anti-gaspillage de 2020, comme l'indique le tableau suivant :

Les 25 filières REP françaises

Filières mises en place à partir de 1993	Filières créées depuis 2020
Les piles et accumulateurs, les équipements électriques et électroniques (EEE), les véhicules hors d'usage, les emballages ménagers*, les médicaments non utilisés, les pneus, les papiers graphiques ménagers, les textiles et chaussures, les produits chimiques ménagers, les meubles, les bouteilles de gaz, les bateaux de plaisance et de sport hors d'usage, les objets perforants des patients en autotraitement (DASRI) les fluides frigorigènes *ensuite étendue aux emballages professionnels	Les produits du tabac, les jouets, les articles de sport et de loisirs, les articles de bricolage et de jardin, les produits ou matériaux de construction du bâtiment, les voitures, camionnettes, véhicules à moteur à deux ou trois roues et les quadricycles à moteur, les huiles minérales ou synthétiques, lubrifiantes ou industrielles, les pneus, les chewing-gums, les textiles sanitaires à usage unique, y compris les lingettes préimbibées, les engins de pêche contenant du plastique

1 Sur internet : https://www.ecologie.gouv.fr/politiques-publiques/cadre-general-filieres-responsabilite-elargie-producteurs

Schéma de principe d'une filière REP

Source : Ministère en charge de l'écologie, Les Filières REP, qu'est-ce que c'est ? 2023

C'est ainsi qu'est créée la filière REP concernant les produits et matériaux de construction du secteur du bâtiment (PMCB) par décret du 31/12/2021. Outre l'enjeu en terme de déchets – dont le total est estimé à 42 Mt par an – c'est toute l'approche qui doit être repensée pour favoriser la rénovation, la déconstruction plutôt que la démolition, le tri à la source en lien avec le développement de réseaux locaux de recyclage ou réemploi[1]. De multiples verrous sont à lever : au niveau du chantier (organisation des différents intervenants), comme au niveau du territoire (maillage des acteurs). Un fonctionnement « métabolique » de la ville constitue la toile de fond de ces évolutions, dans lequel les déchets de certains événements constituent des ressources pour d'autres, à la manière d'un organisme vivant, comme l'illustre le schéma ci-dessous :

1 Cette section est rédigée principalement à partir des enseignements de la formation en ligne MOOC Reconvert – session 2024

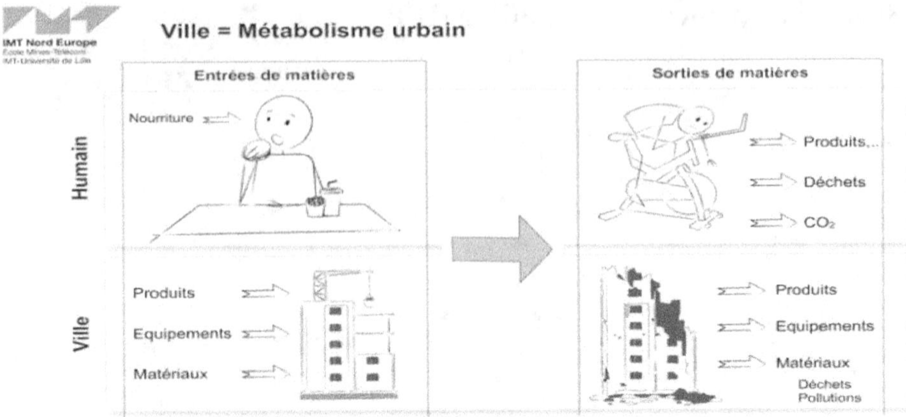

Source : MOOC Reconvert session 2024
ILT Nord Europe (école Mines Télécom + IMT Université de Lille)

Concrètement les déchets du bâtiment se répartissent entre :

-les déchets du gros œuvre_: déchets inertes, béton, briques, tuiles, céramiques, pierres et terre, soit 32 Mt/an, avec une part non triée de 15% ;

-les déchets du second œuvre_: très divers, verre, bois, plâtre, PVC, isolants minéraux, plastics, autres comme les moquettes, avec une part triée estimée à 35% alors que des réglementations imposent des taux de 55% en 2020 et jusqu'à 65% en 2025.

Alors que de nouvelles règles se mettent progressivement en place, dans le cadre de la nouvelle filière REP, les acteurs professionnels ont identifié les leviers suivants : établir la traçabilité des produits, équipements, matériaux et déchets (PEMD), pratiquer la collecte en non mélange (le tri en 7 flux devient obligatoire à partir de 2021), viser un objectif « zéro dépôt sauvage ».

Nous sommes donc au début d'une ère nouvelle pour le secteur du bâtiment.

d-Déchets dangereux : à ne pas oublier !

Les déchets dangereux, définis en référence à l'article R541-8 du Code de l'environnement[1], relèvent d'une prise en compte spécifique et très encadrée. À ce jour, la France compte 13 installations de stockage

1 « Déchet dangereux : tout déchet qui présente une ou plusieurs des propriétés de dangers énumérées à l'annexe III de la directive 2008/98/ CE du Parlement européen et du Conseil du 19 novembre 2008 relative aux déchets et abrogeant certaines directives. Ils sont signalés par un astérisque dans la liste des déchets mentionnée à l'article R. 541-7. » Voir legifrance.gouv.fr

(ISDD), dans six régions métropolitaines : Bourgogne-Franche-Comté, Grand-Est, Île-de-France, Normandie, Pays-de-la-Loire et Occitanie.

Le tonnage de la production annuelle de ce type de déchets devrait en premier lieu retenir notre attention : 11 millions de tonnes dont environ 3 millions de tonnes à stocker (une fois réalisés les traitements par incinération ou valorisation). Pour faire image, ces 3 Mt représentent le chargement de camions semi-remorque (charge utile de 27 t) en file continue sur une longueur équivalente à plus de 2 fois Lille-Marseille (environ 2.200 kms). Et l'on parle ici du flux annuel.

Outre le tonnage, c'est évidemment la nature des substances qui focalise les préoccupations. Le ministère en charge de l'écologie mentionne à ce titre deux catégories principales de déchets dangereux[1] :

-**L'amiante** : « L'amiante est un terme commercial qui décrit six minéraux naturels, des silicates hydratés, répartis en deux groupes : la serpentine et les amphiboles. Il existe une certaine confusion associée à la terminologie « amiante » car les six minéraux dans la variété fibreuse (asbestiforme), réglementée sous le terme « amiante », ont des équivalences sous une forme non fibreuse (non asbestiforme) qui ne sont pas réglementées comme de l'amiante. »

-**Les déchets contenants des PCB (**polychlorobiphényles) : « Les PCB et les PCT (polychloroterphényles), désignés par l'abréviation «PCB », sont considérés comme des Polluants Organiques Persistants (POP). Les PCB sont plus souvent connus en France sous la dénomination de pyralène, arochlor ou askarel, mais également sous d'autres noms commerciaux. De manière générale, la réglementation désigne par l'abréviation « PCB » à la fois les polychlorobiphényles, les polychloroterphényles, le monométhyl-tétrachloro-diphényl méthane, le monométhyl-dichloro-diphényl méthane, le monométhyl-dibromo-diphényl méthane, ainsi que tout mélange dont la teneur cumulée en ces substances est supérieure à 50 ppm (ndr : partie par million) en masse. »

Ces définitions ne sont pas parlantes pour les non spécialistes. Les documents relatifs à un nouveau projet d'installation (ISDD) situé dans la région des Hauts-de-France, non pourvue jusqu'alors, nous renseignent un peu plus. Le dossier de synthèse de la concertation édité par le porteur du projet (une filiale du groupe Suez ayant migré chez Véolia), détaille les déchets ciblés par l'installation projetée mais

1 Déchets dangereux, mis à jour le 24/2/2022, sur internet : https://www.ecologie.gouv.fr/politiques-publiques/dechets-dangereux

aussi ceux qui ne le sont pas[2] :

Projet d'ISDD à Hersin-Coupigny (62) : déchets ciblés / interdits

Déchets ciblés **Déchets dangereux solides de composition minérale qui sont ultimes***	**Déchets interdits**
-**Déchets issus de la valorisation énergétique** : résidus d'épuration de fumées d'incinération des ordures ménagères (REFIOM), et apparentés (rejets chaudières CSR, biomasse) -**Déchets de la dépollution des effluents industriels liquides et gazeux** : boues et poussières contaminées par des composés métalliques dangereux -**Déchets amiantés** : issus de la décontamination des constructions et des différentes voies du réseau routier -**Terres contaminées** : issues de la décontamination des sols et de la résorption des sites et sols pollués	-**Les déchets liquides**, non pelletables, pulvérulents non préalablement conditionnés ou traités -**Les déchets explosifs**, corrosifs, comburants, facilement inflammables ou inflammables/ chauds -**Les déchets radioactifs** (hors Déchets à Radioactivité Naturelle Renforcée – DRNR – toutefois non ciblés par le projet d'ISDD des Dièves) -**Les déchets fermentescibles** -**Les déchets à risque infectieux**, comme les déchets des activités de soins à risque infectieux (DASRI)

*Ces déchets ont déjà fait l'objet au préalable de recherche de solutions alternatives de tri et de valorisation, à l'initiative de leur producteur.
Ces déchets sont notamment issus de procédés industriels, de valorisation thermique des déchets des collectivités ou de la gestion des sols pollués.

Le site s'étend sur 22 hectares dont 11 dédiés au stockage et se situe à proximité d'activités de traitement déjà existantes (notamment un centre d'enfouissement de déchets ménagers). Une autre question légitimement posée par rapport à ce type d'installation est la durée de vie en regard du tonnage annuel et total accepté ? Dans le cas présent, la durée d'exploitation prévue est de 20 à 25 ans, pour une capacité annuelle maximale de 100.000 tonnes/an et une capacité totale de stockage de 2,3 millions de m3. L'opérateur précise : « Un suivi de long terme du site à l'issue de son exploitation est également prévu, avec des contrôles et des analyses réalisés pendant au minimum 30

2 Sarpi Véolia, Projet d'installation de l'ISDD des Dièves à Hersin-Coupigny (62), concertation préalable du 19 septembre au 31 octobre 2022, synthèse du dossier de concertation, 12 p., détail déchets ciblés p. 6

ans après la cessation d'activité. »

Il est donc prévu un bon demi siècle d'attention. La concertation met en relief les différents enjeux d'un tel projet, comme en atteste le premier rapport intermédiaire rendu le 28 mars 2024[1]. On peut y lire que « tous les arguments exprimés par le public l'ont été pour contester le projet. L'essentiel des thèmes abordés rejoint ceux déjà exprimés lors de la concertation préalable. Le maître d'ouvrage a été en mesure de répondre à la plupart des questions posées lorsqu'elles le concernaient directement. ». Les débats concernent, comme on pouvait s'y attendre, les problématiques suivantes :

-Santé publique, risques et prévention,

-Insertion paysagère,

-Modèle économique, impacts socio-économiques,

-Impacts en termes d'aménagement du territoire, acceptabilité du projet,

-Modalités de la concertation et les suites du projet.

Le sujet des déchets dangereux est en général peu mis en lumière, mais il reflète pourtant la nature de notre société d'aujourd'hui, et la prégnance de la Technosphère. Il mérite à ce titre qu'on s'y intéresse, au-delà de la confrontation inéluctable entre des riverains soucieux de préserver l'environnement immédiat de leur habitation et des opérateurs inscrits dans une chaîne productive qui permet, outre leurs propres intérêts économiques, d'assurer le niveau et le mode de vie de la population (parmi lesquels figurent ces mêmes riverains).

2-Les pollutions

Il ne s'agit pas ici de détailler l'ensemble des pollutions. Le lecteur se reportera pour ce faire sur d'autres publications nombreuses en la matière[2]. On présente ci-après un panorama de « Nature France », les impacts sur l'air de la gestion des déchets rapportés par l'ADEME, ainsi que des enseignements d'un récent « livre blanc » de la Fondation de l'académie de médecine.

a-Les pollutions selon « Nature France »

Le site internet gouvernemental « Nature France » nous indique

1 Projet d'installation de l'ISDD des Dièves à Hersin-Coupigny (62), 1er Rapport intermédiaire de la concertation continue, 28/3/2024, 34 p.

2 A noter notamment la récente parution de : Henry Augier, Dictionnaire encyclopédique des pollutions, Libre et Solidaire, 2024, 974 p.

dans une synthèse que « les pollutions induites par les activités humaines sont nombreuses et diversifiées »[1]. Voici le panorama qu'il dresse (extraits) :

*-**Pollutions mécaniques** : Ce type de pollutions est caractérisé par une accumulation excessive de matière en suspension. Elles peuvent affecter tous les types de milieux de manière passive. Le portail Naïades permet d'accéder aux relevés d'observations de la qualité des cours d'eau, y compris la qualité écologique, incluant des données sur les espèces observées dans les cours d'eau, terrestres et marins.*

*-**Pollutions plastiques** : La pollution plastique affecte tous les organismes qui peuplent les eaux marines, jusqu'à des milliers de mètres de profondeur.*

La pollution par le plastique est devenue très préoccupante. Elle a été multiplié par 10 au cours de ces 40 dernières années. En 1997, l'existence d'un regroupement de déchets plastiques est découverte au nord-est de l'Océan Pacifique. Il s'étend sur près de 6 fois la surface de la France.

*-**Pollutions chimiques** : En France, la pollution résultant de l'utilisation de produits phytosanitaires est l'une des plus préoccupantes. Toutefois grâce à l'amélioration des performances des stations d'épuration, ainsi que la mise en œuvre de diverses réglementations européennes, une relative amélioration de la qualité de l'eau est observée.*

Les ventes de produits phytosanitaires pour usage non agricole ont diminué de plus de 50 % entre la période 2009-2011 et la période 2016-2018. Sur cette même période, celles destinées à un usage agricole ont augmenté de 25%.

*-**Pollutions sonores et lumineuses** : Les pollutions sonores concernent tout le spectre des fréquences. Les ondes lumineuses ont plusieurs effets néfastes sur la biodiversité (en déréglant le rythme biologique des organismes). La présence d'éclairage constitue une des causes de fragmentation des milieux naturels.*

*-**Pollution thermique et barométrique** : La pollution thermique affecte durablement les communautés d'espèces en modifiant artificiellement leur microclimat, autrement dit les conditions climatiques spécifiques à une petite zone géographique. La variation brusque de la pression atmosphérique peut gravement affecter certaines espèces (comme la chauve-souris).*

*-**Autres types de pollutions** : Les pollutions radioactives*

---

1 Sur internet (mise à jour au 31/1/2024) : https://naturefrance.fr/pollutions

engendrent une mortalité des espèces sauvages, mais aussi des maladies et malformations. Les pollutions électromagnétiques sont encore peu connues et mériteraient des programmes de recherches approfondies. La pollution olfactive due à la présence humaine est également source de dérangement, car beaucoup d'espèces sont très sensibles au niveau de leur odorat ou dépendent de la communication chimique. L'urbanisation et la pollution ont par exemple des conséquences sur la température, ce qui modifie les émissions odorantes des plantes dont elles se servent pour attirer les insectes pollinisateurs.

b-Les impacts environnementaux de la gestion des déchets

Dans le document mentionné en début de chapitre (op cit. p. 77-78), l'ADEME présente les impacts environnementaux en lien avec la gestion des déchets, concernant les émissions dans l'air. Elle met l'accent sur les améliorations des équipements de traitement (mise aux normes des incinérateurs notamment) et sur les vertus du recyclage. Ce-dernier, pour l'année 2019, a permis d'éviter le rejet de 19 millions de tonnes d'équivalent CO2, et d'économiser 60 TWh de consommation d'énergie cumulée.

L'évolution des émissions de méthane (CH4) principalement issu des installations de stockage (représentant 20% du total de ces émissions au niveau français) retrouve son niveau d'il y a 30 ans après avoir augmenté, alors que les émissions de dioxines reculent très fortement (voir les deux graphiques ci-dessous).

Évolution des émissions de méthane (CH_4) liées à la gestion des déchets

CH_4 en milliers de tonnes

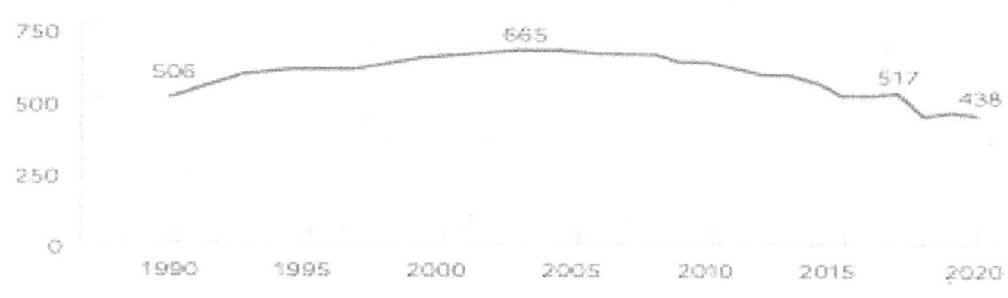

Traitement des déchets et incinérateurs avec valorisation énergétique (codes CITEPA : 010106, 090201, 090202 090205, 090401, 090402 (estimation IN NUMERI 2016 et 2017), 090701, 090702, 091001, 091002, 091005, 091006), France métropolitaine.

Source: CITEPA (2022), Base de données OMINEA

Évolution des émissions de dioxines et furanes (PCDD-F) liées à la gestion des déchets

Traitement des déchets et incinérateurs avec valorisation énergétique (codes CITEPA : 010106, 090201, 090202, 090205, 090701, 090702, 090901), France métropolitaine.

Source : CITEPA (2022), Base de données OMINEA

c-« Livre blanc » de la Fondation de l'académie de médecine

Dans un livre blanc sur la pollution chimique de l'environnement rendu public début 2024[1], la Fondation de l'académie de médecine alerte sur la situation qu'elle qualifie en ces termes :

-La diversité chimique des polluants est considérable et tous les environnements sont concernés.

-Environ 40 à 60.000 produits chimiques polluants sont commercialisés dans le monde. Certains de ces produits, dispersés dans la nature, contaminent l'air, l'eau, les sols et les aliments d'origine végétale ou animale ainsi que des objets de la vie quotidienne (matériaux plastiques, colles, peintures, moteurs thermiques...). Tous les environnements sont donc concernés, notamment ceux émetteurs de pollution, comme les milieux urbains, les sites industriels ou les zones agricoles.

-L'exposition humaine aux polluants chimiques représente un coût élevé pour la santé et la société. Le bureau européen de l'Organisation Mondiale de la Santé (OMS) estime qu'en 2019, en Europe, 569.000 morts sont attribuables à la pollution de l'air extérieur et 154.000 à la pollution de l'air intérieur. 269.000 morts seraient attribuables à certains produits chimiques de

1 Fondation de l'académie de médecine, Pollution de l'environnement et santé publique – Exposome et prévention, 44 p., selon l'article d'Anne-Cécile Violland sur internet : https://biotechinfo.fr/article/pollution-chimique-et-sante-publique-la-fondation-de-lacademie-de-medecine-devoile-son-livre-blanc/

l'environnement.

-Au-delà des effets néfastes sur la santé (cancers, infertilité, troubles cognitifs, diabète, obésité, troubles respiratoires...), les impacts économiques sont importants. Au sein de l'Union Européenne par exemple, le coût annuel pour la santé de l'exposition aux perturbateurs endocriniens est estimé à 157 milliards d'euros.

Ce survol du « bilan » des déchets, rejets et pollutions en France nous montre l'ampleur des problématiques posées, en termes d'organisation comme de coûts. Avec sa lecture, on s'éloigne de l'impression de « mise sous contrôle » que dégagent les présentations avantageuses, axées notamment sur les « bons gestes » citoyens ou l'affirmation de « l'économie circulaire ». La situation n'est pas exempte de risques importants mais bénéficie heureusement de nombreux dispositifs de surveillance et d'alerte que nous allons étudier maintenant.

Chapitre 5
Information, surveillance et risques

Certains déchets, rejets ou pollutions perdurent plus ou moins dans le temps et pour certains menacent l'intégrité de la nature voire des humains. Le flux devient du stock. Comment se fait-il que les activités dont ces rejets sont la conséquence perdurent également (voire se développent) ? Cela renvoie à au moins deux registres interdépendants, d'une part les informations disponibles et leur diffusion rendant possible – et révélant - une prise de conscience, d'autre part les mécanismes (de surveillance, d'appréciation des risques) qui autorisent une certaine acceptation par la société. C'est dans cette perspective que nous aborderons dans ce chapitre les sujets suivants : l'émergence des phénomènes de pollution au fil des millénaires, des siècles et des dernières décennies (section 1), la préoccupation de la santé humaine (s. 2) et, au niveau national, les dispositifs d'observation et de surveillance des milieux (l'eau, l'air et les sols, s. 3).

1-Humains et pollutions : un compagnonnage multi-millénaire qui fait boule de neige au 20° siècle

11-Les « paléo-pollutions » liées aux activités métallurgiques et minières

Le fait qu'une partie de l'histoire humaine se raconte au travers de « l'âge des métaux » n'a rien d'anodin, pour les millénaires qui ont précédé l'avènement de l'ère chrétienne. Une fiche de Catherine Louboutin du Musée des antiquités nationales précise ainsi[1] : « La métallurgie, contrairement à la taille de la pierre et à la poterie, procède d'une économie complexe, la première historiquement, dans l'organisation tant de la production que de la distribution. Elle est en conséquence source de profondes mutations sociales. Le

1 Catherine Louboutin, Musée des antiquités nationales, Naissance de la métallurgie, 1988, 7 p.

Chalcolithique (ndr : période de la préhistoire correspondant au début de l'utilisation du cuivre) qui ne fabrique et n'utilise encore qu'un nombre restreint d'objets assez petits et produits localement, ne marque aucune rupture fondamentale avec le mode de vie néolithique. Avec l'Age du Bronze en revanche (ndr : le bronze s'obtient par alliage de 90% de cuivre pour 10% d'étain), une nouvelle organisation du travail et l'instauration d'échanges à longue distance apparaissent, les rivalités guerrières et l'insécurité s'amplifient, une différenciation et une hiérarchisation sociales marquées se mettent en place. »

La métallurgie qui peut se définir comme « le travail des métaux extraits de minerais à la suite d'un traitement thermique » se distingue du simple « martelage d'un métal trouvé à l'état natif' » (op cit ; p. 1). Les métaux « natifs » (sans métallurgie donc) furent d'abord utilisés à la fabrication de parures et d'objets d'apparat, comme le cuivre, et ultérieurement l'or (trouvé en paillettes ou pépites dans les cours d'eau ou dans les filons).

La métallurgie suppose quant à elle un travail particulier : « le cycle de fabrication d'un objet métallique est, à quelques détails près, identique pour tous les métaux et peut se décomposer en trois phases : obtention du minerai ; transformation du minerai en métal ; mise en forme d'objets particuliers. » La mise en forme finale – du métal à l'objet – peut se faire de trois manières : le moulage, la chaudronnerie et le forgeage.

Ces actions supposent des compétences spécifiques exercées dans des conditions le plus souvent pénibles, comme dans le cas du forgeron. Elles entraînent des activités extractives et des pollutions, ainsi que les prélèvements des ressources nécessaires aux processus en jeu, notamment l'obtention de hautes températures, impliquant d'importantes transformations du milieu du fait de l'activité humaine.

On parle alors de « paléo-pollutions » et de « paléo-environnements ». Ceux-ci ont été étudiés par Hugo Delile dans les archives sédimentaires des ports antiques de Rome et d'Éphèse, pour une thèse de doctorat soutenue en septembre 2014[1]. Voici ce qu'il écrit : « Les paléo-pollutions prennent naissance lors de l'entrée de l'Humanité dans la Protohistoire avec l'émergence des grandes civilisations, dont les besoins en métaux furent croissants tout au long de cette période. Le développement des premières Cité-États par exemple les a poussées à rechercher et à exploiter les ressources

1 Hugo Delile. Signatures des paléo-pollutions et des paléo-environnements dans les archives sédimentaires des ports antiques de Rome et d'Éphèse. Géochimie. Université Lumière Lyon 2, 2014. Français. NNT : . tel-01084909

métallifères environnantes. Ces activités minières et métallurgiques précoces se sont accompagnées des premières contaminations qui sont aujourd'hui décelées dans les milieux naturels intégrant un signal régional.

(...) Le passage à l'Antiquité s'accompagna d'un accroissement significatif des activités liées aux métaux, ainsi que de l'usage du plomb, notamment chez les Romains. Ce phénomène semble s'expliquer par le caractère urbain de la société romaine qui intègre le plomb dans toutes ses composantes (urbanisme, architecture, alimentation, cosmétique, art, etc.). Á cette période, les besoins en métaux sont d'une telle ampleur qu'ils sont considérés comme l'une des causes des conquêtes romaines. Une fois les provinces annexées, leurs ressources métallifères sont exploitées pour le compte du pouvoir central. Cette activité minière romaine, répartie sur l'ensemble du bassin méditerranéen, est à l'origine d'une contamination atmosphérique de l'hémisphère nord qui s'est ressentie jusque dans les glaces du Groenland et les tourbières d'altitudes élevées. La lecture de ce signal global semble retranscrire les phases de croissance, d'apogée et de déclin de l'Empire romain. » (op cit. p. 97-98)

Ces activités ne se limitèrent pas à l'Europe d'alors et touchèrent précocement l'Extrême-Orient et plus tardivement les Amériques, comme l'indique le graphique suivant pour le cuivre, le bronze et le fer (ce-dernier s'obtenant par traitement du minerai de fer à température élevée). La population mondiale d'alors est estimée entre 100 et 200 millions d'habitants.

Représentation graphique des découvertes métallurgiques depuis la Préhistoire (d'après Mohen, 1990 ; Mohen et Eluère, 1991, modifié)

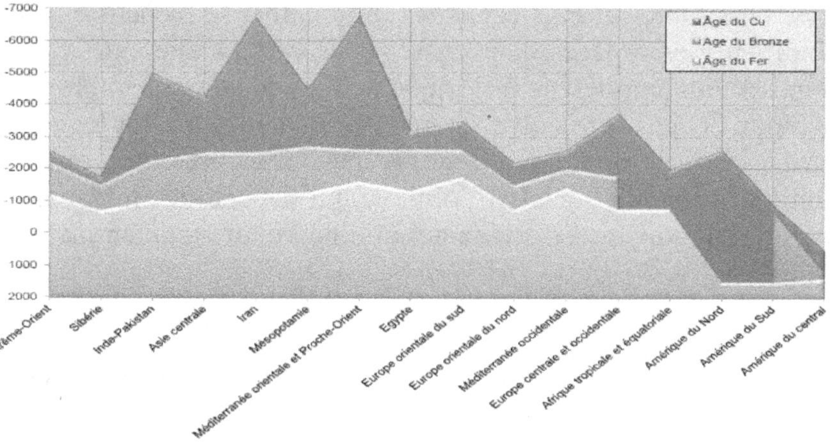

NB : L'échelle du temps est représentée côté gauche du tableau (en ordonnée)
Source : Hugo Delile, op cit., 2014

12-Le « choix de polluer » à l'âge industriel

Après avoir présenté ci-dessous la fresque historique des pollutions de Jarrige et Le Roux, nous évoquons la postérité remarquable du décret français de 1830 sur les établissements insalubres vu comme système déterminant pour la régulation des pollutions.

a-La « contamination du monde »

On peut tirer deux enseignements majeurs du magistral ouvrage de François Jarrige et Thomas Le Roux intitulé « La contamination du monde : Une histoire des pollutions à l'âge industriel »[1] :

1° de pollutions localisées jusqu'au 18° siècle inclus, on passe aux 19° et 20° siècles à une contamination généralisée de la planète à l'âge industriel ;

2° il apparaît plus pertinent d'envisager la situation comme le « résultat de rapports de force et de choix collectif », plutôt que « le fruit d'un déterminisme matériel », comme l'indique Gwenaëlle Le Goullon dans l'article qu'elle a intitulée « le choix de polluer »[2].

Malgré la lucidité et la sévérité du constat, il s'agit d'une certaine façon d'un message d'espoir, que les auteurs expriment ainsi en fin d'ouvrage : « Plutôt que d'accentuer l'artificialisation techno-scientifique du monde pour gérer au mieux des pollutions considérées comme inévitables, il convient au fond de remodeler nos imaginaires de la puissance et de la croissance infinie pour concevoir des modes de vie plus sobres et plus égaux. (…) Le climat se réchauffe, les mers s'acidifient, les espèces disparaissent, les corps s'altèrent : en rendre compte d'un point de vue historique permet de ne pas sombrer dans la sidération et dans la vision d'un processus inéluctable sur lequel on ne pourrait pas agir de façon effective, mais de comprendre qu'il s'agit avant tout d'un fait social et politique qui dépend des imaginaires du progrès qui doivent être discutés à l'heure des contaminations de

---

1 François Jarrige, Thomas Le Roux, La contamination du monde : Une histoire des pollutions à l'âge industriel , Paris, Le Seuil, 2017, 470 p.
2 Gwenaëlle Le Goullon, Le choix de polluer, in La Vie des idées, Collège de France, 9/3/2018
sur internet : https://laviedesidees.fr/Le-choix-de-polluer

masse. (op cit. p. 366-367)

L'ouvrage resitue les trois révolutions industrielles en toile de fond de la période étudiée :

-la première (1770-1850) autour du charbon et marquée par le chemin de fer ;

-la seconde (1850-1914) autour du pétrole, de l'électricité et de l'automobile ;

-la troisième à la fin du XX° siècle avec l'internet.

La périodisation du livre comporte elle aussi trois séquences :

-l'industrialisation et la libéralisation des environnements (1700-1830) ;

-la naturalisation des pollutions au siècle du progrès (1830-1914) ;

-démesure et pollution au cours d'un « siècle toxique » (1914-1973).

L'ouvrage se termine par une projection sur la période contemporaine (depuis cinquante ans) que nous évoquerons ensuite. Voici à ce stade des extraits de l'ouvrage correspondant aux résumés par périodes :

1° période (1700-1830)

À l'époque moderne (ndr : avant 1789 pour les historiens), les pollutions se cantonnent en général aux encablures des sites de production. Elles imprègnent à la fois le monde rural et le monde urbain, mais restent essentiellement limitées aux transformations organiques des matières que le milieu peut en général assimiler. Néanmoins, les puanteurs, les fumées, les eaux sales sont craintes, ce qui explique la réticence des citoyens et des autorités à vivre dans un environnement manufacturier. Sauf en des points spécifiques (les arsenaux par exemple), le droit des nuisances de l'Ancien Régime répond à ces inquiétudes par des mesures de précaution qui privilégient la santé publique par rapport au développement économique. Par des mesures d'éloignement ou la dissémination en milieu rural, les populations sont en général préservées des pollutions du monde de l'industrie. D'autres dynamiques traversent toutefois la période moderne. En des points localisés ou pour des produits stratégiques, et stimulées par le capitalisme marchand et l'accélération de l'industrialisation, de nouvelles formes de pollution apparaissent et reconfigurent les relations établies entre ces sociétés et leur environnement. (op cit. p. 48-49)

2° période (1830-1914)

Les premières étapes de l'industrialisation ont donc bousculé les régulations anciennes en redéfinissant le sain et le malsain, et la frontière entre l'incommodité et l'insalubrité. Les pollutions industrielles sont requalifiées au prisme d'une chimie scientifique conquérante qui accapare dorénavant l'expertise et qui promeut l'emploi des acides pour leurs vertus désinfectantes. Les polices locales sont dépossédées de la plupart de leurs prérogatives : les investissements capitalistiques inhérents au nouveau système industriel rendent toute tentative répressive incompatible avec l'essor économique. Le décret français de 1810 sur les établissements insalubres est la clé de voûte du nouveau système de régulation des pollutions. Première loi sur les pollutions industrielles dans le monde, elle naît d'un accroissement soudain de la production couplé à la réorganisation institutionnelle des structures de gouvernement. L'utilité publique, inscrite dans l'esprit de la loi, réorganise les hiérarchies des priorités au nom de l'enrichissement des pays. Fondatrice d'un nouvel ordre, elle acclimate les pollutions comme une partie inhérente de la société industrielle, comme un nouveau projet politique qui impose à la société une industrialisation pourtant contestée pour ses effets délétères. (op cit. p. 102)

Entre 1830 et 1914, les pollutions se sont considérablement étendues tout en changeant de forme au fur et à mesure de l'industrialisation. De moins en moins disséminées, plus concentrées dans les villes et les bassins industriels, ou repoussées à la périphérie, elles provoquent localement un accroissement des risques et des plaintes. Le charbon et la chimie ont constitué deux piliers des nouvelles dynamiques industrielles, et, avant même la Grande Guerre qui accélère leur essor, les industries chimiques sont devenues des multinationales puissantes capables d'imposer leur définition des produits toxiques et de contenir les protestations. Pourtant, face à ces nuisances accrues dans les pays en voie d'industrialisation, les populations, les experts et les autorités ne demeurent pas passifs. Les débats s'accentuent sur les risques de contamination, les plaintes s'étendent tandis que l'acclimatation industrielle gagne les élites et leurs experts. Alors que beaucoup de savants et d'économistes promeuvent les solutions techniques en vue de réduire les nuisances, les sociétés civiles et les États cherchent des moyens pour limiter et encadrer leurs effets. (op cit. p. 134)

3° période (1914-1973)

Contrairement à ce que pourrait laisser penser une comparaison rapide entre les villes européennes des années 1970, à l'atmosphère éclaircie, et celles noyées dans le smog des années 1890, le XXe siècle n'a pas connu de diminution globale des pollutions. Tout en changeant de nature, leur accroissement est au contraire toujours plus rapide, corrélé à l'explosion démographique, l'augmentation de la consommation et de la production de biens manufacturés et le remodelage des milieux physiques par la chimie de synthèse. Alors que la population a quadruplé au cours du XXe siècle, la consommation d'énergie a été multipliée par 9 et la production industrielle par 40. (op cit. p. 205)

b-Décret de 1810 : des établissements insalubres aux installations classées pour la protection de l'environnement

Au titre de la période qu'ils qualifient de « siècle du progrès », Jarrige et Le Roux indiquent : « le décret français de 1810 sur les établissements insalubres est la clé de voûte du nouveau système de régulation des pollutions. » Ce dispositif connaît une postérité remarquable puisqu'il est toujours à l'oeuvre aujourd'hui sous le vocable des « installations classées pour la protection de l'environnement » (ICPE).

D'après le ministère en charge de l'écologie, cette réglementation vise potentiellement « toute exploitation industrielle ou agricole susceptible de créer des risques pour les tiers - riverains et/ou de provoquer des pollutions ou nuisances vis-à-vis de l'environnement. (...) Les ICPE peuvent être très différentes, allant de l'élevage agricole d'une cinquantaine de bovins, jusqu'à la verrerie ou les fonderies, en passant par les usines, les ateliers, les chantiers, les stockages de déchets, les incinérateurs, les méthaniseurs, les éoliennes ou les carrières... »[1] Un classement et une nomenclature organisent l'approche des installations selon l'importance du « potentiel » de pollution ou de nuisances, comme le résume le tableau ci-dessous[2] :

1 Publié le 26 septembre 2019 et mis à jour le 16 janvier 2025, sur internet : https://www.ecologie.gouv.fr/politiques-publiques/savoir-icpe-nomenclature-gestion-declaration

2 Ministère en charge de l'écologie, Bilan de l'action de l'inspection des installations classées – sur l'année 2023 et perspectives pour l'année 2024, 34 p., voir p. 6-7. La DGPR est la Direction générale de la prévention des risques

Les installation classées pour la protection de l'environnement (ICPE) en France en 2023

Régime de déclaration	Régime d'enregistrement (E)	Régime d'autorisation (A)
simple déclaration	autorisation simplifiée	demande d'autorisation environnementale comportant des études approfondies (étude de danger, étude d'incidence ou étude d'impact...)
activités les moins polluantes et les moins dangereuses	installations standardisées (station-service, entrepôt, filière avicole, etc.), dont les risques sont connus et peuvent être encadrés par des prescriptions génériques, …, sauf impact fort	installations présentant les risques et les impacts les plus importants
≈450.000 installations	22.967 sites	19.521 sites -dont 6.511 sous directive « IED » dont 3.030 élevage -dont 1.267 sous directive « SEVESO III » (678 « seuil haut » + 589 « seuil bas »)
	971 dossiers nouveaux déposés	665 demandes nouvelles
Toute exploitation industrielle ou agricole susceptible de créer des risques pour les tiers - riverains et/ou de provoquer des pollutions ou nuisances vis-à-vis de l'environnement, est potentiellement une installation classée pour la protection de l'environnement (ICPE).		

On mesure ici l'ampleur du dispositif. Il va bien au-delà des établissements relevant de la directive européenne relative aux émissions industrielles (« IED ») que nous avons mentionnée au chapitre 3. Au total, près de 500.000 installations sont concernées en France dont environ 42.000 relevant des régimes de l'enregistrement ou de l'autorisation (avec plusieurs centaines de dossiers nouveaux déposés chaque année).

Un processus d'inspection en assure le suivi au long cours, visant à anticiper et limiter les atteintes de natures diverses. D'après les sources officielles[1], « en 2023, le nombre total d'incidents et accidents recensés par la DGPR dans les installations classées pour la protection de l'environnement (ICPE) est resté relativement stable : 1.242 événements recensés dans la base de données Aria (Analyse, recherche et information sur les accidents) pour l'année 2023 (données au 31 mars 2024) dont 401 accidents, pour toutes les ICPE. Il y a eu 389 accidents recensés en 2022.

En ce qui concerne les sites Seveso, 290 événements ont été recensés, dont 81 accidents (75 en 2022).

Les secteurs les plus accidentogènes identifiés en 2023 sont les suivants :

- Les déchets[2];
- L'industrie chimique et pharmaceutique ;
- Les élevages ;
- L'industrie agroalimentaire. »

La même année, l'inspection des installations classées a réalisé 24.232 inspections, soit programmées, soit réactives. D'après les mêmes sources, « au regard des situations les plus préoccupantes constatées en inspection, des actions de coercition ou de sanction ont été prises :

=3.677 arrêtés préfectoraux de mise en demeure (par exemple, dans les cas de non-respect d'une prescription ou d'une demande de régularisation administrative pour défaut du titre d'exploitation requis);

=674 arrêtés préfectoraux de sanctions administratives avec par

1 Ministère en charge de l'écologie, Bilan de l'action de l'inspection des installations classées – sur l'année 2023 et perspectives pour l'année 2024, 34 p., voir p. 6-7. La DGPR est la Direction générale de la prévention des risques

2 Au moment où j'écris ces lignes, le 7 avril 2025, un violent incendie a ravagé un centre de tri du Syctom à Paris 17° dans le secteur du parc Martin Luther-King, dégageant d'importantes fumées. Déclaré vers 20h, l'incendie a été circonscrit vers minuit, mobilisant 200 pompiers et 60 engins. Selon une information de la Ville de Paris, « tous les relevés sont restés inférieurs aux seuils réglementaires de toxicité ». Toutefois « des consignes sanitaires ont été appliquées dans plusieurs crèches, écoles et établissements du secteur (fenêtres fermées, limitation des sorties et des accès extérieurs, lavage régulier des mains) » et maintenues jusqu'à mercredi 9 avril en fin de matinée.

exemple (par ordre de volumétrie) :

- 272 astreintes administratives ;
- 161 amendes administratives ;
- 80 consignations de sommes ;
- 75 suspensions temporaires ;
- 63 fermetures et suppressions d'installations ;
- 13 exécutions d'office de travaux ;
- 10 appositions de scellés. »

L'article de Jean-Marc Sauvé, alors vice-président du Conseil d'Etat, lors du colloque des 20-21 mai 2010 relatif au bicentenaire du décret impérial de 1810, offre une mise en perspective saisissante[1]. Il souligne le fait que « tout en restant perfectible, la législation sur les installations classées présente deux caractéristiques qui en font un exemple de bonne législation.

La législation sur les installations classées permet, d'une part, d'assurer une conciliation concrète et efficace entre les différents intérêts qu'elle a vocation à protéger (I).

La législation sur les installations classées, d'autre part, a su évoluer et s'enrichir de son interaction avec d'autres branches du droit (II). » Sont cités le droit civil, le droit de l'urbanisme et celui de l'environnement bien entendu.

Il mentionne « l'appropriation, par la législation sur les installations classées, d'une démarche de précaution » et observe le parallélisme avec le « principe de précaution » rappelé à l'article 5 de la Charte de l'environnement intégrée en 2005 à la constitution française de 1958.

13-Le tournant de 1970

Nous avons développé dans un précédent ouvrage en quoi le début des années 1970 marque une avancée notoire dans la prise de conscience de la question écologique[2]. C'est par exemple en 1972 que paraît le célèbre « rapport Meadows » décrivant « les limites à la croissance » et que se tient la conférence de Stockholm. Pour la France particulièrement, Florian Charvolin titre son article de 2001

---

1 Jean-Marc Sauvé, Intervention de clôture lors du colloque des 20-21 mai 2010 (Rennes) à l'occasion du « bicentenaire du décret impérial du 15 octobre 1810 relatif aux manufactures et ateliers qui répandent une odeur insalubre ou incommode », 10 p., voir p. 3 et 8

2 Daniel Ducher, Agriculture et alimentation : un autre modèle est possible – Se reconnecter à la terre et au vivant, Libre & Solidaire, à paraître, voir les chapitres 4 et 7

pour La revue d'histoire du CNRS :« 1970 : L'année clef pour la définition de l'environnement en France »[1]. Il écrit : « On a justement dit que « l'année 1970 vaut plus que sa durée » dans le sens où, de cette période, date la définition de l'environnement. » C'est à ce moment là qu'un comité spécialisé va en fixer la définition comme « l'ensemble des agents physiques, chimiques et biologiques et des facteurs sociaux susceptibles d'avoir un effet direct ou indirect, immédiat ou à terme sur les êtres vivants et les activités humaines » (op cit. § 10).

Analysant la littérature, F. Charvolin établit « combien le puzzle de l'environnement est stabilisé, quels que soient les auteurs envisagés, en 1970-71 » (op cit. § 25). Selon les auteurs de l'époque, les thématiques abordées sont « la pollution de l'eau, la pollution de l'air, la gestion des déchets, le bruit, les affaissements miniers, l'encombrement urbain et l'usage de l'eau », mais aussi « la disparition des espaces verts, l'entassement des hommes, l'éloignement de la nature ». Il note au passage que « Nature et Environnement disposent à peu près des mêmes compartiments ».

Et pour couronner le tout, c'est à cette période que se prépare la création du premier ministère public en charge de ces questions qui voit le jour le 7 janvier 1971 sous le vocable de « Ministère de la nature et de l'environnement » (op cit. § 29). Voici ce qu'en dit France Mémoire (Institut de France) : « Sous la présidence de Georges Pompidou, la France se dote d'un ministère dédié aux questions environnementales. La spectaculaire croissance des Trente Glorieuses soulève des questions inédites. Les pouvoirs publics décident de s'en emparer. Au fil des ans, cette institution va élargir de façon considérable son champ d'action. »[2] Les années 70 voient aussi la première candidature écologiste à une élection présidentielle avec René Dumont (1974), et c'est fin 1970 qu'est créé le mouvement « Pollution Non »[3].

Des jalons importants marquent les décennies qui suivent. En

---

1 Florian Charvolin, « 1970 : L'année clef pour la définition de l'environnement en France », La revue pour l'histoire du CNRS [En ligne], 4 | 2001, mis en ligne le 20 juin 2007, URL : http:// journals.openedition.org/histoire-cnrs/3022 ; DOI : https://doi.org/10.4000/histoire-cnrs.3022

2 Sur internet : https://www.institutdefrance.fr/actualites/7-janvier-1971-creation-du-ministere-de-la-protection-de-la-nature-et-de-lenvironnement/?

3 Pour un voyage dans l'univers militant bien avant l'avènement de l'écologie politique, voir par exemple Pascale Auditeau, « On ne nous dira pas que nous n'avons rien fait » - L'aventure du journal Ecologie Infos 1972 – 1992, Les Petits Matins, 2024, 271 p.

France à nouveau, plus de trente années plus tard, l'environnement fait son entrée dans la « loi des lois » avec l'adoption de la loi constitutionnelle du 1er mars 2005 relative à la Charte de l'environnement, venant compléter la constitution française du 4 octobre 1958 (voir la Charte en annexe au présent chapitre). Ce texte proclame dans son article 1er que « Chacun a le droit de vivre dans un environnement équilibré et respectueux de la santé ». Il précise immédiatement (article 2) que « Toute personne a le devoir de prendre part à la préservation et à l'amélioration de l'environnement. »

L'article 5 introduit quant à lui un « principe de précaution » à l'usage des autorités publiques dans leurs domaines d'attributions.

Comme le précise Renaud Denoix de Saint-Marc le 25 novembre 2014 devant l'Académie nationale de médecine[1], ce principe bénéficie ainsi d'un niveau maximum dans la hiérarchie des normes juridiques françaises. Il s'adresse donc aux autorités publiques, mais pas aux particuliers : « Chacune d'entre elles, l'Etat, les collectivités territoriales, les établissements publics, et, au sein de l'Etat, le législateur, se voit imposer un double devoir dans l'exercice de ses compétences : celui d'évaluer les risques, même incertains, et celui d'adopter des mesures préventives qui, toutefois, doivent être provisoires et proportionnées aux risques. Cela signifie que si le progrès des connaissances scientifiques vient à permettre de mieux connaitre le risque et à découvrir les moyens de le conjurer, ces mesures peuvent et même doivent être levées. »

La Charte ne définit toutefois pas le principe de précaution, que l'on retrouve à l'article L.110.1 du code de l'environnement :

Le principe de précaution, selon lequel l'absence de certitudes, compte tenu des connaissances scientifiques et techniques du moment, ne doit pas retarder l'adoption de mesures effectives et proportionnées visant à prévenir un risque de dommages graves et irréversibles à l'environnement à un coût économiquement acceptable.

Malgré cela, il n'est pas avéré qu'un retournement de situation soit intervenu durant le demi siècle écoulé. Un « tournant » (en 1970) ne signifie pas forcément un changement de direction ou de destination ! Dans la projection débordant leur périodisation et qui clôt leur ouvrage, Jarrige et Le Roux écrivent :

Force est de constater qu'en dépit des innombrables alertes

1 Renaud Denoix de Saint-Marc, Le principe de précaution devant le Conseil constitutionnel, Communication à l'Académie nationale de médecine, séance du 25 novembre 2014, 5 p.

formulées durant les années 1970, peu de choses ont changé. (op cit. p. 328)

L'analyse historique montre que les nouvelles pollutions du monde dit « postindustriel » s'ajoutent plus qu'elles ne se substituent aux anciennes ; le sentiment contraire provient d'une forme de myopie induite par la mondialisation qui redistribue de façon inégale les risques. (op cit. p. 340)

Dans les villes du Nord fortement consommatrices de biens et services, les infrastructures sont suffisamment développées pour évacuer les déchets et assurer le nettoiement urbain, ce qui laisse l'impression d'un monde non pollué, alors même que la consommation repose sur une chaîne productive (mines, transport, industrie, etc.) à l'origine de nombreuses contaminations. À l'autre bout de la chaîne, on trouve toujours les bidonvilles, où s'entasse environ un tiers de la population urbaine mondiale, soit bien plus que dans les années 1970, et où d'innombrables prolétaires modernes vivent dans et de l'insalubrité. (op cit. p. 340-341)

Ainsi, la plupart des pays continuent de privilégier – comme par le passé mais sur une tout autre échelle – l'externalisation des pollutions, via les délocalisations des usines les plus polluantes ou l'exportation des substances dangereuses, sans jamais remettre en cause les modes de vie. (op cit. p. 344)

La lutte contre les pollutions reste subordonnée aux intérêts économiques et financiers, aux luttes d'influence, à la quête de puissance. Le complexe « industriel pollueur » colonise toujours plus les États et les administrations pour modeler les régulations à leur avantage – quand il ne s'agit pas de triche savamment organisée pour contourner les normes, comme le montre l'affaire du Dieselgate en 2016-2017, impliquant de nombreux constructeurs automobiles européens. Sans compter que beaucoup de gouvernants ne prennent pas au sérieux le problème et demeurent ignorants des enjeux. (op cit. p. 359)

2-Santé humaine : vers un « suicide de l'espèce » ?

Derrière les termes de « protection de la nature et de l'environnement », c'est aussi la santé humaine qui est en jeu. Il est donc logique que les actions d'information, de surveillance et d'appréciation des risques se soient développées particulièrement dans cette direction. Nous allons ainsi donner quelques éclairages sur les liens entre la santé humaine et l'industrie, les villes, le plastique, pour terminer par une réflexion sur la dimension « suicidaire » de certaines activités. Dans tous les cas, il est utile de se représenter l'individu (humain ou plus largement animal et vivant), selon le schéma ci-dessous, cherchant à maintenir son « homéostasie » dans les différents milieux (air, eaux, sols) et sous différentes conditions (d'humidité, d'éclairement, de température, etc.) :

Les conditions de la vie sur Terre : schéma de principe

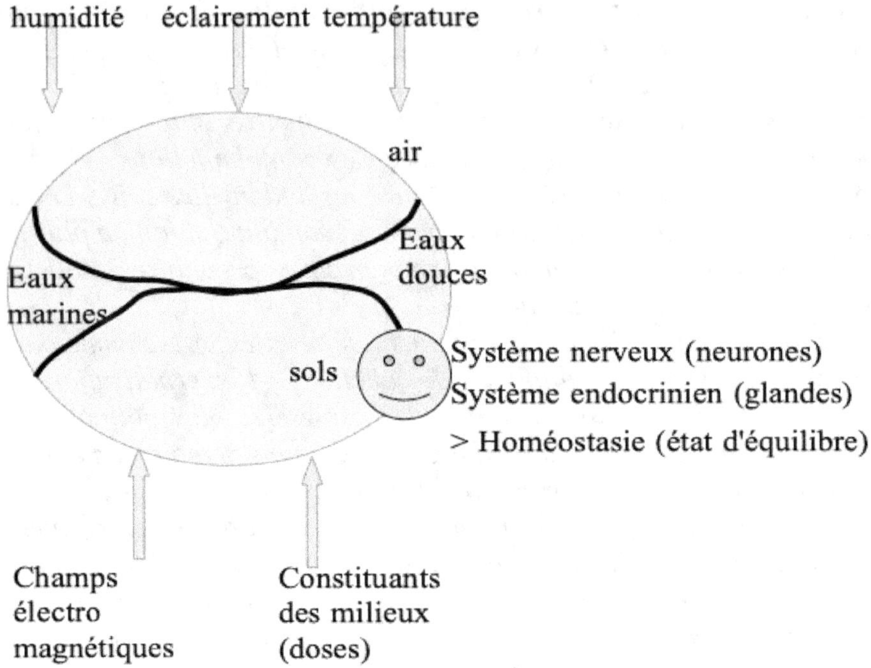

21-La santé humaine et l'industrie aujourd'hui

Un article des Annales des mines de 2024 de Candice Roudier et Cécile Kairo de Santé publique France étudie « quels indicateurs pour surveiller la santé de la population générale autour des grands bassins industriels français ? »[1]. Les auteures précisent que « les bases de données sanitaires françaises présentent des limites pour disposer d'une estimation fiable et exhaustive de certains des indicateurs identifiés. Ces premiers éléments seront à considérer dans une perspective de mise en place d'une surveillance épidémiologique

1 Candice Roudier et Cécile Kairo (Santé publique France), Quels indicateurs pour surveiller la santé de la population générale autour des grands bassins industriels français ? In Annales des mines, avril 2024, n° 114, p. 31-35

autour des grands bassins industriels français. » Les auteures indiquent en conclusion : « Ces premiers éléments devront également être complétés en essayant de tenir compte des pollutions historiques des zones (notamment impact sur les sols) et des évolutions des activités, ainsi que de la multi-exposition liée aux sources connexes, dont le trafic routier. »

Toutefois, préviennent-elles, une précaution méthodologique s'impose : « Seules les pathologies présentant une association statistique significative ont été sélectionnées. Or le biais de publication peut engendrer une sous-estimation des pathologies pour lesquelles les études menées n'ont pas pu mettre en évidence de lien significatif avec une exposition. Ce travail vient alimenter les réflexions menées par Santé publique France sur la faisabilité de mettre en œuvre une surveillance nationale épidémiologique autour des grands bassins industriels en France, dont l'objectif est d'étudier et de suivre l'impact des activités industrielles sur la santé des populations riveraines. »

Le corpus parcouru dont il est question dans cet article est le suivant :

179 articles ont été retenus pour une analyse plus approfondie. La majorité provient d'Italie et des États-Unis (plus de 35 %) ; 7 études ont été menées en France.

13 études de zone disponibles en France.

Le tableau rapporté ci-dessous « compile la liste des effets sur la santé recensés par les deux méthodes par type d'activité industrielle » (…). Ainsi, en combinant les résultats des deux approches, les pathologies respiratoires, suivies des localisations cancéreuses sont les plus fréquemment étudiées. »

Pathologies ou effets sanitaires identifiés par la revue épidémiologique et les éléments disponibles dans les études de zone

Décharge de déchets urbains, site de déchets dangereux *32 études* **22 polluants** **3 études de zone**	-cancer (hémopathie maligne, poumon, sein, **tête et cou**, cerveau, **angiosarcome**, rein, foie, **peau**, vessie, *organes digestifs*) **-maladies respiratoires** *-maladies cardiovasculaires* *-maladies neurologiques* -morbidité périnatale et fertilité **-irritation** **-autres (fonction rénale, foie, estomac, maladies**

	métaboliques et hématologiques)
Industrie du ciment, du plâtre et du béton *4 études* **32 polluants** **4 études de zone**	**-cancers (hématologique, poumon, voies respiratoires, peau, vessie, foie, intestin, rein)** **-pathologies neurologiques** -pathologies respiratoires -morbidité périnatale *-pathologies cardiovasculaires* **-irritations** **-autres (foie, rein)**
Industrie du bois (fabrication de matériaux à base de bois) *3 études*	*-cancers (hématologiques)* *-pathologies respiratoires* *-irritations* *-pathologies neurologiques*
Industrie du papier et du carton, et imprimeries *4 études*	*-cancers (hématologiques, ovaires, sein)* *-symptômes respiratoires*
Secteur de la pétrochimie sans autre mention *31 études*	*-Cancers (hématologiques, poumon, voies respiratoires supérieures, prostate, foie, cerveau, sang, vessie, os)* *-pathologies cardiovasculaires* *-pathologies respiratoires* *-pathologies endocriniennes* *-morbidité périnatale* *-autre (irritations)*
Zones industrielles (sans spécification) *33 études*	*-Cancers (hématologiques, poumon, poumon, sein, système nerveux, rein)* *-pathologies respiratoires* *-pathologies endocriniennes* *-morbidité périnatale* *-autre (irritations)*

En **caractère gras** : en rouge dans le tableau source
en *caractère italique* : en bleu dans le tableau source
Source : Roudier et Kairo, In Annales des mines, avril 2024, n° 114, p. 34

Pour autant, notent les auteures, « même si l'impact sur l'environnement ou la santé des éventuels rejets industriels apparaît comme une préoccupation croissante de la population riveraine, les bassins industriels restent néanmoins considérés comme le poumon économique d'une région et font partie de la culture locale. Les habitants y ont développé un sentiment de fierté et d'attachement à ces lieux. La crainte de la fermeture de ces industries et la perte de travail montrent aussi leur importance, d'autant plus qu'ils accueillent très souvent une population défavorisée. »

22-Les hauts et les bas du « bien vivre » en ville

L'hygiénisme a marqué le 19° siècle avec l'essor des villes à cette époque et il revient au goût du jour avec l'épidémie de Covid-19 qui frappe le monde à partir de 2020. La recherche de vaccins, les « gestes barrière », la distance sociale, les conséquences en termes d'usages de l'espace (déplacements, installations et locaux collectifs privés ou publics) deviennent des préoccupations quotidiennes, particulièrement sensibles dans les zones les plus denses et donc les agglomérations. Les villes du 21° siècles n'ont toutefois pas besoin d'une pandémie pour souffrir de nuisances diverses, y compris dans les pays réputés les plus avancés, même si ces désagréments sont moins visibles qu'aux siècles précédents. Dans un article de 2014 pour les Cahiers de l'Institut d'aménagement et d'urbanisme d'Ile-de-France, Sabine Host et Maylis Telle-Lamberton présentent les « nuisances multiples » dont le milieu urbain est le réceptacle[1], recoupant la plupart des sujets que nous abordons dans ce livre. Il est ainsi question :

-de la pollution atmosphérique urbaine, « enjeu majeur de santé publique » ;

-du bruit, « première nuisance ressentie par les citadins » ;

-de nombreux sites et sols pollués « hérités du passé industriel » ;

-des activités industrielles et de leurs « risques pour la santé » ;

-de la qualité de l'eau avec des « risques pour la santé maîtrisés et des risques émergents » ;

-des « champs électromagnétiques » (téléphone mobile et antennes relais, lignes à haute tension).

Ce dernier sujet semble être le parent pauvre des préoccupations de la société actuelle, pour les décideurs, les experts comme pour les citoyens, tant la pression au développement des technologies de l'information et de la communication (TIC) et au « tous connectés » est grande.

Certes le métabolisme humain implique des émissions électroma-

---

1 Sabine Host et Maylis Telle-Lamberton, « Le milieu urbain, réceptacle de nuisances multiples », in Cahiers de l'Institut d'aménagement et d'urbanisme d'Ile-de-France, n° 170-171, septembre 2014, p. 36-40

gnétiques. Et au naturel nous évoluons dans le champ magnétique terrestre et dans le champ électrique des périodes orageuses, comme le précise une équipe de spécialistes dans leur ouvrage sur « la pollution électromagnétique »[1]. Le fonctionnement du cerveau et du système nerveux passe en grande partie par des impulsions électriques, indiquent-ils. Le corps humain est composé de 65 à 75% d'eau, qui est un excellent conducteur électrique. Or notre « environnement » se trouve de plus en plus « occupé » par ces phénomènes découlant des installations humaines, comme l'indique le tableau ci-dessous en résumant les sources de basses fréquences et d'hyperfréquences.

Les sources de rayonnement électromagnétique

EBF Basses fréquences (courant électrique 50 Hz + appareils électroniques)		HF Hyperfréquences (sans fil et connecté)
EBF externes	EBF internes	-
Lignes électriques aériennes	Installations électriques	smartphone
Lignes de chemin de fer électrifiées	Appareils électriques	Antennes relais
Éoliennes et toitures photovoltaïques	Electricité sale (tensions transitoires liées aux appareils)	Téléphone DECT (sans fil)
transformateurs	Electricité statique	wifi
		bluetooth
		Autres (box, console jeux, objets connectés)
		Radiocommandes (domotique)
		Courants porteurs en ligne
		Sources extérieures à la maison (compteurs, radars, wimax, GPS, satellites, antennes)

Source : Bossard et autres, La pollution électromagnétique, 2018, p. 2

1 Bossard, Milesi, Richard, Nonn-Traya, Rivasi, La pollution électromagnétique, Terre Vivante, 2018, 206 p.

Selon les auteurs, les normes d'exposition actuelles ne protègent pas la santé (op cit. p. 12), malgré la reconnaissance obtenue en 2011 via la résolution 1815 du Conseil de l'Europe[1]. C'est ainsi que Michèle Rivasi, biologiste et co-auteur de l'ouvrage, s'est lancée dans la promotion des « zones blanches »[2], jouant d'une sorte d'inversion de valeur (puisque généralement on cherche plutôt à réduire les zones blanches). Leurs conclusions quant aux effets des champs électromagnétiques (CEM) sur la santé sont les suivants (op cit. p. 87-88) :

-il faut mener un plaidoyer pour le reclassement des CEM par le Centre international de recherche sur le cancer, du groupe 2B (cancérigènes possibles) en groupe 1 (cancérigènes probables) ; 190 scientifiques ont lancé le 15 mai 2015 un appel en ce sens auprès de l'OMS et de l'ONU ;

-considérer l'exposition aux CEM et les dysfonctionnements immunitaires ;

-opérer un basculement dans la pathologie de l'électrohypersensibilité (EHS) ;

-contrecarrer les phénomènes d'addiction autour des objets connectés et sans fil.

Au niveau des lieux de vie, des actions sont à la portée de chacun.e, notamment là où il.elle réside de manière prolongée : espaces de repos, de vie, de travail. En prévoyant des installations électriques biocompatibles, il s'agit essentiellement de lister les sources émettrices et d'identifier les endroits de passage des ondes radioélectriques afin de pouvoir s'en préserver efficacement. Cela peut se réaliser par les dispositions suivantes (op cit. p. 135) :

-suppression de la source ou mise en place d'une alternative non émissive ;

---

1 Résolution 1815 du Conseil de l'Europe : reconnaissance du danger et recommandation d'abaissement des seuils d'exposition des antennes-relais à 0,6 Volt/mètre puis 0,2 Volt/mètre - mai 2011. On voit là s'appliquer le « principe de précaution » que nous évoquions précédemment. Il est indiqué notamment au §4 de la résolution : « Si les champs électriques et électromagnétiques de certaines bandes de fréquence ont des effets tout à fait bénéfiques, qui sont utilisés en médecine, d'autres fréquences non ionisantes, que ce soient les extrêmement basses fréquences, les lignes électriques ou certaines ondes à haute fréquence utilisées dans le domaine des radars, de la télécommunication et de la téléphonie mobile, semblent avoir des effets biologiques non thermiques potentiels plus ou moins nocifs sur les plantes, les insectes et les animaux, ainsi que sur l'organisme humain même en cas d'exposition à des niveaux inférieurs aux seuils officiels. »

2 Voir l'Association Zones blanches, qui fête ses 10 ans en mai 2025, sur internet : https://asso-zonesblanches.org/

-éloignement de la source ;

-exclusion de certains appareils (babyphone, four micro-ondes, plancher chauffant électrique, couverture chauffante branchée) ;

-mise en place d'écrans de protection ou de systèmes blindés.

Avec la nécessité de s'adapter aux effets du changement climatique, on n'a de toute façon pas fini de devoir repenser la ville et ses espaces. La nécessité de circulations plus douces (et plus « actives ») moins émissives de polluants est aujourd'hui bien admise, mais les logiques d'extension urbaine et d'équipement prévalent encore le plus souvent. Avec elles, l'artificialisation des sols se poursuit, alors qu'elle est préjudiciable à la nature mais aussi à la qualité de vie des humains (sensibilité accrue aux pics de température, non infiltration des eaux pluviales conduisant à l'assèchement des terres et aux crues, réduction des surfaces disponibles pour l'agriculture et les espaces naturels nécessaires au déroulement des cycles biogéochimiques, etc.).

23-L'addiction au plastique

Dans un récent document en 10 points qu'elle consacre au plastique, l'ADEME entend faire le tour de l'épineuse question de notre dépendance aux plastiques et des moyens pour en sortir[1]. L'introduction résume bien la situation sous un titre éloquent : « Le plastique, si fantastique ? ». Citation :

Inventé à la fin du 19e siècle, *le plastique a progressivement envahi nos vies depuis les années 50. La production mondiale est passée de 1,5 million de tonnes en 1950 à 117 millions en 1990, et à 368 millions en 2019 (source : PlasticsEurope). À tel point que rares sont les objets qui n'en contiennent pas. Il faut dire que ce matériau résistant, peu coûteux et malléable à l'envi, a de nombreux avantages.*

Mais cette matière a aussi son revers. *De sa fabrication à sa fin de vie (souvent paradoxalement prématurée), elle génère des impacts environnementaux, des émissions de CO2 et contribue à l'épuisement des ressources. Peu de déchets plastiques sont aujourd'hui recyclés et beaucoup finissent incinérés avec les ordures ménagères ou enfouis dans des décharges. S'ils sont abandonnés dans la nature, ils mettront des siècles à disparaître... s'ils disparaissent vraiment.*

La pollution plastique est une réalité. *Et elle va bien au-delà de celle que nous constatons régulièrement sur les plages, le long des routes, à la surface des rivières... Une pollution invisible, composée*

1 ADEME, Le paradoxe du plastique en 10 questions – Pratique, omniprésent mais très polluant, 2023, 13 p.

de microplastiques, se retrouve dans les océans, les sols et même dans l'air que nous respirons.

L'ADEME rappelle que « cette fabrication bon marché » repose en premier lieu sur le pétrole, au travers du processus résumé ci-dessous sur l'exemple d'une bouteille (avec 1,9 kg de pétrole brut pour 1 kg de bouteilles) :

Fabrication du plastique : du pétrole à la bouteille

Puits de pétrole > >	**Raffinerie >**			**Usine de fabrication > > > > > > > > > > >**	
1 Extraction	2 Distillation	3 Vapo-craquage et polymérisa tion	4 Transform ation	5 Ajout d'additifs	6 Mise en forme
du pétrole brut	Les différents types d'hydrocar - bures sont isolés, dont le naphta, matière première du plastique	Les molécules du naphta sont fragmentée s puis rassemblée s en polymères par réaction chimique	Les polymères sont transformé s en granulés de PET pour être utilisés en plasturgie	Ils sont mélangés aux granulés de PET selon les propriétés recherchée s (couleur, rigidité...)	Chauffés, les granulés deviennent un liquide épais, injecté dans un moule, puis soufflé à la forme voulue

PET :Polytéréphtalate d'éthylène
Source : d'après ADEME, Le paradoxe du plastique en 10 questions, 2023

Il existe des plastiques sans pétrole, « biosourcés », issus de sources végétales ou animales. Ceux-ci représentent toutefois moins de 1% de la production mondiale de plastique. Derrière le terme générique de « plastique » se cachent en réalité 7 grandes familles, dont certains vocables nous sont familiers (PVC, polystyrène), couvrant une multitude d'usages comme l'indique le tableau suivant :

Les 7 grandes familles de plastiques (et leurs usages)

PET	PEHD ou HDPE	PVC	PEBD ou LDPE	PP	PS	AUTRES
Polytéréphtalate d'éthylène	Polyéthylène haute densité	Polychlorure de vinyle	Polyéthylène de faible densité	Polypropylène	Polystyrène	Autres
Bouteilles d'eau et de soda, emballages jetables, vêtements en polaire ...	Bouteilles de lait, produits d'entretien, flacons de médicaments ...	Canalisations, fenêtres, portes ...	Sacs, films et sachets plastiques ...	Pièces plastiques des ordinateurs, automobiles	Gobelets, assiettes jetables, stylos, pots de yaourts ...	CD, nylon, acrylique, lunettes de protection, biberons ...

Source : ADEME, Le paradoxe du plastique en 10 questions, 2023

Le thème des impacts des plastiques sur la santé humaine apparaît suffisamment important aujourd'hui pour faire l'objet d'un rapport au nom de l'Office parlementaire d'évaluation des choix scientifiques et technologiques[1], sous l'égide de l'Assemblée nationale et du Sénat. Alors que se prépare un traité international visant à supprimer la pollution plastique, le rapport émet en ces termes les conclusions de l'audition publique (17 octobre 2024) : « Les effets néfastes de la pollution plastique sur l'environnement sont démontrés scientifiquement et désormais bien connus du grand public. Les impacts des plastiques sur la santé humaine ont fait l'objet de moins de recherches, même si depuis quelques années un nombre croissant d'études scientifiques met en lumière les risques sanitaires qu'ils font courir à la population. » D'après certaines études, « les coûts sanitaires des substances chimiques dans les plastiques sont exorbitants pour la société », en lien avec la mortalité supplémentaire qui leur est attribuée.

L'Office parlementaire en vient ainsi à formuler neuf recommandations, précisant dans un avertissement liminaire que ces recommandations « s'appuient sur les connaissances scientifiques mises en avant par la « coalition des scientifiques pour un traité efficace sur les plastiques » », soit plus de 400 membres de 64 nationalités présentant des garanties pour prévenir les conflits d'intérêt vis-à-vis des industries chimiques et pétrolières (op cit. p. 20-24) :

---

1 Office parlementaire d'évaluation des choix scientifiques et technologiques, Rapport sur les impacts des plastiques sur la santé humaine, Philippe Bolo, député, 14/11/2024, 23 p.

1° Conclure un traité ambitieux et juridiquement contraignant

2° Prévoir une diminution significative de la production et de la demande de plastiques vierges

3° Renforcer les capacités des gouvernements et des scientifiques

4° Imposer aux industriels une plus grande transparence sur les substances chimiques en s'appuyant sur le principe « pas de données, pas de marché »

5° Réduire le nombre de substances chimiques utilisées dans les formulations de polymères

6° Améliorer l'efficacité de la réglementation des substances chimiques à travers une approche par groupes de substances chimiques et basée sur leur dangerosité

7° Développer des analyses de cycle de vie plus complètes pour mieux évaluer les externalités négatives liées à la production et à l'usage des plastiques

8° Définir des critères pour faciliter l'élimination des plastiques non essentiels

9° Limiter les pertes de plastiques dans l'environnement

Notons au passage :

-Au titre de la recommandation n° 4 : « Pour deux tiers des substances chimiques, il n'existe aucune information sur leur dangerosité potentielle et pour 60 % d'entre elles, il n'y a pas d'information sur leur utilisation ou leur présence dans les matériaux et produits plastiques. »

-Au titre de la recommandation n° 6 : On parle de 16.000 substances chimiques utilisées pour la fabrication des matériaux et des produits plastiques, parmi lesquels 10.000 n'offrent aucune donnée d'évaluation de la dangerosité.

Aux dernières nouvelles, au printemps 2025, les discussions sur le projet de traité mondial semble dans l'impasse, entre une majorité de pays voulant conclure un tel accord, et un groupe de pays constitué des producteurs de pétrole, souhaitant se limiter au sujet du traitement des déchets plastiques... Cette situation illustre parfaitement le propos de Jarrige et Le Roux que nous citions au début de ce chapitre : « La lutte contre les pollutions reste subordonnée aux intérêts économiques et financiers, aux luttes d'influence, à la quête de puissance. »

24-Ces activités dangereuses qui font croire à un « suicide de l'espèce »

Le plastique offre l'illustration de la double face – claire et obscure

– de nombre d'activités à l'époque des sociétés industrielles et post-industrielles. Or il n'est pas certain, au vu de nouvelles données, que les régulations et préventions mises en place jusqu'alors soient bien calibrées et à tout le moins « suffisantes ».

Comme nous l'avons rappelé dans un précédent ouvrage sur l'agriculture et l'alimentation (cité en début de chapitre), le médecin épidémiologiste Jean-David Zeitoun indique dans son dernier livre intitulé « le suicide de l'espèce »[1] : « Le développement améliore toujours la santé; pour la croissance on n'en est moins sûr. Personne ne sait si la croissance économique du XXIe siècle permettra indéfiniment une progression de la santé. » (op cit. p. 26) Il fait ainsi une distinction entre un développement qui apporte salubrité et médecine pour améliorer le bien-être des populations, et une croissance mal régulée dans laquelle se développent des « économies pathogènes ». On retrouve à ce titre selon lui, la pollution de l'air aux particules et les risques métaboliques (hypertension artérielle, diabète, obésité) qui « sont les deux plus problématiques à la fois par leur taille et leur trajectoire ». La pollution est impliquée dans 9 millions de décès par an dans le monde, l'hypertension 11 millions, l'obésité concerne 1 milliard de personnes et le diabète cinq cents millions. Or s'agissant de ces « économies pathogènes », « la plupart des risques humains sont des produits commercialisés (aliments transformés, alcool, tabac), ou des retombées d'une activité commerciale (la pollution). »

3-Observation et surveillance des milieux : eau, air et sols

Il ne s'agit pas ici de revenir sur le « bilan » quant à l'état des milieux au travers de l'identification des déchets, rejets et pollutions à moment donné (voir chapitre 4), mais plutôt de voir comment s'organise le processus de suivi permettant d'apprécier les évolutions c'est-à-dire les changements d'états au fil du temps. Même s'il s'agit en général de démarches techniques, rien n'empêche les citoyen.ne.s de s'en tenir informé.e.s, grâce aux importants efforts entrepris ces dernières années par les pouvoirs publics et largement favorisés par la diffusion d'internet. Nous présentons ainsi de manière synthétique des dispositifs actuels nationaux relatifs à l'eau, à l'air et aux sols.

---

1 Jean-David Zeitoun, Le suicide de l'espèce – Comment les activités humaines produisent de plus en plus de maladies, Denoël, 2023, 243 p.

31-Eau : le cas du Sud-Ouest et du fleuve Garonne

Nous avons étudié sur le cas du fleuve Garonne comment un cours d'eau aussi important se trouve être « sous surveillance », pour prévenir les principaux risques le concernant et parer à toute éventualité[1]. Le tableau ci-dessous en résume les traits principaux :

Eventail intuitif des domaines de surveillance du fleuve Garonne

Espaces et flux : domaines	Objectif sécurité	Objectif Socio-éco	Objectif environnement	Responsabilités
Lit : Flux liquide	Crues Qualité eau	Usages eau Etiages Rejets Navigation Baignade	Qualité eau	Lit du fleuve et droit d'usage de l'eau à l'Etat (cours d'eau domanial)
Lit : Flux biologique			Biodiversité	idem
Lit : Flux solide	Accumulation	Limon	Sédiments	idem
Berges	Digues Ouvrages Ports	Loisirs Outils de production	Zones humides	Berge à l'Etat Ouvrages sous responsabilité exploitant
Espaces adjacents	Personnes Biens	Loisirs Outils de production	Milieux naturels	Propriétaires
Eléments traversant (Ouvrages génie civil et réseaux énergie)	Ponts routiers Ponts ferrés Passerelles Réseaux d'énergie	Communication Transport	Atténuation d'impact	Responsable de la voie portée (infra existantes)

Côté <u>quantité</u> de l'eau, les crues et les étiages (niveau de l'eau) figurent au cœur de la surveillance, car le « trop plein » comme le « trop peu » peuvent poser d'importants problèmes pour les riverains du fleuve, ses « utilisateurs », et même au-delà. Le fleuve se trouve donc « appareillé » en ce sens.

L a <u>qualité</u> de l'eau focalise également l'attention. Il existe un

1 Daniel Ducher, Planète Garonne – Un fleuve à l'âge de la crise écologique, Librinova (en ligne), 2023, voir le chapitre 12

important système d'information sur l'eau en France[1] dans lequel les agences de bassin jouent un rôle déterminant. Dans le cas présent du sud-ouest, il s'agit de l'Agence de l'eau Adour-Garonne[2]. Celle-ci rappelle les chiffres clés en matière de qualité de l'eau dans le bassin :

50 % des masses d'eau superficielles sont en bon état écologique en 2019

43 % des masses d'eau superficielles étaient en bon état écologique en 2013

-70 % de baisse des concentrations en orthophosphates dans les rivières depuis 50 ans[3].

Un site Internet dédié permet d'accéder à toutes une série d'informations. En consultant ce site, nous avons effectivement pu constater une amélioration sur les dernières décennies de l'état biologique de l'eau (pour reprendre cet indicateur qui participe de la qualité écologique), mais aussi une moins bonne qualité dès qu'on quitte les reliefs du sud-ouest et qu'on s'approche des secteurs les plus densément peuplés.

Les porteurs des schémas d'aménagement et de gestion des eaux (SAGE) animent divers tableaux de bord intégrant un volet sur la qualité de l'eau. Dans le cas de la Garonne avec le Smeag, et non plus du bassin versant dans son ensemble, ce suivi comporte deux parties, l'écologie (état des masses d'eau, physico-chimie, biologie, polluants spécifiques) et la chimie.

Concernant le volet « biologie », 85 stations de mesure sont réparties sur les 4 départements traversés (d'amont vers l'aval : Haute-Garonne, Tarn-et-Garonne, Lot-et-Garonne, Gironde). « Cette partie du tableau de bord, précise le Smeag, est structurée autour des 4 facteurs suivants :

-Indice Biologique Diatomées : Ce facteur permet d'évaluer la qualité biologique d'un cours d'eau à partir de l'analyse des diatomées[4].

-Indice Biologique Global : Ce facteur permet d'évaluer la qualité biologique de l'eau d'un cours d'eau au moyen d'une analyse des

1 Site internet : https://www.eaufrance.fr/le-systeme-dinformation-sur-leau-sie

2 Site internet : https://www.eau-grandsudouest.fr/usages-enjeux-eau/eau-grand-sud-ouest/qualite-eaux

3 Selon le glossaire Insee, orthophosphate signifie : « forme du phosphore dissous dans l'eau la plus simple et la plus répandue. Les matières phosphorées ont pour origine de façon quasi-égale l'érosion des sols, l'activité agricole (engrais phosphatés), l'industrie et les rejets urbains, avec l'utilisation de détergents »

4 Selon le Larousse, la diatomée est une « algue unicellulaire des mers et des eaux douces »

macro invertébrés.

-Indice Biologique Macrophytique en Rivière : Ce facteur permet d'évaluer le statut trophique des rivières grâce à l'examen des macro-végétaux aquatiques.

-Indice Poissons Rivière : Ce facteur permet d'évaluer la qualité biologique de l'eau d'un cours d'eau au moyen d'une analyse de peuplements de poissons. »

Selon la synthèse relative à l'année 2020 (voir le tableau ci-dessous), 19,3% des stations de mesure présentent un bon état, avec une situation qui se dégrade, à l'aval à partir de Toulouse, corroborant les observations présentées au niveau du bassin. La série temporelle montre clairement cette détérioration dans le temps, avec l'apparition depuis 2016 d'un nombre important de mesures de mauvais état. Il est ainsi essentiel de pouvoir cartographier les observations, au-delà des informations moyennes à l'échelle des territoires (le bassin versant, les départements, un cours d'eau en particulier,…).

Etat biologique de l'eau, selon Smeag, Observatoire Garonne (consultation site internet du 20/3/2022)

OBJECTIF DU DESCRIPTEUR

L'objectif de cet indicateur est de caractériser le paramètre "Biologie" dans les cours d'eau sur le territoire du SAGE Garonne.

RÉSULTATS

Evolution globale du paramètre "Biologie" (en % du nombre de stations) :

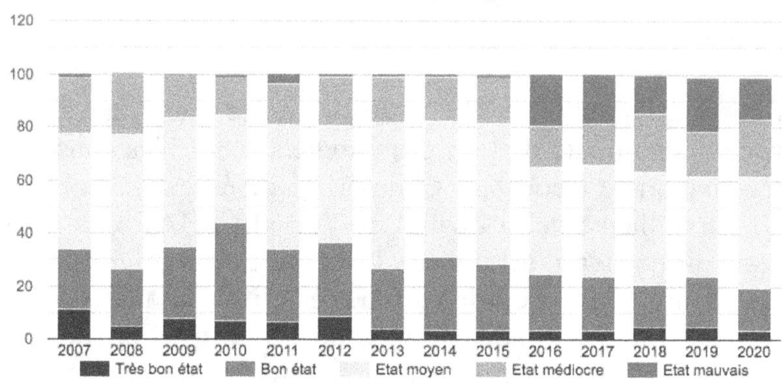

32-Qualité de l'air : plaidoyer pour une approche intégrée « air énergie climat santé »

Comme le rappelle Atmo France, la Fédération des associations agréées de surveillance de la qualité de l'air (AASQA), « la loi sur l'air et l'utilisation rationnelle de l'énergie de 1996 (dite loi LAURE) reconnaît à chacun le droit de respirer un air qui ne nuise pas à sa santé. Ce texte, aujourd'hui intégré au Code de l'Environnement (article L. 221-1 à L. 221-6), prévoit une surveillance de la qualité de l'air sur l'ensemble du territoire national et une information du public à travers un dispositif national de surveillance. On le retrouve dans l'arrêté du 16 avril 2021 relatif au dispositif national de surveillance de la qualité de l'air ambiant. Ce dispositif est porté par plusieurs acteurs qui échangent au sein du comité de pilotage de la surveillance de la qualité de l'air (CPS), instance de concertation et de décision. »[1] Le schéma ci-dessous en donne une représentation.

Dispositif national de surveillance de la qualité de l'air

Source : Atmo France, site internet

Dans chaque région, une « AASQA » agréée par l'Etat assure la surveillance de la qualité de l'air et remonte ses données dans la base de données nationale Géod'Air. Celle-ci est gérée par le Laboratoire central de surveillance de la qualité de l'air (LCSQA). Ces données sont également transmises à l'Agence européenne pour l'environnement (AEE). Le bilan annuel établi par le ministère de la transition écologique répond à l'obligation faite à l'État de publier chaque année un rapport portant sur la qualité de l'air en France, son évolution possible et ses effets sur la santé et l'environnement.

Ces rapports annuels sont accessibles via le site internet Atmo France. Nous avons ainsi pu consulter le rapport de « Bilan de la qualité de l'air extérieur en France en 2023 »[2]. La synthèse précise de

1 Sur internet : https://www.atmo-france.org/article/surveillance-de-lair-exterieur

2 Ministère de la transition écologique, Bilan de la qualité de l'air extérieur en France en 2023, SDES Datalab, octobre 2024, 70 p.

manière liminaire : « La pollution de l'air représente un enjeu majeur en France et en Europe en raison de son impact potentiel sur la santé et sur l'environnement. La qualité de l'air extérieur dépend des quantités de polluants directement rejetés dans l'air par les activités humaines (cheminées d'usines ou de logements, transport routier, agriculture, etc.) ou par des sources naturelles (éruptions volcaniques, embruns marins, végétation, etc.), mais aussi de la formation d'autres polluants lors de réactions physico-chimiques entre des substances déjà présentes dans l'air. La qualité de l'air est aussi fonction des conditions météorologiques qui font évoluer les polluants dans l'atmosphère et favorisent leur dispersion ou leur accumulation. »

Selon ce rapport, « les émissions anthropiques de certains polluants sont réglementées au niveau international ou européen. Sur la période 2000-2023, les émissions françaises de la plupart de ces polluants ont diminué. (…) À l'inverse, les teneurs moyennes annuelles en ozone (O3), polluant dont la formation est dépendante notamment des conditions météorologiques, ont augmenté. » De plus, « la France demeure confrontée à des épisodes de pollution » concernant l'ozone et les particules.

Les trois graphiques ci-dessous expriment les données à retenir pour 2023 (op cit. p. 7). Pour une bonne compréhension, voici quelques précisions :

-HAP : hydrocarbures aromatiques polycycliques (sous-famille des hydrocarbures aromatiques) ;

-PM : particules de diamètre inférieur ou égal à 10 µm, ou à 2,5 µm (µm = micromètre = 1 millième de millimètre) ;

-les cinq icônes correspondant aux activités humaines représentent : les cheminées des immeubles de logement, ou d'activité (usines), le trafic routier, l'agriculture, les brumes de sables.

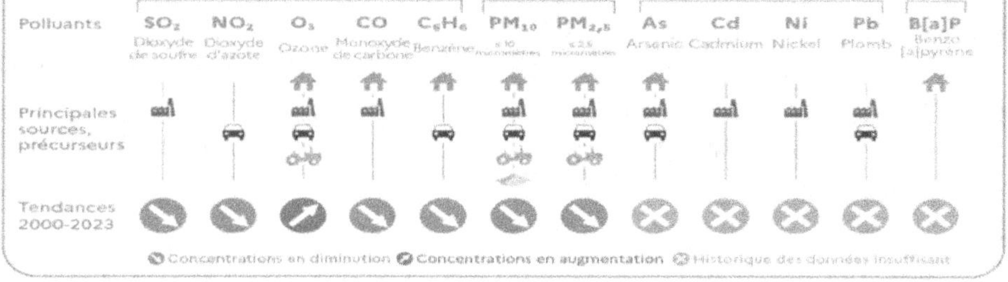

Source : Bilan de la qualité de l'air extérieur en France en 2023

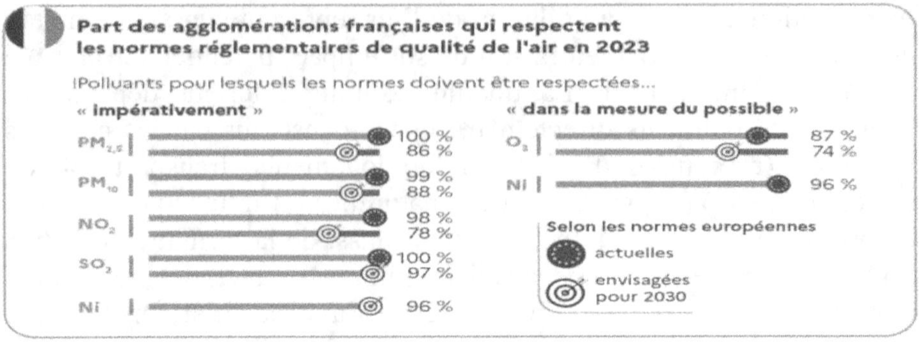

Source : Bilan de la qualité de l'air extérieur en France en 2023

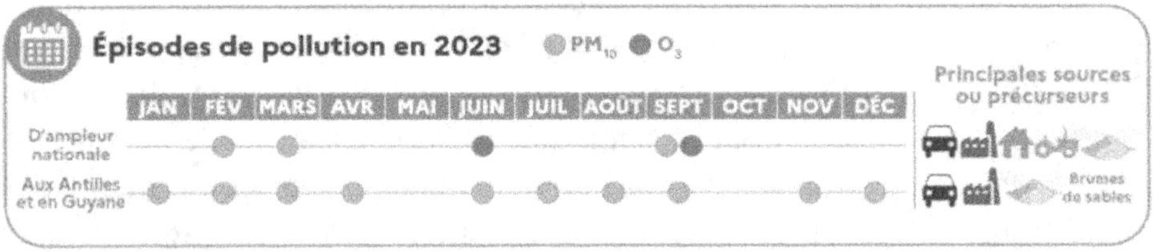

Source : Bilan de la qualité de l'air extérieur en France en 2023

Ces bons résultats ne doivent cependant pas occulter les risques nouveaux liés au réchauffement climatique. Dans une communication de mai 2024[1], Atmo France, dans l'attente de la directive européenne révisée sur l'air, rappelle ainsi la nécessité de considérer ensemble les quatre termes que sont l'air, le climat, l'énergie et la santé. Grâce à une approche intégrée, il faut se prémunir contre les « interactions contradictoires », indique la Fédération : « par exemple, la rénovation thermique permet de limiter très fortement les consommations énergétiques et donc les émissions dans l'atmosphère mais elle doit s'accompagner d'une attention particulière aux enjeux de la qualité de l'air intérieur pour éviter de la dégrader en cas d'une mauvaise ou d'une absence de ventilation. L'utilisation de bois-énergie, favorable à la maîtrise des émissions de gaz à effet de serre, peut entraîner des rejets importants de polluants de l'air impactant la santé. » Alors que, dans le même temps, l'air est le plus souvent « oublié », et notamment peu ou pas pris en compte dans les plans locaux d'urbanisme.

Le réseau des AASQA, au travers de ses implantations régionales et de l'implication de ses membres publics et privés, permet donc d'établir et de suivre des données sur l'air au plus près des territoires. Ces tableaux de bord, selon les régions, sont consultables via internet. En outre, certaines AASQA se sont lancées dans l'élaboration d'outils

1 Atmo France, Communiqué de presse, 23/05/2024

de « sensibilisation 2.0 » (Grand-Est, Hauts-de-France). De plus, une carte figurant sur le site de la Fédération permet de faire un tour mondial des innovations sur la qualité de l'air.

33-Sols : la maîtrise des risques de pollution entre mirage et réalité

Nous rappelions au début du chapitre 3 ces propos d'un rapport de la Cour des comptes européenne déplorant qu'aucun cadre législatif global européen ne protège les sols de la pollution, malgré le constat de leur dégradation. La situation pourrait changer si l'on en croit « l'orientation générale » du Conseil de l'Union européenne de mi 2024 visant à « rendre obligatoire la surveillance de la santé des sols ».[1] Cela pourrait permettre d'éviter à l'avenir des situations invraisemblables, comme celle rapportée fin 2023 par France 3 Régions, concernant la découverte par l'acquéreur d'un terrain voué à une exploitation d'agriculture biologique que le site avait servi de centre d'enfouissement des déchets (ménagers et médicaux) durant les années 1960 et 1970, et qu'il était donc impropre à ce nouvel usage (et à bien d'autres).

Une commission d'enquête sénatoriale s'est quant à elle intéressée en 2019-2020 aux pollutions industrielles et minières des sols[2] : « Notre pays, caractérisé par une riche histoire industrielle et minière, compte plus de 320.000 anciens sites d'activités industrielles ou de services, et près de 3.000 anciens sites miniers. En dépit de son impact majeur sur la santé des populations et l'environnement, la pollution des sols d'origine industrielle et minière constitue toutefois un enjeu mal mesuré et insuffisamment pris en compte dans notre législation. »

Le site internet gouvernemental « géorisques » reconnaît que « la pollution des sols héritée du passé industriel de certains sites est aujourd'hui un enjeu sociétal, sanitaire et réglementaire » et précise qu'il existe un arsenal réglementaire pour y faire face[3]. La stratégie nationale en la matière vise à passer « d'une pollution potentielle à une pollution maitrisée ». Celle-ci repose sur « un important travail de recensement des sites susceptibles d'avoir été à l'origine d'une

---

1 Conseil de l'Union européenne, Communiqué de presse du 17 juin 2024

2 Sénat, Commission d'enquête sur la pollution des sols, « Pollutions industrielles et minières des sols – Assumer ses responsabilités, réparer les erreurs du passé et penser durablement l'avenir », Rapport d'information n° 700 (2019-2020) de Mme Gisèle Jourda, sénatrice de l'Aude, 8/9/2020

3 Sur internet :
https://www.georisques.gouv.fr/sites-et-sols-pollues-ou-potentiellement-pollues

pollution, aujourd'hui disponible dans la Carte des anciens sites industriels et activités de services (CASIAS) »[1]. Il s'ensuit un suivi administratif et technique réalisé dans le cadre de la réglementation sur les installations classées pour la protection de l'environnement (voir au début du présent chapitre), et une « conservation de la mémoire », au cas où un nouvel usage serait envisagé sur un tel site à la suite de la fermeture d'une activité antérieure. Un fichier – public – rend compte de ce suivi. Le tableau ci-dessous résume la procédure :

Vue synthétique des catégories de sites et sols pollués ou potentiellement pollués

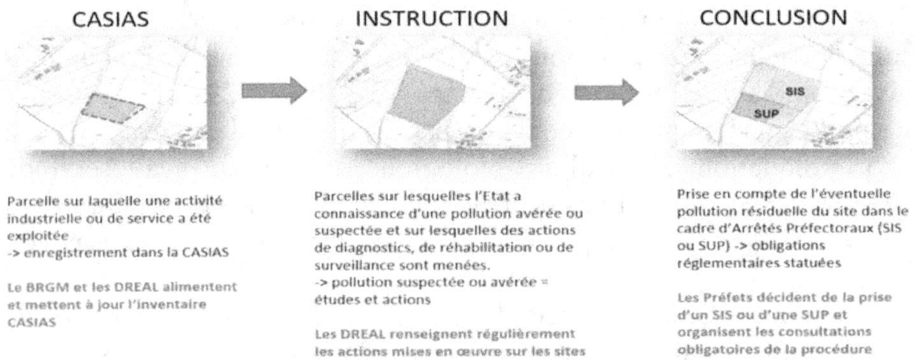

Source : site internet georisques.gouv

Abréviations du schéma :

CASIAS : Carte des anciens sites industriels et activités de services
BRGM : Bureau de recherches géologiques et minières
DREAL : Direction régionale de l'environnement – aménagement – logement
SIS : Secteur d'information sur les sols (principe de précaution)
SUP : Servitude d'utilité publique (recommandations voire interdictions)

Ces informations ont une connotation industrielle, mais les sols peuvent également souffrir de certaines pratiques agricoles. A cet égard, il est intéressant de signaler le réseau ECOTOX, réseau d'écotoxicologie terrestre et aquatique, créé en 2009 par l'INRA (INRAE aujourd'hui). Il s'agit d'étudier le devenir des contaminants chimiques dans l'environnement et leurs effets sur le vivant[2].

Après ce tour d'horizon, force est de constater que les informations disponibles et les dispositifs d'observation et de surveillance accessibles au public et portant sur les déchets, rejets et pollutions, ne

1 NB : l'inscription d'un établissement dans la CASIAS ne préjuge pas d'une éventuelle pollution à son endroit

2 Sur internet : https://ecotox.hub.inrae.fr/le-reseau

manquent pas dans notre pays. Reste à voir ce qu'on en fait, comment la société globale mais aussi les communautés (collectivités, entreprises, associations...) au plan local s'en saisissent.

Annexe :
Loi constitutionnelle n° 2005-205 du 1er mars 2005 relative à la Charte de l'environnement (1). - Version en vigueur au 13 août 2019

Article 1

A modifié les dispositions suivantes
Modifie Constitution du 4 octobre 1958 - art. PREAMBULE (V)

Article 2

La Charte de l'environnement de 2004 est ainsi rédigée :
Le peuple français,
Considérant,
Que les ressources et les équilibres naturels ont conditionné l'émergence de l'humanité ;
Que l'avenir et l'existence même de l'humanité sont indissociables de son milieu naturel ;
Que l'environnement est le patrimoine commun des êtres humains ;
Que l'homme exerce une influence croissante sur les conditions de la vie et sur sa propre évolution ;
Que la diversité biologique, l'épanouissement de la personne et le progrès des sociétés humaines sont affectés par certains modes de consommation ou de production et par l'exploitation excessive des ressources naturelles ;
Que la préservation de l'environnement doit être recherchée au même titre que les autres intérêts fondamentaux de la Nation ;
Qu'afin d'assurer un développement durable, les choix destinés à répondre aux besoins du présent ne doivent pas compromettre la capacité des générations futures et des autres peuples à satisfaire leurs propres besoins,
Proclame :
Art. 1er. - Chacun a le droit de vivre dans un environnement équilibré et respectueux de la santé.
Art. 2. - Toute personne a le devoir de prendre part à la préservation et à l'amélioration de l'environnement.

Art. 3. - Toute personne doit, dans les conditions définies par la loi, prévenir les atteintes qu'elle est susceptible de porter à l'environnement ou, à défaut, en limiter les conséquences.
Art. 4. - Toute personne doit contribuer à la réparation des dommages qu'elle cause à l'environnement, dans les conditions définies par la loi.
Art. 5. - Lorsque la réalisation d'un dommage, bien qu'incertaine en l'état des connaissances scientifiques, pourrait affecter de manière grave et irréversible l'environnement, les autorités publiques veillent, par application du principe de précaution et dans leurs domaines d'attributions, à la mise en oeuvre de procédures d'évaluation des risques et à l'adoption de mesures provisoires et proportionnées afin de parer à la réalisation du dommage.
Art. 6. - Les politiques publiques doivent promouvoir un développement durable. A cet effet, elles concilient la protection et la mise en valeur de l'environnement, le développement économique et le progrès social.
Art. 7. - Toute personne a le droit, dans les conditions et les limites définies par la loi, d'accéder aux informations relatives à l'environnement détenues par les autorités publiques et de participer à l'élaboration des décisions publiques ayant une incidence sur l'environnement.
Art. 8. - L'éducation et la formation à l'environnement doivent contribuer à l'exercice des droits et devoirs définis par la présente Charte.
Art. 9. - La recherche et l'innovation doivent apporter leur concours à la préservation et à la mise en valeur de l'environnement.
Art. 10. - La présente Charte inspire l'action européenne et internationale de la France.

Article 3

A modifié les dispositions suivantes
Modifie Constitution du 4 octobre 1958 - art. 34 (M)

Fait à Paris, le 1er mars 2005

Chapitre 6
Illustrations : Territoires, Energies, Guerres

Nous nous attachons dans ce chapitre à considérer notre sujet - les déchets, rejets et pollutions - sous l'angle de trois thématiques particulièrement éclairantes : les territoires (avec le cas du Bassin d'Arcachon connaissant à la fois une pression démographique et un fort tourisme en section 1), les énergies (charbon et nucléaire, s. 2) et les guerres (depuis le 20° siècle, s. 3).

1-Bassin d'Arcachon : illustration des contradictions de la logique « développementiste »

La perception de la réalité diffère sensiblement selon la partie du « verre à moitié plein ou vide » que l'on regarde. Le Bassin d'Arcachon en fournit l'illustration en matière de territoires. C'est cette tension qui nous servira d'introduction à un petit rappel descriptif sur le site, suivi du survol de quelques « points chauds » en matière de déchets, rejets et pollutions, qui nous ramèneront en pratique aux thèmes abordés dans les chapitres précédents.

11-Entre mythe et réalité

Lorsque le moine hermite Thomas Illyricus trouva une statuette de vierge a l'enfant sur la plage sud du bassin d'Arcachon, en 1519, il ne se doutais pas que quelques siècles plus tard les visiteurs se presseraient par centaines de milliers chaque année pour visiter le site. Non pas ce qui est devenu depuis la petite chapelle des marins (datant de 1722), maintenant flanquée d'une église devenue basilique Notre-Dame, mais plus largement la côte, ici de sable fin et là plus lagunaire, s'étendant en demi lune presque refermée, de la pointe du cap ferret au nord-ouest à la Dune du Pilat au sud-ouest, en passant par la Leyre, la petite rivière qui se jette dans le bassin sur son flanc Est.

Ici aussi, outre l'exploitation des parcs à huîtres, s'est déroulé le scénario décrit par Mikaël Noailles pour l'aménagement touristique de la côte d'Aquitaine[1]. Les "pionniers" (déjà des financiers et promoteurs) furent largement aidés par le pouvoir impérial à partir de la deuxième moitié du 19e siècle (un décret de 1857 détache Arcachon de la vaste commune de La Teste de Buch). Les passionnés d'architecture auront à cœur de visiter la "ville d'hiver" et sa collection de somptueuses demeures édifiées sur la dune lotie dès l'arrivée des pionniers[2]. Pas étonnant que la cité au drapeau noir blanc jaune[3] obtienne en 2025 le label de ville impériale, même si l'empereur Napoléon III n'y fit que de rares et brèves apparitions.

Alors si vous avez vu le film de Guillaume Canet « Les petits mouchoirs » qui immortalise le Cap Ferret, les campagnes publicitaires vantant le bassin d'Arcachon, le clip sur le « BA » en 10 points (YouTube), vous ne serez pas étonné-e que le célèbre acteur héros des « missions impossibles » et des "Top Gun", Tom Cruise, vienne en personne survoler le bassin en hélico après avoir posé son jet privé, un Gulfstream IV, à La Rochelle, peut être en vue d'un prochain sujet.

Rassurez-vous, je ne suis pas un agent de l'office de tourisme d'Arcachon (créé en 1905 avant même celui de Bordeaux). Je vous embarque simplement dans cette face lumineuse du site, pour vous faire ressentir la magnificence des lieux. La « côte d'argent » n'a pas volé son nom : ici le soleil se reflète sur les flots, en tout cas hors les périodes houleuses et parfois tempétueuses où l'océan gronde jusque dans la baie, pendant lesquels les bateaux restent au port (ou attachés aux « corps morts ») et les auvents des établissements du front de mer repliés dans leurs coffres. Pendant ces périodes, il est prudent de remiser le mobilier des balcons et terrasses orientés à l'ouest. Ah j'oubliais « les flots bleus », le camping au pied de Dame Dune qui a donné son nom à une célèbre série télévisée !

Ici la « terre habitable » est tout à la fois complexe, fragile et source d'aménités nombreuses pour les humains, à la rencontre de l'océan et des terres. Les édiles, qui ont en charge le devenir du territoire (pour ce qui dépend de leurs décisions), ne manquent pas de mettre en avant les qualités uniques des lieux et la nécessité de les préserver. Ainsi d'Yves Foulon, le maire actuel d'Arcachon, qui indique dans un opus du printemps 2025 adressé aux habitant.e.s et

---

1 Mikaël Noailles, « L'aménagement touristique de la Côte Aquitaine » in Cahiers de la Métropole bordelaise, n° 15, mai 2019, pp. 60-63

2 Voir par exemple : Société historique et archéologique d'Arcachon et du Pays de Buch, Promenades en ville d'hiver d'Arcachon, 64 p.

3 Le noir pour le deuil des marins disparus en mer, le blanc pour l'écume et le jaune pour le sable

dédié à l'environnement[1] : « Ensemble, nous pouvons tous contribuer à façonner un avenir plus durable, où la prospérité va de pair avec le respect de la nature, où le bien-être de chacun est indissociable de celui de la planète. »

Le document rappelle les actions menées par la municipalité depuis 20 ans et leur inscription dans les 17 « objectifs de développement durable » (ODD) des Nations-Unies. Localement cela se décline en 27 objectifs et pas moins de 79 actions réparties en 5 grands chapitres, ainsi qu'un certain nombre de marques de qualité dont la Ville s'honore :

Les 5 chapitres de l'engagement pour l'environnement de la Ville d'Arcachon

1 Valoriser le cadre de vie exceptionnelle de la Ville d'Arcachon
2 Réussir la transition énergétique du territoire communale
3 Un territoire de productions et de consommations écoresponsables
4 Agir ensemble et placer l'habitant au cœur du développement durable
5 Un plan Administration exemplaire

1 Mairie d'Arcachon, Arcachon environnement – une ville engagée, printemps 2025, 28 p.

Les marques de qualité de la Ville d'Arcachon en matière d'environnement

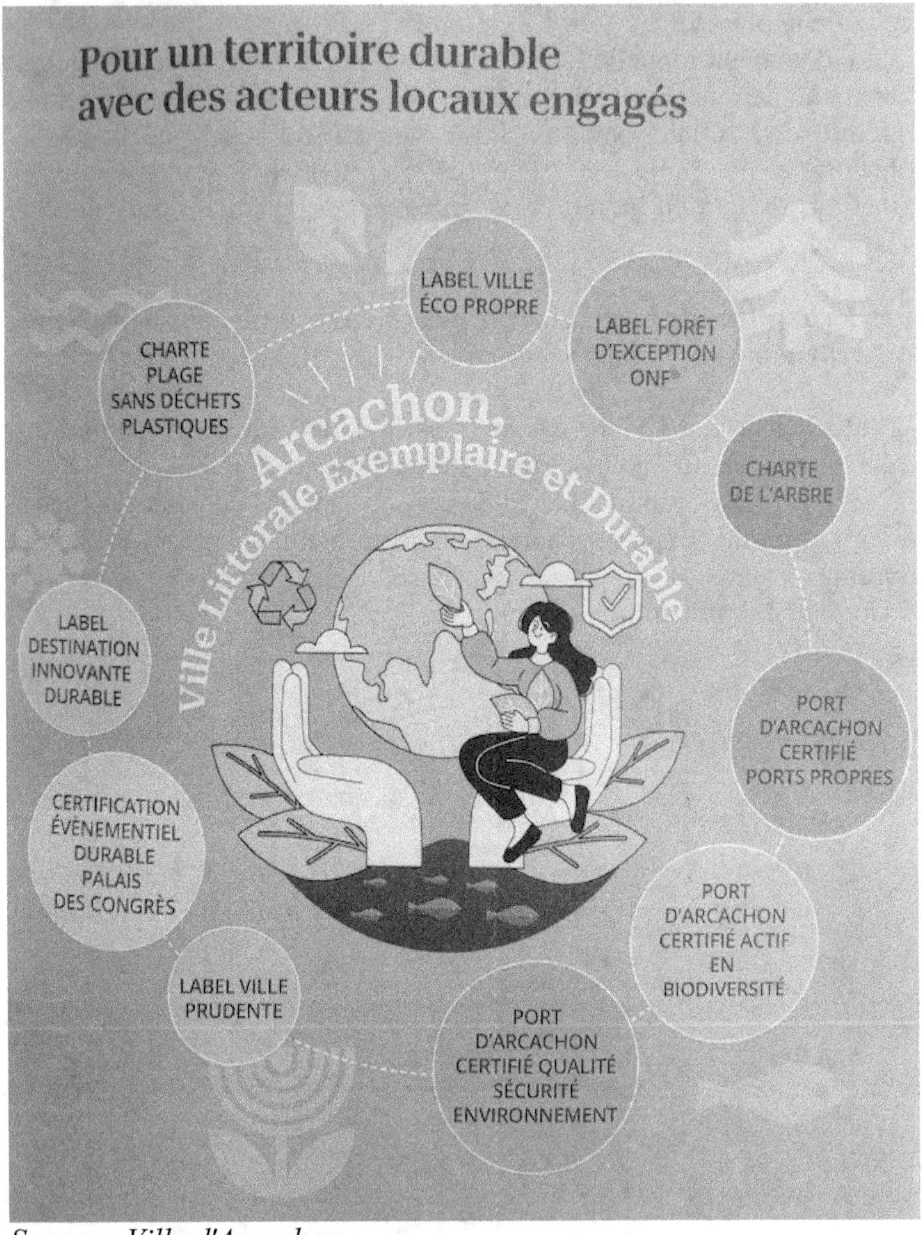

Source : Ville d'Arcachon

La tonalité est cependant bien différente du côté des associations de protection de l'environnement. Bassin d'Arcachon Ecologie par exemple, agréée au titre du code de l'environnement, existe depuis 1989 et bénéficie de ce fait d'une connaissance approfondie du terrain dans la durée. Son président, Bertrand Dubosq, indiquait dans une communication interne du 9 mars 2025 faisant suite à des démarches concernant l'état sanitaire des eaux du Bassin :

« A l'époque de la création du réseau d'assainissement du Bassin d'Arcachon, et du SIBA (ndr : syndicat intercommunal), il y a plus de cinquante ans, le préfet de Gironde Gabriel Delaunay disait : "il faut préserver tout, et équiper cette région, sans que la nature ne s'en aperçoive". L'objectif du SIBA créé au même moment était de « tenir l'objectif zéro rejets déversés dans le Bassin ».

Soixante ans après, la nature a bien souffert, les équipements réalisés depuis pour accueillir toujours plus de touristes, pour urbaniser toujours plus de communes riveraines n'ont tenu aucun compte d'elle.

Les forêts et les zones humides qui régulent les écoulements de l'eau ont été sacrifiés, les écosystèmes terrestres et marins sont perturbés et le changement climatique vient encore ajouter une terrible pression sur les milieux et la biodiversité.

Les boues des ports du Bassin, issues d'un milieu pollué et toujours plus abondantes sont "recyclées" en supports de culture.

Depuis soixante ans, anciens et nouveaux habitants du Bassin, pécheurs et ostréiculteurs ont pu constater une dégradation croissante des milieux naturels : disparition des coquillages sur les estrans, mortalité des naissains, diminution des herbiers de zostères, apparition d'espèces invasives.

Les recherches scientifiques confirment ce diagnostic: les pesticides agricoles provenant des bassins versants, les microplastiques, les intrants chimiques toujours plus nombreux, impactent la biodiversité, les prélèvements répétés de sable des bancs du Bassin pour engraisser les plages aboutissent effectivement à une diminution de la faune benthique.

Le Bassin est malade de son environnement humain et les projets de modification du système d'assainissement demandés par le SIBA des années 2020 et autorisés par la préfecture, sont à l'opposé de l'objectif vertueux du SIBA des années 1960 « zéro déchets rejetés dans le Bassin ». »

Ainsi aux belles images d'un « développement durable » et vertueux, s'opposent celles inquiètes des tendances à l'oeuvre depuis plusieurs décennies ici comme ailleurs, mais avec des impacts peut-être plus déterminants ici qu'ailleurs compte tenu de la spécificité des lieux (voir l'image ci-dessous).

Affiche dans le cadre de la campagne « Anti SCOT » - Bassin d'Arcachon © *BH (Ecocitoyens du Bassin d'Arcachon, juin 2025)*

12-Un territoire « très attractif et dynamique »

Le Plan départemental de l'habitat de la Gironde 2024-2029[1] donne une série d'indications précises sur le territoire. Voici le résumé liminaire qui introduit les chiffres clés :

-Le territoire du Bassin d'Arcachon - Val de l'Eyre est un espace très attractif et dynamique, traduisant à la fois la métropolisation girondine et le développement du littoral.

-le Bassin d'Arcachon Val de l'Eyre connaît la plus forte dynamique démographique du département (ndr : qui lui-même a la plus forte dynamique de France sur la dernière période) portée par l'arrivée de nouveaux habitants aux tranches d'âges avancées. Ce phénomène de vieillissement sera encore plus marqué à l'avenir. Les niveaux de revenu de la population sont supérieurs à la moyenne girondine, n'excluant pas la présence de difficultés sociales.

-Le parc de logement est en forte augmentation ces dernières années (28% du parc construit après 2006).

-La vacance est maîtrisée mais on note une assez forte présence de résidences secondaires (ndr : ce taux monte à 30% sur les communes

---

1 Préfecture de la Gironde et Département de la Gironde, Plan départemental de l'habitat de la Gironde 2024-2029 – Fiches territoriales - Bassin d'Arcachon Val de l'Eyre

autour du Bassin) et une concurrence entre logements touristiques et permanents.

-L'offre sociale se développe activement mais la tension sur le logement social reste élevée (plus de 8 demandes pour 1'attribution). Les marchés immobiliers sont marqués par des prix très élevés et en progression. La consommation foncière tend à se ralentir ces dernières années.

Les chiffres qui suivent donne un aperçu comparatif sur le contexte socio-démographique avec l'ensemble du département de Gironde. La carte figure le territoire selon le découpage communal et les trois structures de regroupement que sont : au nord la COBAN (communauté d'agglomération du Bassin d'Arcachon Nord), au sud la COBAS (communauté d'agglomération du Bassin d'Arcachon Sud), et à l'Est la communauté de communes du Val de l'Eyre (la rivière qui se jette dans le bassin).

Contexte socio-démographique Bassin d'Arcachon Val de l'Eyre (INSEE 2020)

Indicateurs	BARVAL	GIRONDE
Population	160.189	1.636.391
Superficie	1.470 km2	10.725 km2
Taux de croissance annuel moyen 2014 2020	1,5%	1,2%
Dû au solde naturel	*-0,4%*	*0,2%*
Dû au solde migratoire	*1,9%*	*0,9%*
Taille moyenne des ménages	2,1	2,1
Personnes seules	35%	39%
Revenus médians des ménages par UC (unité de consommation)	24.283 €	23.180 €

Bassin d'Arcachon – Val de l'Eyre : communes et regroupements

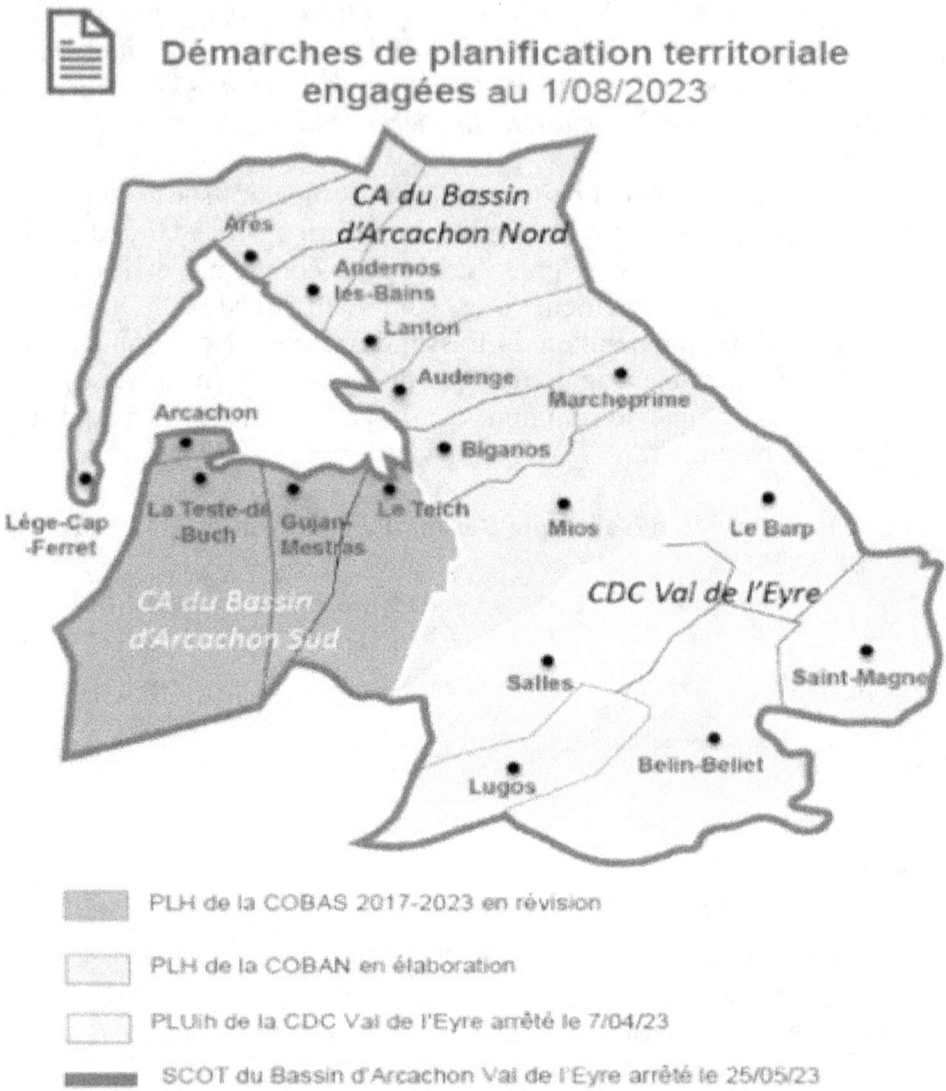

Source : Plan départemental de l'habitat de la Gironde 2024-2029 – Fiches territoriales
Bassin d'Arcachon Val de l'Eyre

Alors que des prévisions annoncent une poursuite du « développement » sur le territoire -jusqu'à 200.000 habitants en 2040- il convient de s'intéresser également à la fréquentation touristique, très forte dans le département, et généralement sous-estimée dans ses impacts sur le territoire. On pressent, notamment au travers de taux très élevé de résidences secondaires, qu'il faille prévoir davantage de terrains pour construire un habitat pourtant occupé épisodiquement, ainsi que les infrastructures qui vont avec (mobilité, assainissement, loisirs, etc.) qui, elles, marquent le territoire de manière permanente, quel que soit le taux d'utilisation dans l'année.

Les chiffres ci-après donnent un aperçu de la fréquentation touristique en Gironde et de la part significative du Bassin d'Arcachon (près du quart des nuitées), ainsi que des sites ou manifestations les plus visités sur le Bassin. Comme on le voit sur le second tableau, la Dune du Pilat est de très loin le site le plus visité du département, avec largement plus d'un million de visiteurs, loin devant le Bassin des Lumières de Bordeaux (753.000 visiteurs en 2023) et la Citadelle de Blaye (421.928).

Fréquentation touristique en Gironde en 2023

Types d'offres marchandes	Nombre de nuitées Gironde	% Bassin d'Arcachon
Ensemble	12.839.800	23%
Hôtellerie	4.745.300	11%
Hôtellerie de plein air	5.414.300	28%
Location plates-formes en ligne	2.680.200	35%

Source : d'après Les chiffres clés du tourisme en Gironde (édition 2024)

Fréquentation de sites / activités / manifestations en 2023 sur le Bassin d'Arcachon

Sites	Communes	Visiteurs 2023
Dune du Pilat – chemin d'accès	La Teste de Buch	1.265.000
Dune du Pilat – parking payant	La Teste de Buch	374.060
Union des Bateliers Arcachonnais	Arcachon	308.000
Parc de la Coccinelle	Gujan Mestras	160.500
Dom. de Certes et	Audenge	126.758

Graveyron		
Aqualand	Gujan Mestras	125.170
Salon nautique	Arcachon	64.000
Cabanes en fête	Andernos-les-Bains	25.000
Cadences (danses)	Arcachon	23.000
Plage aux écrivains	Arcachon	10.000

Source : d'après Chiffres clés du tourisme en Gironde (édition 2024)

Après ce tableau introductif très synthétique, nous allons nous intéresser maintenant à quelques « points chauds » relatifs à la pression anthropique qui accompagne inévitablement les évolutions démographiques et touristiques. Il s'agit moins de viser à l'exhaustivité, que de mettre en relief la face plus sombre des changements qui affectent le territoire en lien avec les déchets, rejets et pollution qu'ils provoquent.

La carte suivante précise donc les étapes de ce parcours qui vont être détaillées à la suite. On abordera successivement (points correspondant aux N° sur la carte) :

1 la Dune du Pilat et le camping attenant (commune de La Teste de Buch), dont on a vu qu'ils sont des hauts lieux de la fréquentation touristique ;

2 le site pétrolier Vermillon en instance de relance (La Teste de Buch également) ;

3 la grande usine de fabrication de papier Smurfit Kapa (Facture Biganos) ;

4 l'ancien centre d'enfouissement des déchets d'Audenge aujourd'hui reconverti ;

5 la problématique des eaux usées et le « Wharf » situé au sud du territoire, émissaire final du dispositif de traitement.

Ce parcours rejoint comme on pouvait s'en douter le (sur) tourisme (point 1), la consommation sous l'angle des nécessités industrielles et énergétiques (points 2 et 3), ainsi que la thématique « déchets - rejets » en tant que telle (points 4 et 5). Il ne saurait faire oublier tous les autres points d'impact de la pression anthropique, et ils sont nombreux. Au-delà des effets ponctuels de chacun d'eux, c'est leur addition dans l'espace et dans le temps, finalement peu appréhendée en globalité, et leur caractère souvent irréversible, qui posent question.

Quelques « points chauds » du Bassin d'Arcachon en termes environnementaux

1 Dune du Pilat et camping (LTDB) 2 Site pétrolier Vermillon (LTDB) 3 Usine de papier Smurfit Kapa (Biganos) 4 Ancien centre d'enfouissement des déchets d'Audenge 5 « Wharf » et assainis-sement des eaux usées	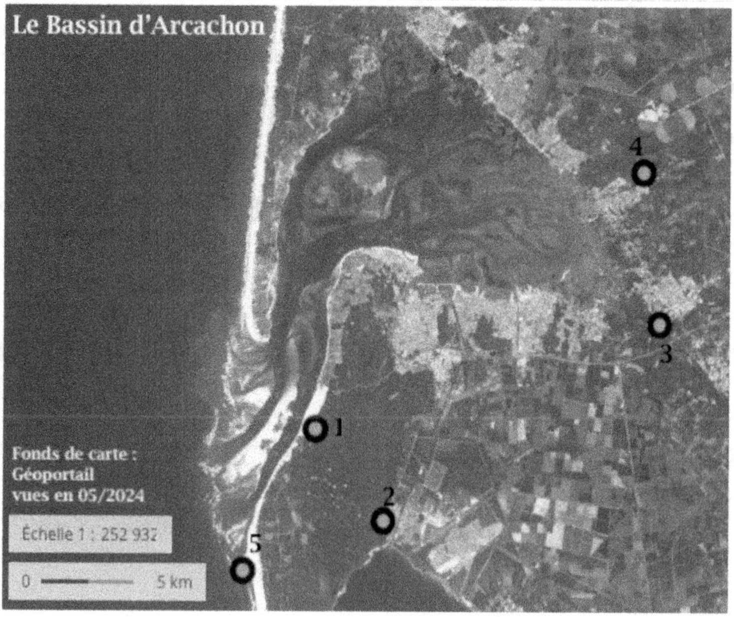 LTDB : La Teste de Buch

13-Des « larmes de sirènes » viennent s'échouer aux pieds de la Grande Dune

La Dune du Pilat est cette immense colline de sable (la plus imposante du continent européen) qui monte la garde à l'entrée sud du Bassin d'Arcachon et fait face au non moins célèbre Banc d'Arguin. Pour minérale qu'elle soit, elle n'est en rien un colosse de pierre qui serait figé dans le temps et dans l'espace. Sous l'effet des courants marins, des vents et de la gravité, la grande dune ne cesse de se déplacer entre l'océan et la forêt. L'ami Gérard aime la photographier après les épisodes de tempête : elle apparaît alors « vierge de piétinements, resculptée par le vent » comme sur la photo ci-après.

De fait, on pourrait croire que la nature et la puissance des éléments remettent en permanence en état les désordres induits par l'importante fréquentation touristique dont nous avons parlé, et au-delà la pollution généralisée de la planète. Mais c'est sans compter avec une exploitation toujours plus intensive, comme le montrent les études sur les déchets échoués sur le littoral, ou les nouveaux aménagements d'accueil censés remplacer ceux détruits lors du grand incendie de juillet 2022.

Selon les dernières données sur les macro déchets publiées par le Parc national marin du Bassin d'Arcachon, le PNMBA[1], « l'abondance annuelle médiane sur les 4 sites du Bassin d'Arcachon est de 318 déchets par 100 mètres de plage en 2023 ». Les principaux groupes de ces macro déchets concernent, par ordre croissant d'importance, les plastiques à usage unique, la pêche et l'aquaculture, ainsi que les fragments en plastique (> 2,5 cm). On trouve aussi des granulés de plastique industriel (« GPI » de 2 à 3 mm), ou « larmes de sirènes », que les promeneurs attentifs auront sans doute repérés. Plus de 10.000 GPI étaient ainsi décomptés le 28 février 2024 sur la plage de la Salie située à 5 kms au sud de la dune. Leur impact aux plans physique, chimique et biologique sont étudiées.

1 PNMBA, Ramassage de déchets sur les plages – Enjeux environnementaux, 18/3/2025, 53 p.

La Dune du Pilat après un épisode de tempête

Bien moins discrets sont les tout récents aménagements d'accueil en cours de finalisation à l'extrémité sud-est de la dune, au Pyla Camping. On ne sait plus s'il faut les appeler camping, « lodges » ou … lotissement. Les autorités publiques sont semble-t-il dépassées par la tournure des événements dont la presse et des visiteurs se sont fait l'écho[1]. Après une récente transaction entre propriétaires privés, des aménagements très importants ont vu le jour qui s'écartent sensiblement de l'esprit des lieux et du cahier des charges propre à un tel site sensible s'il en est.

On a vu sortir de terre, entre autres, deux grands bâtiments en béton au bord de la route départementale, ainsi que d'importants ouvrages de soutènement avec des murs d'une hauteur comprise entre 2 et 5 mètres. Les contrôles intervenus en février 2025 ont conduit à constater de « nombreux travaux en cours de réalisation non conformes au permis d'aménager délivré le 25 avril 2023 ». A la suite de quoi, le maire a pris un « arrêté interruptif de travaux » mettant en demeure le maître d'ouvrage, un groupe spécialisé dans les campings, de stopper le chantier. L'arrêté pointe alors un « risque d'atteinte irréversible du site classé de la dune du Pilat », sur lequel plusieurs associations avaient alerté.[2] La suite devrait se jouer devant les tribunaux...

Nouveaux aménagements au Camping Pyla au pied de la dune

© *Photo Isabelle Blouin, novembre 2024*

1 Voir notamment l'article de David Patsouris, « Chantier du Pyla Camping, les travaux stoppés en « urgence », in Sud-Ouest du 11/3/2025, p. 12

2 Par exemple le recours contentieux de la Ceba (Coordination environnement bassin d'Arcachon) notifié en octobre 2023

L'accélération des événements au début 2025 n'est que la conséquence d'un « dérapage » beaucoup plus ancien, antérieur même au grand incendie de l'été 2022, avec le constat dans les années 2010 de nombreux aménagements illicites et de régularisations demandées mais non réalisées. Le rapport rendu en février 2024 par l'Inspection générale de l'environnement et du développement durable, au titre de l'accompagnement de la candidature au label « grand site de France », est à cet égard sans appel[1].

Le rapport souligne l'impact de l'incendie dans les esprits et sur les lieux, heureusement sans dommages humains, et la dévastation des cinq campings situés côté Est de la dune. Il indique : « On constate que seuls les deux campings les plus éloignés au sud de la dune étaient finalement prêts à réduire le nombre des HLL/RTM, et ont obtenu en mars 2017 des autorisations partielles en régularisation. Les trois campings situés au pied de la dune n'ayant pas fait l'effort de réduire le nombre des HLL/RTM, ils n'avaient pas obtenu de permis d'aménager en 2017. Ils restaient donc en infraction au moment de l'incendie. » (op cit. p. 11)

Et d'ajouter : « Votre rapporteure considère que dans l'instruction de ces dossiers on a malheureusement " confondu vitesse et précipitation " sans tenir suffisamment compte des recommandations établies en 2012 (ndr : rapport Clément) pour le site classé, donc sans respecter l'intérêt général qui s'y attache. Si l'on peut comprendre que les délais fixés par les compagnies d'assurance, afin de permettre une reconstruction rapide des biens endommagés par l'incendie, aient été réduits, l'Etat aurait dû s'assurer du respect de ses recommandations de 2012 et, le cas échéant, exiger un délai supplémentaire pour le faire dans de bonnes conditions. (…) Les " tentes lodges " installées en 2023 sont en réalité des bungalows avec des menuiseries et fermetures traditionnelles, certes habillés de toile, mais qui ne sont pas prévus pour être démontés, alors que c'était l'objectif recherché. Il est de même de leurs plateformes d'implantation. Votre rapporteure considère (que) cette interprétation est inacceptable, et qu'elle constitue manifestement une façon détournée d'accroître le nombre déjà élevé de HLL/RTM. Elle recommande de vérifier que le démontage effectif de ces installations s'effectue bien chaque année en fin de saison touristique. » (op cit. p. 12)

Au final le rapport préconise plusieurs mesures mais indique que le

1 IGEDD, Accompagnement de la candidature au label Grand site de France « Dune du Pilat » (département de la Gironde, Région Nouvelle-Aquitaine) – Mission des 22, 23 et 24 novembre 2023, rapport n° 015391-01, 29/2/2024, 34 p.

« grand site fragilisé » « ne peut prétendre à obtenir son label à court terme ». Il rappelle que « Le rapport " Clément " préconisait d'ailleurs d'anticiper l'ensablement des campings en réfléchissant à une nouvelle implantation pour ces équipements plus durable et plus adaptée au risque incendie. » Alors rendez-vous dans dix ans pour un troisième rapport ?

14-Energies et industries : le Bassin aussi

L'exploitation des ressources naturelles à grande échelle n'épargne pas le Bassin d'Arcachon. Nous allons aborder maintenant deux sujets bien présents sur le territoire, d'une part l'exploitation pétrolière sur le site de Cazaux avec un projet d'extension de l'activité (effective depuis les années 1960), d'autre part la présence ancienne de l'imposante usine de pâte à papier de Biganos, respectivement les points 2 et 3 sur la carte des « points chauds ».

a-Exploitation pétrolière : la transition énergétique peut-elle attendre ?

A peine quitte-t-on la dune par le sud-est que nous voilà dans la forêt usagère de La Teste et, surprise, tout ce secteur, jusqu'au nord du lac intérieur de Cazaux à environ 5 kms, est parsemé de plates-formes d'exploitation pétrolière, à raison d'une soixantaine d'emprises pour 93 puits (voir la photographie aérienne). Le gisement de Cazaux a été découvert en 1959, d'abord exploité par Esso puis à partir de 2008 par la société Vermilion, filiale d'un groupe canadien et premier producteur d'hydrocarbures liquides en France. La concession couvre pas moins de 54,9 km2 sur les communes de La Teste-de-Buch et de Gujan-Mestras et suit un grand rectangle qui démarre côté ouest sur l'océan[1].

C'est à l'occasion d'un projet d'extension (à l'intérieur du périmètre existant) que le site refait parler de lui à compter de 2023. Celui-ci consiste à réaliser jusqu'à 8 forages nouveaux à partir des plates-formes présentes, et à fermer 6 autres plates-formes (représentant environ 5 hectares), afin de poursuivre l'exploitation de l'ensemble ainsi remanié jusqu'en 2035. Il s'agirait de récupérer dans le meilleur

1 Demande d'autorisation d'ouverture de travaux d'exploitation d'hydrocarbures sur la concession de Cazaux présentée par la société VERMILION REP, enquête publique du 28 août au 26 septembre 2023, Rapport et avis du commissaire enquêteur, 42 + 7 p.

des cas (selon les résultats des forages de recherche) entre 400 et 800.000 m3 de pétrole supplémentaire à la production actuelle qui s'élève à 1.650 barils par jour (1 m3 ≈ 6 barils), soit un gain non négligeable pour cette entreprise, justifiant les importants travaux envisagés (remaniements des plates-formes concernées, acheminement et montage puis démontage de l'appareil de forage notamment un mas haut de 50 m, opérations de forage).

Le rapport de l'enquête publique relative à la demande d'autorisation (op cit. p. 18-19) précise que « la plupart des enjeux identifiés par l'étude d'impact sont classés non significatifs ou nuls. Quelques impacts sont néanmoins classés de niveau faible et ont fait l'objet de mesures d'atténuations :

Sur l'aspect paysage : Travaux en site classé avec présence d'un mât de forage de 50 m	Pas de nouvelle trouée dans le massif forestier (forages réalisés sur des emplacements existants)
Sur le trafic routier : Amené et replis du matériel de forage et du personnel	Travaux prévus hors période estivale. Information en mairie et auprès des riverains, évaluation du meilleur itinéraire
Sur la navigation aérienne : Présence d'un mât de forage de 50 m	Échanges avec le personnel de la base aérienne
Sur la consommation énergétique : Pendant la phase de travaux	Chantier autonome en consommation
Sur les conditions d'exploitation : Augmentation, notamment, des prélèvements d'eau	Optimisation de l'injection et des prélèvements d'eau sur Cazaux en cours

En outre, l'étude de danger portant sur les travaux de forage a montré que, en tenant compte des mesures de prévention et de protection retenues, le risque global est considéré comme acceptable. »

L'Armée (qui gère la base aérienne 120 qui jouxte le site) ainsi que les pompiers ont notamment fait part de leurs préconisations. Les avis des instances officielles rapportés dans le rapport d'enquête publique sont tous sans réserves majeures sur le projet, à l'exception de celui du Préfet de la Gironde (Direction départementale des territoires et de la mer) estimant que « encourager la recherche d'énergie fossile vient à l'encontre des lois relatives à la transition énergétique ».

Concernant les contributions du public (particuliers, entreprises, organisations) :

-les contributions favorables valorisent des considérations d'ordre économique, une production locale, et un impact environnemental maîtrisé ;

-les contributions défavorables mettent en avant les désordres climatiques, et en particulier les feux de forêts qui viennent justement d'affecter sévèrement le secteur, estimant qu'il est préférable dans le contexte actuel de laisser les énergies fossiles qui s'y trouvent encore dans le sol.

Au vu de son enquête, l'avis rendu par le commissaire enquêteur est favorable, et il est assorti des deux recommandations suivantes :

-la société Vermilion devra poursuivre ses investissements visant à limiter au maximum les prélèvements d'eau nécessaires à l'exploitation pétrolière,

-les travaux devront être effectués sur des périodes permettant de réduire au mieux leurs impacts environnementaux comme Vermilion s'y est engagée dans le dossier de demande d'autorisation.

Le projet a néanmoins soulevé l'opposition de mouvements de défense de l'environnement. Un collectif « Stop pétrole Bassin d'Arcachon » a été créé en janvier 2024 et fit même parler de lui au niveau national[1]. Dans les manifestations locales qui ont suivi, à Bordeaux et à Arcachon le 9 décembre 2024, ils ont rappelé les contradictions d'un tel projet avec la volonté de sortir de la dépendance aux énergies fossiles, mettant en avant une pétition ayant recueillie 50.000 signatures[2]. Le 22 mai 2025, la Préfecture a rappelé dans un communiqué que « l'État considère que ce projet vient à l'encontre de l'urgence climatique... »

1 Voir par exemple sur France Culture : https://www.youtube.com/watch?v=8wbusCerZmM

2 « Forages pétroliers, il n'y aura pas de trêve hivernale pour la protestation » in La Dépêche du Bassin, n° 1487, 12-18 décembre 2024, p. 6

Vue aérienne du site de la concession pétrolière de Cazaux

b-Du bois de la forêt des Landes de Gascogne au papier carton d'emballage

Lorsqu'on arrive sur le bassin par le nord-est, par le train ou la route, on ne peut pas manquer l'imposante usine Smurfit Kappa de Facture Biganos. Celle-ci se situe à quelques encablures au nord de la patte d'oie ferroviaire qui, venant de Bordeaux, file d'un côté vers Arcachon et de l'autre vers le Sud jusqu'à l'Espagne. Il s'agit de l'une des plus importantes unités de production de papier en Europe, avec 600 à 700.000 tonnes de cartons pour emballage produites par an, à partir principalement des restes de l'exploitation forestière ou des rondins en provenance de la forêt des Landes de Gascogne toute proche. Certains évoquent aussitôt à ce sujet l'odeur nauséabonde répandue dans le secteur, résultant du procédé industriel nécessaire à la transformation du bois, quand d'autres se réjouissent de l'insertion presque séculaire de cette usine et de son apport économique indéniable avec plus de 400 emplois sur le site.

Pas étonnant donc qu'elle figure au calendrier de l'office de tourisme « Coeur du Bassin » qui invite à découvrir « l'excellence du Groupe Smurfit Westrock, leader européen de l'emballage papier ». Chaque année, près de 2.000 personnes, équipées d'un gilet de sécurité et d'un casque de chantier, peuvent ainsi en découvrir les procédés, dans la ligne du tourisme industriel[1]. Pour 2025, sept visites sont ainsi programmées entre fin avril et début septembre. Comme l'indique le journaliste non sans humour, l'entreprise compte ainsi « montrer patte blanche ».

Hasard du calendrier de mes recherches pour écrire ce livre, je

1 Corentin Madères, « Bassin d'Arcachon : à Biganos, des visites de la papeterie Smurfit-Westrock pour plus de transparence » in Sud-Ouest, 29/8/2024

remontais le temps jusqu'à l'année 2012. Cette année là, l'usine connut au début de l'été un incident significatif, dû à l'éclatement d'une cuve remplie d'un produit corrosif entraînant un déversement dans les cours d'eau voisins jusqu'au Bassin, avec les conséquences qu'on imagine sur les milieux, et l'émoi des riverains et au-delà.

Quelques mois plus tard, paraissait dans la revue « Mines & Carrières » un article documenté émanant d'une journée technique dans lequel étaient présentées les activités de l'usine, ainsi que tous ses efforts pour un fonctionnement vertueux et « circulaire », minimisant les impacts sur l'environnement. L'auteur y concluait ainsi son exposé : « Le site de Facture (ndr : Facture-Biganos) valorise au mieux les sous-produits de la forêt des Landes de Gascogne : centrale électrique et usine à papier poussent très loin économies d'eau et d'énergie, recyclage, réduction des impacts. C'est un bel exemple de développement durable dans son environnement géographique. »[1]

Vue aérienne sur l'usine de papier Smurfit Kappa de Facture Biganos

Quoiqu'on pense de ces deux sites d'activités énergétiques et industrielles, situés de longue date l'un comme l'autre à proximité immédiate du Bassin d'Arcachon, ils nous replongent dans un monde où l'externalisation des installations les plus lourdes n'était pas aussi forte (et d'une époque où les « meilleures techniques disponibles » applicables en milieu industriel n'étaient certes pas aussi avancées). L'enjeu ne réside pas à mon sens dans une opposition entre les « pour » et les « contre ». Il s'agit plutôt de nous interroger tout à la fois :

-sur nos modes de vie et de consommation (combien d'énergie ? combien d'emballages ? Et pour quoi faire ?),

---

1 Yannick Le Mailloux, « Smurfit-Kappa, une usine en forêt des Landes » in Mines & Carrières, n° 196, octobre 2012, p. 16-18

-sur le degré d'autonomie – ou de dépendance – vis-à-vis de tiers dans un monde dans lequel les relations d'échanges et de commerce pourraient se durcirent sensiblement (« démondialisation »),

-mais aussi sur le point d'équilibre à trouver entre une « technosphère » toujours plus envahissante et une nature souvent réduite à la portion congrue de « figurante », dans le but de ne pas réduire à néant l'espoir des générations futures de profiter des lieux comme nous pouvons - encore - le faire aujourd'hui.

15-Déchets ménagers délocalisés, eaux usées envahissantes, et huitres en souffrance

Nous revenons aux déchets et rejets proprement dits pour terminer notre « contre visite » du Bassin, avec deux sujets qui ont fait et font toujours l'actualité : d'une part le traitement des déchets ménagers et assimilés (avec notamment l'histoire du centre d'enfouissement technique d'Audenge), d'autre part la délicate prise en compte des eaux usées et l'émissaire final qu'est le « Wharf » (quai en anglais) qui nous ramènera à notre point de départ près de la dune du Pilat. On parlera aussi pour finir des huitres et de leur devenir, un sujet « incontournable » sur le Bassin.

a-Les déchets ménagers délocalisés

Comme nous l'avons vu au chapitre 3 dans notre « voyage en rudologie », il existe deux manières de prendre en charge les déchets ménagers qui n'ont pas pu être recyclés, soit dans des centres d'enfouissement (ou décharges dans le vocabulaire commun), soit par incinération, avec à chaque fois des résidus ultimes et des nuisances environnementales spécifiques.

Le Bassin n'échappe pas à cette difficulté et a connu divers projets dans le passé, d'autant plus avec la croissance démographique et la fréquentation touristique qui le caractérisent. Ainsi à partir de 1974 et jusqu'en 2007, il exista un important centre d'enfouissement actif à Audenge, commune située immédiatement au nord de Biganos. InfoBassin précise à son sujet : « Au commencement fut une simple décharge de village. Une décharge d'une petite ville qui accueillit ensuite les déchets dont personne ne voulait. Elle enfla jusqu'à s'étendre sur 42 ha et devint la deuxième décharge d'Aquitaine, haute de 32 mètres, avec 2 millions de tonnes de déchets versant Est du

Bassin d'Arcachon. »[1] En réalité, précise cet article, « l'installation de stockage se présente en trois zones d'exploitation distinctes, à savoir :

-la zone A (d'une superficie de plus de 14 ha), localisée sur la partie Est du site, correspondant à la zone la plus ancienne de stockage des déchets ménagers et assimilés. Des travaux de réhabilitation ont été réalisés sur cette en zone dans les années 2000.

-La zone B (d'une superficie de plus de 16 ha), localisée sur la partie centrale du site, en fin d'exploitation depuis le 31 décembre 2007. Elle était principalement consacrée au stockage des ordures ménagères et des déchets industriels banals. La zone B est également concernée par un centre de tri de résidus propres et secs, un casier d'amiante liée exploité depuis 1997.

-La zone C (d'une superficie de plus de 9,5 ha), localisée sur la partie Ouest du site, en fin d'exploitation depuis le 31 décembre 2007. Elle était réservée aux résidus de broyage automobile (RBA). »

Outre les nuisances subies par les riverains, ce sont les « lixiviats » qui posent le plus problème : « La pollution par les lixiviats, ces « jus » issus des déchets en décomposition emportés par les eaux de ruissellement (pluie) ou les nappes souterraines qui se déversent depuis plus de 30 ans dans le Bassin. Car, quoique fermé, depuis le 31 décembre 2007, le CET n'a pas été mis en sécurité. »

Alors que l'opérateur fait défaut et que la commune est face à un problème d'ampleur, la structure intercommunale puis l'Etat avec l'ADEME vont reprendre la main. Il faudra attendre encore près de dix ans (2016-2017) pour que les travaux de sécurisation soient réalisés. Ceux-ci ont fait l'objet en 2018 d'un reportage pédagogique de l'ADEME dans laquelle l'opération réalisée dans le cadre de la « gestion des sites à responsable défaillant » poursuit quatre objectifs[2] :

-remodeler le site (certains talus sont trop pentus et s'effondrent),

-refaire l'étanchéité de la couverture pour assurer le traitement des jus (lixiviats) avec 5 couches,

-gérer les biogaz issus de la décomposition des déchets,

-réaliser in fine une végétalisation du site.

A cela se sont ajoutés par la suite un « parc solaire », inauguré le 24 janvier 2023, comme l'illustre la photo ci-dessous, ainsi que des

1 Infobassin, « De la décharge de village … à 47 ha de déchets enfouis : le CET, un monstre sous cloche », 12/2/2016 https://www.infobassin.com/decharge-cet-audenge-travaux/

2 Vidéo pédagogique 2018 de l'ADEME https://www.youtube.com/watch?v=sHjU5Vm0jKM

locaux techniques de l'agglomération (la COBAN) qui gère désormais les lieux. Cette centrale photovoltaïque dernier cri comporte 44.000 panneaux solaires et représente la consommation équivalente de quelques 8.000 foyers (24.156 Mwh/an).

Le centre technique d'enfouissement d'Audenge Avant / Après sécurisation et transformation

Source : site internet Générale du Solaire

Un demi siècle se sera donc écoulé entre l'ouverture du site puis sa reconversion totale en parc solaire qui viendra (peut-être) grossir l'agenda du tourisme industriel du Bassin. Mais, me direz-vous, que deviennent désormais les ordures ménagères du territoire ? Certes des efforts sont faits pour les réduire (tri, réutilisation et recyclage, balbutiements du tri des « biodéchets » sous l'effet de la loi antigaspillage), mais il en reste encore beaucoup !

J'ai cherché une information locale grand public sur le sujet mais je n'en ai pas trouvé. Les guides et dépliants nous rappellent les « bons gestes » et les voies et moyens du recyclage et de la réutilisation, mais on ne va jamais au bout du chemin... c'est-à-dire jusqu'aux exutoires ultimes. J'ai néanmoins trouvé une réponse dans le plan régional de prévention et de gestion des déchets (déjà mentionné au chapitre 3). Ce document publie les listes et les cartes d'une part des installations de stockage (ISDND), d'autre part des usines d'incinérations (élimination v/ stockage). Nous reprenons ces informations pour le département de la Gironde dans les tableaux ci-dessous :

Installations de stockage des déchets non dangereux en Gironde

Commune	Maître d'ouvrage	Capacité autorisée en tonnes / an	Date fin d'autorisation d'exploiter
Biganos	Smurfit Kappa (besoins de l'usine)	27.000	8 ans à partir de 2018-2021
Lapouyade	Soval	430.000	03/10/35
Naujac-sur-Mer	SMICOTOM	35.000	31/12/23

Source : PRPGD Nouvelle-Aquitaine (2019), p. 185

Usines d'incinération en Gironde

Commune	Maître d'ouvrage	Exploitant	Niveau de récupération d'énergie	Capacité annuelle en 2018 (tonnes / an)
Bègles	Bordeaux Métropole	Astria	UVE	273.000
Cenon	Bordeaux Métropole	Rive Droite Environnement (Veolia)	UIOM	138.000

UVE : unité de valorisation énergétique
UIOM : unité d'incinération d'ordures ménagères (performance énergétique moindre que l'UVE)
Source : PRPGD Nouvelle-Aquitaine (2019), p. 181

On voit donc que quatre sites accueillent actuellement en Gironde les activités de prise en charge des ordures ménagères et déchets assimilés (si l'on exclut l'installation de l'usine Smurfit de Biganos pour ses besoins internes).

b-Quand les eaux usées deviennent envahissantes

Nous avons abordé dans la section 6.5 du chapitre 3 les services d'assainissement et leur organisation. Les eaux usées doivent être collectées auprès des immeubles d'habitation ou d'activités puis traitées, avant rejet de l'eau épurée dans le milieu naturel. Selon les territoires, ce service indispensable s'opère en gestion directe par la collectivité locale, ou en gestion déléguée, ou bien alors en gestion « combinée » (composition des deux).

Un document pédagogique du Syndicat intercommunal du Bassin d'Arcachon (SIBA) et de Cap Sciences (musée scientifique à Bordeaux) fait le point sur le dispositif qui s'est réalisé en une quarantaine d'années sur le Bassin[1] : « Chaque habitant et industriel du Bassin d'Arcachon produit tous les jours des eaux usées. Et pourtant aucune eau usée n'est rejetée dans le Bassin lui-même. Comment ? Une ceinture de canalisations a été construite autour du Bassin. Comment fonctionne ce collecteur ? Par où passe-t-il ? Quelles sont les structures associées permettant la collecte, le traitement et enfin le rejet des eaux usées ? 1 000 km de réseau et d'infrastructures pour mieux comprendre l'enjeu de la préservation d'un milieu fragile : le Bassin d'Arcachon. »

L'ensemble permet le traitement de 30.000 m3 d'eaux usées par jour soit l'équivalent de 200.000 habitants et il nécessite un entretien constant de toutes ses composantes. S'ajoute un volume identique traité pour son propre compte par l'usine de papier de Biganos puis injecté dans le réseau collectif. On doit comprendre que derrière une moyenne se cache des périodes où seule la population résidente est concernée (160.000 habitants) mais aussi d'autres moments où l'afflux de touristes vient grossir les rejets (notamment pendant les vacances scolaires et les longs week-end de mai). On ne parle ici que du réseau collectif du « tout à l'égout », et non des maisons individuelles qui possèderaient leur installation dédiée (hormis les vidanges périodiques des fosses sceptiques). Les 3 stations d'épuration sur lesquelles repose le dispositif totalisent une capacité de 290.000 équivalents-habitants et se situent à Biganos (135.000 E-H), La Teste de Buch (150.000 E-H) et Cazaux (5.000 E-H). Voici le détail du réseau, de la collecte à l'émissaire, selon le document cité :

Réseau d'assainissement du Bassin d'Arcachon

Collecteur principal	65 km Grosses canalisations dans lesquelles circulent les eaux usées (collecteur nord) ou traitées (collecteur sud).
Collecteur secondaire	900 km C'est le réseau du « tout-à-l'égout ». Formé de petites canalisations (diamètre : 0,2 m), les eaux ménagères circulent prioritairement par gravité vers le collecteur principal.

1 SIBA et Cap Sciences, Assainissement du Bassin d'Arcachon - 1.000 km de réseau c'est long !

Stations de pompage	99 % des propriétés sont desservies. 390 postes de pompage 1 000 pompes Grâce au système de pompage, les eaux circulent dans le collecteur principal du Cap Ferret vers le Wharf de La Salie.
Bassins de rétention	Ces 5 bassins peuvent contenir 250 000 m3 d'eaux usées (du nord au sud : Lège 12.000 m3, Lanton 20.000 m3, Audenge 15.000 m3, Le Teich 150.000 m3, La Teste 45.000 m3). Ils servent de trop-plein au réseau et peuvent aussi être utilisés comme réservoirs en cas de travaux ou d'accidents interrompant la circulation de l'eau dans les canalisations.
Usine Smurfit	La papeterie possède sa propre station d'épuration. Elle traite en moyenne 30.000 m3 d'eaux industrielles par jour, lesquelles sont ensuite rejetées dans le collecteur principal.
Stations d'épuration	Biganos (135.000 équivalents-habitants) La Teste de Buch (150.000 E-H) Cazaux (5.000 E-H)
Wharf de la Salie	800 m Les eaux traitées du Bassin d'Arcachon sont rejetées au large par cette avancée dans la mer. Dans cette canalisation de 1,5 m de diamètre, 60.000 m3 d'eau passent par jour.

Source : d'après SIBA et Cap Sciences

Ce réseau constitue un grand progrès par rapport à la situation qui prévalait il y a un demi siècle avant que sa mise en place ne débute, mais la pression anthropique sur le bassin était alors bien moindre (autour de 60.000 habitants en 1970 et une fréquentation touristique certainement moins importante). Outre le défi que représente la maintenance dans le temps d'un tel réseau, illustratif de la prégnance de la technosphère dans la vie quotidienne, deux sujets continuent de susciter inquiétudes et incompréhensions : il s'agit des rejets ultimes d'eau « épurée » dans l'océan au niveau de l'émissaire de la Salie (le « wharf »), et des déversements intempestifs d'eaux usées dans le milieu naturel et in fine dans le bassin lors d'épisodes particulièrement pluvieux.

La longue silhouette industrielle du Wharf détonne dans le paysage immédiatement au sud de la Dune du Pilat. Pour les uns, le fait est que les rejets ultimes sont conformes à la réglementation en matière d'eaux usées. Pour les autres, l'épuration, et peut-être surtout les usages en amont, ne permettent pas d'éliminer tous les micro-polluants, détergents et métaux lourds. De plus, des fuites seraient possibles sur le réseau, notamment dans la forêt que traverse le collecteur sud, et les vents du large sont susceptibles de ramener des mousses lourdes sur le rivage plus au sud en allant vers Biscarrosse (département limitrophe des Landes), avec des dommages sur la flore et sur la faune. Un « comité de vigilance » s'est d'ailleurs créé en 2001[1].

L'autre sujet concerne les déversements intempestifs dans le milieu, qui a connu un rebondissement notable aux alentours de Noël 2023. Une contamination des huitres est alors constatée et à sa suite des effets sur la santé humaine sont suspectés. Une association locale spécialisée, l'ADEBA, explique qu'il s'agit des conséquences des insuffisances de la gestion des eaux pluviales qui, ne trouvant plus à s'écouler du fait d'un manque d'entretien des fossés (on parle ici de « crastes »), viennent saturer le réseau des eaux usées et provoquer son débordement.

Il en va aussi d'une urbanisation excessive qui tend à oublier les nécessités naturelles et notamment les épisodes pluvieux, d'autant que l'écoulement par infiltration peut être contrarié par la proximité immédiate par endroits de la nappe phréatique. Ce n'est pas pour rien que la forêt des Landes fut plantée de pins par le passé, mais bien pour pomper naturellement la nappe (jusqu'à 90 litres par jour pour un arbre adulte), et valoriser ainsi ce secteur du littoral atlantique[2].

Au printemps 2025, la controverse sur la possibilité de soulager le réseau en cas de saturation, par des déversements des bassins de sécurité dans le milieu, n'est pas close[3] ...

---

1 Valentin Rouillon et Émilien Despret, reportage « Le Wharf de la Salie, une pollution de plus d'un demi siècle », 25/5/2021, 18 mn

2 ADEBA Association de Défense des Eaux du Bassin d'Arcachon https://adeba.fr/

3 Yann Saint-Sernin, « Pollution du Bassin d'Arcachon : deux hautes responsables placées en garde à vue », in Sud-Ouest du 11/2/2025

Emissaire de rejet des eaux usées après traitement :
le « wharf » de la Salie

c-Huitres en souffrance

Après la visite de l'usine de papier puis un tour au charmant petit port de Biganos, vous serez sans doute allé.e voir le parc ornithologique du Teich, avant de vous arrêter au musée de l'huitre situé Port de Larros à Gujan-Mestras sur le Bassin Sud. Le bassin ne serait pas ce qu'il est sans ses cabanes d'ostréiculteurs (qui proposent pour certaines une dégustation sur place), ses parcs à huitres qui hérissent la surface des flots en maints endroits, et les célèbres cabanes tchanquées sur pilotis à partir desquelles les gardiens veillaient jour et nuit sur les parcs ostréicoles impériaux au 19° siècle.

La production d'huitres, ici poumon économique avec le tourisme, n'est pas l'apanage du littoral atlantique français, loin s'en faut. D'après une récente étude de la Commission européenne[1], la France détient certes le leadership de la production de l'UE (avec 83% de sa production) mais l'UE elle-même ne pèse que 2% de la production mondiale largement dominée par la Chine avec 85% des volumes totaux en 2020 (6,4 millions de tonnes dans le monde). D'après cette même étude, la production de l'UE a été relativement stable entre 2011 et 2020 (+1%) mais a diminué de 7% entre 2019 et 2020. La production française de 2020 avec 81.000 tonnes représente elle aussi quasiment le même volume qu'en 2011, pour une valeur de 357 M€ (départ-exploitation). Et dans cette production française, Arcachon vient tout en bas du tableau avec 5% du volume français, loin derrière la Charente-Maritime (44%), comme l'indiquent les chiffres suivants :

1 EUMOFA, Etude de cas : les huitres dans l'UE, octobre 2022, 61 p.

Volume et valeur des ventes d'huitres par région productrice en France (2020)

	Volume (tonne)	Valeur (millions d'euros)	Prix (EUR/kg)	% du volume total	% de la valeur totale
Charente-Maritime	35.646	170.066	4,8	*44%*	*48%*
Bretagne Nord	10.514	42.034	4	*13%*	*12%*
Normandie - Mer du Nord	9.736	36.441	3,7	*12%*	*10%*
Bretagne Sud	9.158	40.087	4,4	*11%*	*11%*
Pays de la Loire	6.350	25.646	4	*8%*	*7%*
Arcachon-Aquitaine	4.433	21.896	4,9	*5%*	*6%*
Méditerranée	4.944	20.825	4,2	*6%*	*6%*
Total	**80.783**	**356.985**	**4,4**	***100%***	***100%***

Source : Enquête Aquaculture 2020, Chiffres & Données, N°16, Agreste

Outre les qualités gustatives renommées de la production, c'est ailleurs qu'il faut chercher la spécificité arcachonnaise : l'élevage avec la production des « naissains ». Or force est de constater que cet élevage ne se porte pas bien. Le dernier rapport de l'observatoire CAPENA note en effet[1] : « Le cycle d'élevage des huîtres marchandes, achevé en décembre 2023, a permis un rendement de production moyen de 21,4 kg/2000 naissains mis en poche initialement. Ce rendement de production, qui peut être qualifié de très faible, est le fruit d'importantes mortalités observées ces trois dernières années. Il faudra s'attendre à des rendements faibles au moins encore pour deux années, les survies dans les classes d'âge les plus jeunes ne s'améliorant pas. A l'issue du dernier cycle d'élevage, 16 % des huîtres ont survécu, pour atteindre un poids moyen de 70,2 g. »

L'évolution des caractéristiques du milieu interroge donc forcément. L'Ifremer, qui fait autorité en matière de connaissance de l'océan, indiquait en conclusion de son rapport de septembre 2022 sur l'état sanitaire des zones de production du bassin d'Arcachon : « Les principales sources potentielles de contamination microbiologique de la zone étudiée sont côtières, soient véhiculées par les cours d'eau et les exutoires pluviaux qui se jettent dans le bassin d'Arcachon, soient provenant de ses rives par lessivage des sols. Les eaux usées des communes riveraines du Bassin d'Arcachon sont rejetées, après traitement, dans le milieu océanique et n'impactent pas la qualité des

1 Centre pour l'Aquaculture, la Pêche et l'Environnement de Nouvelle-Aquitaine, Observatoire ostréicole du Bassin d'Arcachon, Rapport annuel 2023, avril 2024, 42 p.

eaux du Bassin. Les postes de pompage d'eaux usées situés à proximité du Bassin font l'objet d'une grande attention limitant la vulnérabilité du Bassin en situation normale. L'assainissement non collectif est minoritaire sur le littoral du Bassin d'Arcachon. »[1]

On peut comprendre, dans ce contexte, les inquiétudes de la profession et de tous les amoureux des huitres et du Bassin comme terroir et « merroir ».

Ainsi se termine notre « contre visite » du bassin d'Arcachon, ce territoire bien spécifique et soumis à une forte pression démographique et touristique. Volontairement à « contre-courant » et axée sur les déchets, rejets et pollutions, elle nous interpelle comme habitant, comme acteur économique, ou comme visiteur, et invite à ne pas céder sans précaution aux sirènes de la promotion touristique.

2-L'énergie au cœur de la société contemporaine, pour le meilleur et pour le pire

Cette section n'a pas pour but de réaliser une synthèse sur la question des énergies, vaste sujet souvent traité par ailleurs. Elle se focalise sur quelques fondamentaux et les liens avec les déchets, rejets et pollutions. Après un tableau d'ensemble, nous abordons ainsi le sujet du charbon, qui n'en finit pas d'être utilisé, puis celui du nucléaire, riche en controverses pour ses risques et déchets.

a-Les énergies polluantes dominent le jeu

Energie et société sont intimement liées, quelles que soient les époques. A des différences près, les périodisations des historiens des derniers siècles font référence à la ressource en énergie dominante et à l'association avec un ou des modes de communication : la première révolution industrielle (1770-1850) autour du charbon et marquée par le chemin de fer et le développement du courrier ; la seconde (1850-1914) autour du pétrole, de l'électricité et de l'automobile, puis plus tard le téléphone et la télévision ; la troisième révolution industrielle à la fin du 20° siècle avec les (nouvelles) énergies renouvelables (fournissant de l'électricité) et l'internet.

Le propos consiste ici avant tout à partager et prolonger un étonnement. D'un côté, à lire la synthèse d'un récent rapport

1 Ifremer, Etude sanitaire des zones de production du Bassin d'Arcachon, Convention études sanitaires DGAL/IFREMER 2021- 2022, Rapport intermédiaire, 30/9/2022, 63 p.

parlementaire très fourni consacré aux politiques énergétiques françaises des trois dernières décennies[1], je constate que le mot « pollution » n'est jamais employé. De l'autre côté, je note que l'histoire de la contamination du monde de Jarrige et Le Roux (ouvrage déjà cité) consacre un chapitre entier au sujet sous le titre « un monde énergivore »[2], en faisant référence notamment au 20° siècle.

D'un côté donc, Jarrige et Le Roux concluent ainsi leur chapitre Energies (citation p. 259-260) :

Durant les soixante ans qui séparent la Grande Guerre (ndr : 1914-1918) des chocs pétroliers, sous l'impact de l'explosion démographique, de l'exigence politique de développement et de la forte hausse de la demande, le monde est entré dans un nouveau régime énergétique plus intensif et très polluant. De nouveaux convertisseurs énergétiques apparaissent mais s'additionnent plutôt qu'ils ne se substituent aux autres. Le monde énergivore du XXe siècle est un monde d'accumulation, et il étend la gamme des polluants. Ainsi, tandis que le gaz naturel, le diesel ou le nucléaire font apparaître de nouveaux effluents toxiques, le charbon n'a jamais été autant consommé dans le monde, en dépit de son recul apparent. Le processus est par ailleurs profondément inégal : ce sont les pays du Nord, et notamment les pays capitalistes industrialisés, qui s'engagent dans ces nouvelles trajectoires, plus polluantes et plus dangereuses, en pillant les ressources du Sud. En 1974, avec seulement 6 % de la population mondiale, les États-Unis consomment à eux seuls 44 % du charbon, 33 % du pétrole et 63 % du gaz naturel produit dans le monde. À côté des pays industrialisés, de plus en plus dépendants des hydrocarbures, d'autres régions rurales et agricoles, en Afrique, en Inde ou en Chine, continuent d'obtenir l'énergie mécanique du travail humain et animal. En 1971, sur les 15,7 millions de tracteurs employés dans le monde, seuls 7 % le sont dans les pays du Sud. Sur ces territoires, l'animal de trait et les bras des hommes restent la principale force pour labourer ou transporter des charges. L'ampleur des pollutions de ce modèle énergétique a peu à voir avec celui qui se construit dans le Nord, avec la hausse des niveaux de vie et le développement de la consommation de masse. (op cit. p. 259)

---

1 Assemblée nationale, Rapport visant à établir les raisons de la perte de souveraineté et d'indépendance énergétique de la France, n° 1028, déposé le jeudi 30 mars 2023, Président : Raphaël Schellenberger, rapporteur : Antoine Armand, députés ; voir la synthèse du rapporteur p. 33-45

2 Jarrige et Le Roux, La contamination du monde, op cit., chapitre 8

D'un autre autre côté, les députés Schellenberger et Armand posent un constat sévère sur la conduite des politiques énergétiques et le « mur énergétique » que le pays doit désormais affronter. Ils avouent même leur « consternation », et évoquent « le récit d'une lente dérive, d'une divagation politique, souvent inconsciente et inconséquente, qui nous a éloignés et de la transition écologique et de notre souveraineté énergétique. »

Sans revenir sur les « six erreurs » de la période passée ni sur les « six chantiers » pour la période à venir proposés dans le rapport, il nous paraît intéressant de reprendre ici les « six leçons énergétiques pour les 30 prochaines années » (citation p. 39) :

***1.Le temps long compte** : il nous faut mettre en cohérence (via RTE Réseau de transport d'électricité et d'autres organismes publics) nos ambitions climatiques (baisse des émissions), industrielles (réindustrialisation) et énergétiques (capacité à produire telle ou telle énergie en France) sur une échelle de temps compatible, soit plusieurs décennies.*

***2.L'énergie, via l'électricité, n'est pas un bien comme un autre** : au sein de l'Union européenne, chaque pays défend d'abord son mix énergétique, la France doit également défendre son mix électrique pilotable et décarboné.*

***3.L'énergie est une industrie,** la 3ème industrie française : nous avons besoin de continuer à maîtriser toute la chaîne de valeur d'un secteur énergétique et de disposer des compétences, mais aussi de choisir les technologies et les sources d'énergie renouvelables, dont l'hydraulique est la plus importante et la seule pilotable, les plus rentables et les plus à même d'assurer notre sécurité d'approvisionnement.*

***4.L'électricité ne fait pas tout** : il ne faut pas se focaliser uniquement sur l'électricité alors que sa production est déjà quasi-intégralement décarbonée en France, mais aussi, par exemple, accélérer le développement des réseaux de chaleurs, des ENR (ndr : énergies renouvelables) thermiques pour remplacer les énergies fossiles.*

***5.La maîtrise de la demande se prépare**: l'efficacité énergétique atteignable dans le parc résidentiel doit être mieux évaluée et dotée des compétences nécessaires ; la sobriété se prépare en amont, dans les mentalités.*

***6.Sans recherche, nous sommes condamnés à avoir du retard** : la recherche a besoin de visibilité et de moyens pour anticiper les 5 prochaines décennies : fermeture du cycle dans l'industrie nucléaire ;*

stockage massif de l'électricité pour le réseau ; recyclage des matériaux critiques, etc.

Ce rapprochement d'auteurs nous indiquent comment la nécessité désormais perçue comme absolue d'une quantité faramineuse d'énergie (le « mur ») peut conduire à focaliser l'attention sur la satisfaction des besoins (ce qui est parfaitement légitime) plutôt que sur les effets négatifs qu'elle entraîne, d'autant plus si ceux-ci ne se manifestent pas à notre porte et dans notre quotidien. Dans le cas de ce rapport parlementaire, la réduction des émissions de carbone est bien présente au titre des « ambitions climatiques », ainsi que « la question des déchets » non résolue « à ce stade » concernant la filière nucléaire (op cit. p. 41). Mais la question des déchets, rejets et pollutions ne se limite pas à la consommation finale, domestique ou industrielle, elle concerne aussi l'extraction (ou la captation), la transformation, le stockage et le transport, qu'il s'agissent d'une mine de charbon, d'un champ d'extraction pétrolière, d'une centrale nucléaire, d'un barrage hydroélectrique, d'un champ d'éoliennes sur terre ou en mer, d'un parc solaire photovoltaïque sur un terrain dégradé ou non, etc.

Jarrige et Le Roux notent pour leur part que le pétrole, « produit phare » du 20° siècle, voit son volume d'extraction multiplié par 84 au cours du siècle. Dans leur bande dessinée sur « le monde sans fin »[1], Jancovici et Blain mettent quant à eux en scène un « Ironman » mu par toute cette énergie : « le parc de machines qui travaille pour nous est une sorte d'exo squelette qui a la même force mécanique que si notre puissance musculaire était multipliée par 200 » (en moyenne mais beaucoup plus encore dans les pays riches). Ils indiquent qu'avec les énergies fossiles (charbon, pétrole et gaz) l'individu contemporain a pu multiplier par plusieurs centaines le nombre des actions sur l'environnement. On le voit ici, le facteur de croissance se mesure en centaines.

Il importe dans ce contexte d'avoir en tête les chiffres clés de l'énergie en France, que l'on peut retrouver sur le « data lab » gouvernemental (édition 2024) avec notamment le tableau reproduit ci-dessous[2].

---

1 Jancovici – Blain, Le monde sans fin (BD), Dargaud, 2021, 193 p., par exemple p. 43 44 59

2 Sur internet : https://www.statistiques.developpement-durable.gouv.fr/edition-numerique/chiffres-cles-energie/6-bilan-energetique-de-la-france

Concernant l'unité de compte à l'échelle nationale : un terawattheure correspond à un milliard de kilowattheures (kWh) ; 1 kWh correspond à l'énergie consommée pendant une heure par un appareil électroménager (par exemple), de 1 000 watts (ou 1 kilowatt) comme un lave-vaisselle (principalement pour chauffer l'eau dans ce cas)

Taux d'indépendance énergétique de la France (production et consommation primaires)

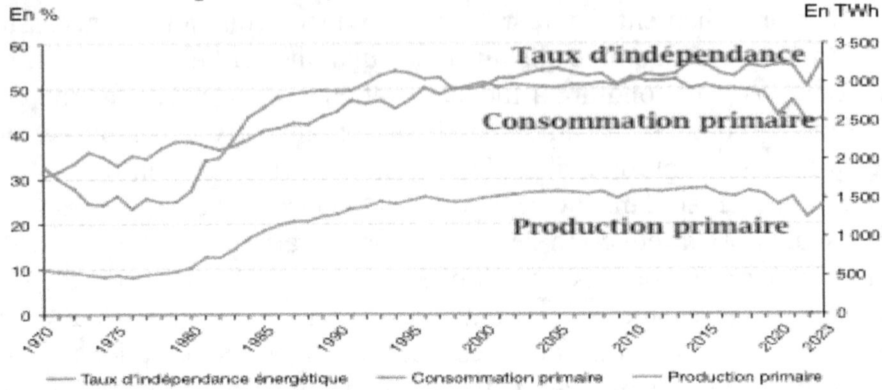

Source : SDES, Bilan énergétique de la France

Ce tableau traduit à l'évidence la « dépendance » énergétique de notre pays, du fait d'un excès important de la consommation (2523 TWh) sur la production (1420 TWh) comme indiqué sur l'échelle de droite du graphique, excès équivalent à un taux « d'indépendance » de 56,3% l'année 2023 (son maximum historique) en référence à l'échelle de gauche du graphique. Or cette production primaire est largement dominée par le nucléaire (72% du total) devant les énergies renouvelables thermiques et les déchets, puis l'ensemble hydraulique – éolien – photovoltaïque, la production d'énergie fossile étant marginale (10 TWh) malgré le gisement de pétrole de Cazaux dont nous avons parlé précédemment. On note au passage que la consommation d'énergie primaire d'aujourd'hui se situe à peu près au niveau de celle de 1990, avec un pic à plus de 3000 TWh vers 2005. Il reste à voir si les objectifs nationaux de réduction de la consommation finale d'énergie par rapport à l'année de référence (2012) sont (seront) tenus : oui pour la période 2012-2023 (-7,5%) et à voir pour la 2012-2028 (objectif de -16,5%).

Il peut paraître trivial de dire que pour être indépendant en énergie, le pays doit agir sur trois leviers : augmenter la production nationale (via les installations existantes et / ou de nouvelles en tenant compte des ressources disponibles et des nuisances environnementales), diminuer les apports extérieurs à savoir les importations (selon une approche géostratégique), baisser la consommation jusqu'à l'aligner sur la production (programme de sobriété et analyse critique de la demande).

Pour aller un peu plus loin, il nous paraît intéressant d'aborder le sujet du charbon, au plan international notamment, marqueur du 19° siècle mais loin d'être disparu, et celui du nucléaire plus spécialement au plan national, s'agissant d'une « exception française » bien connue. Le nucléaire (civil) a été développé au 20° siècle comme source d'énergie au service de l'humanité, sur laquelle d'aucuns fondent de grands espoirs d'une énergie infinie multipliée par la réutilisation de composantes de son cycle, tout en suscitant d'importantes inquiétudes relatives aux risques attachés au fonctionnement des installations et à l'élimination des déchets dont certains à vie très longue.

b-Le charbon encore et toujours malgré son caractère polluant

Contrairement à ce que l'on pourrait croire, le charbon (de terre) pèse encore lourd dans la production d'énergie (et pour certains usages industriels) dans le monde et même en Europe (Pologne, Allemagne), malgré les pollutions attachées à son cycle de vie. Il n'y a pas substitution mais ajout des sources d'énergie. Il faut donc se représenter des mines d'extraction de la houille d'un côté, et différents usages de l'autre, domestiques ou industriels, notamment les centrales produisant de l'électricité, et entre les deux les importations et transports correspondants. Alors que la dernière mine française en activité ferme en 2004 (La Houve en Moselle), la France est aujourd'hui « un pays qui ne produit plus de charbon mais continue d'en importer » pour la filière fonte, la production d'électricité et de chaleur, et l'industrie manufacturière hors hauts-fourneaux[1].

Les centrales à charbon proprement dites s'y développent au début du 20° siècle, connaissent un boom dans les années 1960, puis les unités ferment progressivement en fonction de leur ancienneté, jusqu'au dernier plan de fermeture qui doit s'achever en 2024/2026 avec la centrale de Cordemais en Loire-Atlantique, ainsi que celles dans les années 2020 également de Saint-Avold (Moselle), Gardanne (Bouches-du-Rhône) et Le Havre (Seine-Maritime). Les projets alternatifs d'activités envisagés sur ces sites concernent la biomasse, la chimie, l'hydrogène et l'éolien offshore.

Mais la situation française n'est en rien représentative du reste du monde. Les deux illustrations qui suivent (tirées du site internet du Gouvernement du Canada) montrent l'importance de la production (autour de 8 milliards de tonnes par an) et le fait qu'elle ne fléchit pas année après année. Elles montrent aussi la géographie des pays

1 Institut Veblen, Relever le défi des reconversions – le cas du charbon français, 2019, 42 p.

producteurs, Chine très largement en tête (près de la moitié du total mondial). Et cela même alors que la combustion du charbon génère 43% des émissions mondiales de gaz à effet de serre liées à la combustion d'énergie.

Production mondiale de charbon, de 2013 à 2022 (dpr)

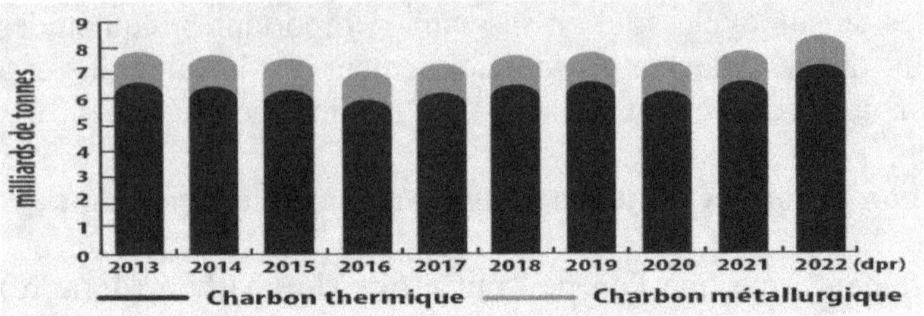

Source : ressources-naturelles.canada.ca (d'après AIE)

Production mondiale de charbon, par pays, 2022 (dpr)

Rang	Pays	Millions de tonnes	Pourcentage du total
1	Chine	4 144	49,5 %
2	Inde	944	11,3 %
3	Indonésie	687	8,2 %
4	États-Unis	539	6,4 %
5	Australie	458	5,5 %
14	**Canada**	**47**	**0,6 %**
-	Autres pays	1 552	18,5 %
-	**Total**	**8 371**	**100,0 %**

Source : ressources-naturelles.canada.ca (d'après AIE)

c-Le nucléaire et ses paradoxes environnementaux

i-Radioactivité naturelle et radioactivité artificielle

L'énergie nucléaire (de « nucleus » en latin qui signifie « noyau ») résulte de l'instabilité des noyaux des atomes de certains éléments qui en se transformant émettent des rayonnements. On les trouve à l'état naturel, les « radionucléides », pour ceux qui ont perduré depuis la formation de la Terre il y a près de 5 milliards d'années, ou à l'état artificiel depuis la production en 1934 du premier noyau radioactif artificiel par les scientifiques français Irène et Frédéric Joliot-Curie. Il existe aussi un gaz radioactif, le radon, largement répandu à l'état naturel notamment dans les massifs granitiques anciens (Massif central, Bretagne et Vosges en France). Les radionucléides naturels sont le potassium 40, l'uranium 238, l'uranium 235 et le thorium 232. Comme pour d'autres matières, le minerais est extrait puis transformé pour obtenir le matériau qui servira de combustible pour produire de la vapeur dans les centrales. Cette vapeur actionne des turbines qui permettent de générer l'électricité alimentant, via le réseau, divers équipements industriels ou domestiques selon les usages recherchés. Dans ce processus, l'énergie est tour à tour thermique, mécanique puis électrique.

Les gisements de minerais sont répartis à travers le monde mais la production est concentrée dans une quinzaine de pays dont 45% au Kazakhstan, loin devant l'Australie, la Namibie et le Canada avec environ 10% chacun. L'activité d'exploration et d'extraction en France a existé mais les gisements sont épuisés, non sans laisser des résidus (Vendée, Limousin).

D'après le rapport sur les cycles biogéochimiques de l'Académie des sciences[1], les radionucléides artificiels d'origine anthropique (humaine) n'ont été introduits dans la nature que récemment, quelques décennies tout au plus :

-Depuis 1970 : l'énergie nucléaire de fission pour l'électronucléaire (les « centrales »).

-Les activités du nucléaire militaire : ont disséminé dans la haute atmosphère et sur terre des quantités importantes de radionucléides de 1945 à 1980, dont certains sont toujours détectables.

-Les activités de recherche et médicales (radiographie, scanner, ...) : utilisant des radionucléides, elles sont aussi une source de dispersion éventuelle, mais il s'agit en général de radionucléides de courte période et en quantité négligeable vis-à-vis des autres.

-La radioactivité est aussi utilisée pour les appareils de détection des peintures au plomb, nonobstant l'observation de règles strictes de protection, comme pour tous les autres emplois de ces matières.

ii-Le programme nucléaire civil français pour produire de l'électricité

La politique du nucléaire civil en France débute dès l'après guerre avec une première période s'étalant de 1952 à 1973, mais c'est à partir de cette date, après le « choc pétrolier » de 1974, qu'est lancé le programme qui façonne le paysage nucléaire civil d'aujourd'hui. Selon le site internet gouvernemental « Vie publique »[2] : « la France décide

---

1 Georges Pédro (Direction), Académie des sciences, op cit. p. 103

2 Site internet Vie publique, « La politique du nucléaire civil : chronologie de 1952 à 2024 », 3 septembre 2024

de se doter d'une très importante industrie nucléaire, comprenant plusieurs dizaines de centrales ainsi que des unités pour recycler le combustible usé. » Ce programme connaît diverses évolutions et, compte tenu du contexte d'approvisionnement en énergies, le président de la République annonce la relance de la filière en février 2022, relance que la loi du 22 juin 2023 vient confirmer et préciser[1].

D'après l'Autorité de sureté nucléaire et de radioprotection (ASNR), « le parc des réacteurs de production d'électricité actuellement en exploitation en France comprend un total de 56 réacteurs à eau sous pression (REP), dits « de génération II », et un réacteur EPR (European Pressurized water Reactor) en cours de construction à Flamanville (Manche), dit « de génération III ». Une particularité française est la standardisation du parc : les 56 réacteurs REP utilisent tous la même technologie et sont techniquement proches. Ils sont implantés sur 18 sites de centrales nucléaires, chaque centrale comportant de 2 à 6 réacteurs (ou « tranche »). Les réacteurs sont classés selon leur modèle - on parle de palier - et selon la puissance électrique qu'ils fournissent : 900 mégawatt électrique (MWe), 1300 MWe et 1450 MWe. » Ces installation sont toujours situées à proximité immédiate d'un cours d'eau ou de la mer, car l'eau est nécessaire à leur refroidissement.

L'entreprise publique EDF en assure l'exploitation. Elle est redevenue depuis peu propriété de l'Etat à 100%, ce qui n'est pas neutre compte tenu de l'importance des choix en matière de filières de production et d'approvisionnement en énergie, et des prix à la vente qui en découlent, que ce soit pour les entreprises (déterminant de la compétitivité) ou pour les ménages (pouvoir d'achat).

---

1 Loi n° 2023-491 du 22 juin 2023 relative à l'accélération des procédures liées à la construction de nouvelles installations nucléaires à proximité de sites nucléaires existants et au fonctionnement des installations existantes. Sur legifrance.gouv. fr

Parc des centrales nucléaires françaises et nombre de réacteurs

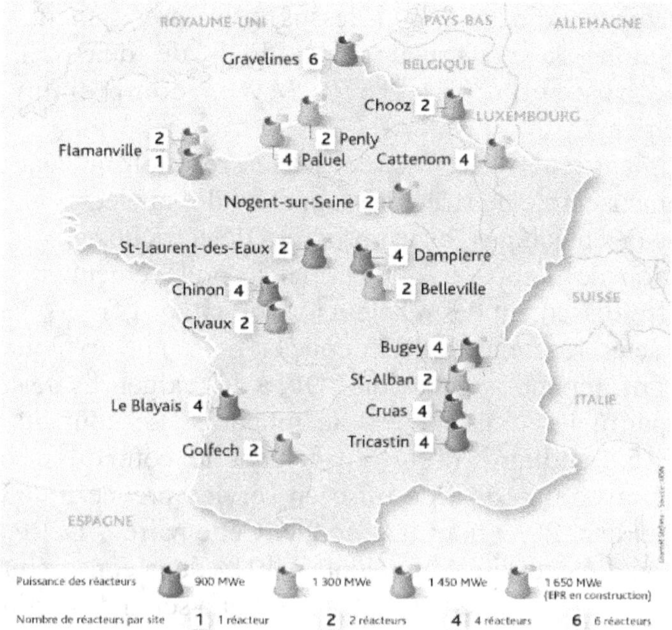

Source : ASNR

iii-La controverse relative au recours à l'énergie nucléaire

Il existe une multitude de livres, articles, rapports et comptes-rendus de commissions au sujet du programme nucléaire civil français. Autant dire qu'en rendre compte est hors de portée. En revanche, nous avons accès au rapport des échanges tenus dans le cadre de la Commission nationale du débat public (CNDP) de septembre 2024 à janvier 2025 sur le projet de nouveaux réacteurs à Gravelines (Nord)[1], faisant suite à la loi Nucléaire de 2023. Ce document répond à la fois à des critères d'actualité, de finalité (le projet est défini et localisé), de diversité des points de vue (toutes les parties prenantes sont intervenues) et de qualité d'expression et de restitution (puisque tel est le métier de la CNDP).

Ce projet concerne la construction d'une paire de réacteurs « EPR2 » dans le cadre d'un programme de trois paires de nouveaux réacteurs nucléaires respectivement à Penly (Seine-Maritime), Gravelines (Nord) et Bugey (Ain). Comme l'indique le rapport de la consultation, les nouveaux EPR viendraient prendre place à proximité immédiate de l'actuelle centrale nucléaire existante, actuellement la

1 Commission nationale du débat public, Projet de nouveaux réacteurs nucléaires à Gravelines, compte-rendu des débats du 17/9/2024 au 17/1/2025, 96 p.

plus grande d'Europe de l'Ouest avec six réacteurs de 900 MWe en fonctionnement (voir la carte ci-dessus). Plus précisément, « le projet comporte donc la construction par EDF de deux EPR2 d'une puissance respective de 1670 MWe, comprenant chacun, principalement :

-le bâtiment réacteur, où se déroule la réaction nucléaire, qui fait partie d'un ensemble de structures appelé « îlot nucléaire » ;

-la salle des machines, où est produite l'électricité ;

-la station de pompage, qui permet le prélèvement d'eau de mer pour le refroidissement des réacteurs. » (op cit. p. 12)

« Les deux réacteurs EPR2, conçus pour une exploitation d'au moins 60 ans, répondraient, selon EDF, à des exigences de sûreté et de sécurité, parmi les plus élevées au monde. » Le coût du projet est évalué à 15,8 milliards d'euros (incluant le coût du raccordement électrique), avec une date de mise en service prévue à 2038 pour la première unité et 2039 pour la seconde. Cette paire d'EPR2 produirait une quantité d'électricité équivalente à 40 % de la consommation de la région Hauts-de-France en 2022 (sachant que selon des estimations de RTE, la consommation de la zone de Dunkerque devrait doubler d'ici 2040). Cela nous rappelle, si besoin était, la première leçon du rapport parlementaire que nous avons cité, à savoir : « le temps long compte », ainsi que l'ampleur de l'investissement envisagé.

Il est d'abord intéressant de relever les questions abordées par la « cellule de clarification des controverses techniques » (op cit. p. 33-34). Elles sont au nombre de cinq (citation non intégrale) :

-***Controverse n° 1***, *elle porte sur l'intensité carbone de l'énergie électrique produite par l'EPR2 et plus généralement par l'énergie nucléaire. «S'il y a consensus au sein de la cellule sur le fait que l'intensité carbone doit être déterminée sur la base de calculs récents prenant en compte l'ensemble du cycle de vie des réacteurs nucléaires, certains contributeurs insistent sur le fait que les évaluations de l'intensité carbone doivent être spécifiquement réalisées selon la méthode ACV (Analyse du cycle de vie).*

-Controverse n° 2, *elle porte sur l'origine de l'uranium et questionne la souveraineté énergétique de la France. La dépendance de la France à l'égard de ses importations d'uranium naturel fait consensus. En revanche, l'effectivité des mesures de mitigation (ndr : atténuation de la dépendance) prises est fortement contestée.*

-Controverse n° 3, *elle relève d'une affirmation émise lors du débat selon laquelle le site de Gravelines deviendrait le plus nucléarisé du monde après la construction des EPR2. La position de* *la cellule fait apparaître un relatif consensus entre les experts ainsi résumé : « au total, la centrale de Gravelines complète sera la plus puissante centrale nucléaire du monde uniquement en cas d'arrêt de la construction des réacteurs sur les deux centrales sud-coréennes de Hanul et de Kori et en cas du maintien de l'exploitation des 6 anciens réacteurs ».*

-Controverse n° 4*, elle s'exprime sous la forme de la question suivante émise par un participant au débat « dans quelle mesure l'implantation d'EPR2 à Gravelines est-elle justifiée par les besoins locaux en électricité ? « Le fait que la proximité des lieux de production et de consommation est un critère d'évaluation d'une décision de construire une centrale électrique, n'a pas généré de controverse au sein de la cellule ».*

-Controverse n° 5*, elle porte sur des questions qui touchent à la santé publique ainsi formulées : « comment est réalisé le suivi radiologique des riverains et est-il suffisant ? » Les travaux de la cellule de traitement des controverses techniques n'ont pas montré de dissensus concernant la réalité du lien entre exposition à certaines doses de rayonnements ionisants et risques de cancers, dont les leucémies. L'existence de réglementations et de procédures de conception et de contrôle ne fait pas l'objet de controverses au sein de la cellule. Les travaux de la cellule ont indiqué une controverse concernant l'effectivité de ces mesures vis-à-vis du risque de cancer, et notamment celui des leucémies infantiles.*

Même s'il ne s'agit là que de la traduction d'un travail de « clarification » de sujets réputés « techniques », on voit déjà apparaître certains des domaines qui agitent régulièrement les débats au sujet du nucléaire : le caractère vertueux du nucléaire en raison de son « intensité carbone » c'est à dire du rapport entre le volume des émissions de CO_2 et la quantité d'énergie produite, en comparaison des autres énergies ; la dépendance à une ressource combustible importée, alors même que le choix du nucléaire est souvent justifié par la « souveraineté » énergétique ; le choix de concentrer les implantations, dont on comprend bien la logique (éviter la dispersion et ne pas créer de nouvelles zones à risques, mieux gérer la sûreté, la logistique, etc.) au risque de créer une emprise démesurée (site le plus nucléarisé au monde) ; l'inscription dans le territoire et l'économie régionale, à tout le moins nécessaire compte tenu de l'accueil des installations ; enfin les risques santé concernant les riverains, sujet toujours extrêmement sensible (dont on a vu dans le chapitre précédent qu'il est particulièrement difficile à appréhender).

Il est en outre très intéressant de consulter le résumé des 84 « cahiers d'acteurs », émanant de personnes morales regroupées en 5 catégories, qui reflètent bien les convergences et divergences au sujet du projet en particulier et de l'énergie nucléaire en général. Nous reprenons ci-après les points saillants :

Consultation du public sur le projet de nouveaux réacteurs nucléaires à Gravelines (Nord)
Résumé des « cahiers d'acteurs » émanant des personnes morales

Acteurs	Positionnement
Des collectivités largement impliquées et en attente de précisions	-détaillent leur capacité à accompagner le projet dans le cadre de leurs compétences respectives -s'interrogent quant au rôle de l'État et d'EDF dans le financement des mesures d'accompagnement et la répartition des retombées fiscales attendues -positionnement global favorable au projet
Une opposition structurée autour des enjeux environnementaux et énergétiques (associations environnementales)	-en opposition marquée au projet -plaident en faveur d'un modèle énergétique plus sobre et appellent au développement d'un scénario reposant exclusivement sur les énergies renouvelables -nucléaire trop dangereux, trop coûteux, sans garantie d'indépendance énergétique du pays -autres sujets : submersion marine, pression sur la ressource en eau, conséquences sanitaires sur les travailleurs et les riverains
Un soutien affirmé d'autres associations en faveur du nucléaire	-à l'inverse, plusieurs associations expriment un soutien au projet et, plus largement, au développement de l'énergie nucléaire -levier essentiel pour atteindre les objectifs de neutralité carbone et garantir la souveraineté énergétique du pays
Les contributions du monde académique et universitaire	-posture généralement neutre -études soulignant un certain nombre de risques potentiels pour lesquels les informations disponibles à ce stade du projet leur semblent insuffisantes pour se prononcer
L'intérêt marqué des entreprises du secteur énergétique	-globalement favorables au projet -considèrent cette initiative comme une opportunité majeure de développement, tant sur le plan économique qu'en matière d'emploi

Source : selon compte-rendu CNDP - consultation de 17/9/24 à 17/1/25, p. 81-82

On vient encore buter sur la balance entre les effets positifs et les effets négatifs du choix nucléaire. En effet, si l'on suit l'enquête récente du CREDOC mentionnée dans notre chapitre 1er évoquant un lien entre « volonté d'action pour l'environnement » et « attente forte et partagée de réforme sociétale », on voit mal comment justifier une relance du programme nucléaire au-delà du parc existant. Ce parc est déjà très important en France : près de la moitié des 417 réacteurs opérationnels dans le monde sont situés dans trois pays : Etats-Unis, France et Chine, et la France détient 13% du nombre de réacteurs pour moins de 1% de la population mondiale. Pourtant, le pays s'y est ré engagé au travers de la décision de sa représentation nationale par la loi de 2023.

Devant ce constat, la philosophe des techniques Ange Pottin développe la thèse d'un « nucléaire imaginé » aux effets réels considérables[1]. Celui-ci, écrit-elle, « répond au désir de l'abondance matérielle permise par la production marchande », tout en défendant un « nucléaire écologique » à la fois (quasi) neutre en émission carbone et (un jour) libéré de ses déchets devenus des ressources dans le cadre d'un « cycle fermé » de production. Le « capital fissile » prenant ainsi le relais du « capital fossile » (charbon – pétrole - gaz) pour poursuivre la folle aventure humaine, commencée il y a deux siècles avec l'industrialisation à grande échelle et la société de consommation qu'elle permet moyennant l'exploitation de plus en plus intensive de la planète.

Cependant la liste des déchets est encore importante, poursuit l'auteure : outre les déchets à haute activité et vie longue pour lesquels est prévu un enfouissement en zone géologique profonde, il faut aussi compter avec de grandes quantités de déchets à faible activité (de démantèlement notamment sachant que la durée nécessaire pour démanteler un réacteur à eau pressurisée est de 15 ans), les rejets des installations de retraitement du combustible irradié, les résidus du traitement de concentration chimique du minerai d'uranium (proches des mines), ainsi que les déchets historiques de la première période (1950-1960) qui doivent encore être reconditionnés et stockés à nouveau (op cit. p. 149). Un rapport de l'Agence nationale pour la gestion des déchets radioactifs (ANDRA) publie un inventaire, dont nous avons extrait le tableau ci-dessous classifiant ces déchets et la façon dont ils sont gérés jusqu'alors[2].

---

1 Ange Pottin, Le nucléaire imaginé – le rêve du capitalisme sans la terre, La Découverte, 2024, 151 p.

2 ANDRA, Inventaire national des déchets radioactifs, 2018, 28 p.

Classification des déchets radioactifs et filières de gestion associées

Catégorie	Déchets dits à vie très courte	Déchets dits à vie courte	Déchets dits à vie longue
Très faible activité (TFA)	VTC – Gestion par décroissance radioactive	TFA – Stockage de surface (Centre industriel de regroupement, d'entreposage et de stockage)	
Faible activité (FA)		FMA-VC – Stockage de surface (centres de stockage de l'Aube et de la Manche)	FA-VL – Stockage à faible profondeur à l'étude
Moyenne activité (MA)			MA-VL – Stockage géologique profond en projet (projet Cigéo)
Haute activité (HA)	Non applicable		HA

Source : ANDRA, Inventaire, 2018, p. 7

Intéressons-nous au projet « Cigéo » (centre industriel de stockage géologique), sans doute le plus spectaculaire, mentionné en bas à droite du tableau ci-dessus. Voici le petit texte « tout comprendre sur le projet Cigéo » qui figure sur le site gouvernemental dédié[1] (citation) :

En France, 75% de notre électricité provient du nucléaire. 58 réacteurs produisent en moyenne 400 TWh d'électricité chaque année. Cette production d'électricité est également à l'origine de déchets. En moyenne, 30 000 m3 par an. Or, 3% de ces déchets resteront radioactifs pendant plusieurs dizaines, voire centaines de milliers d'années. Aujourd'hui, ils sont entreposés de façon provisoire dans l'attente d'une solution de gestion adaptée. Alors, que faire de ces déchets les plus dangereux ? Et comment s'assurer qu'ils ne seront pas un poids pour les générations futures ? Depuis 25 ans, chercheurs et experts se penchent sur plusieurs axes de recherche. Les conclusions de ces travaux amènent la France à inscrire dans la loi,

---

Précision de l'Agence sous le tableau cité : « la période radioactive représente le temps nécessaire pour que l'activité initiale d'une quantité d'un radionucléide donné soit divisée par deux. On distingue :
-les déchets dits à vie très courte (VTC) qui contiennent des radionucléides dont la période est inférieure à 100 jours. Ils ne peuvent être dirigés vers une filière de déchets conventionnels qu'après un délai supérieur à dix fois la période des radionucléides, soit environ 3 ans ;
-les déchets dits à vie courte (VC) dont la radioactivité provient principalement de radionucléides qui ont une période inférieure ou égale à 31 ans ;
-les déchets dits à vie longue (VL) qui contiennent une quantité importante de radionucléides dont la période est supérieure à 31 ans.
Il faudrait par ailleurs s'intéresser aux déchets radioactifs immergés dans les océans, au sujet desquels une mission vient d'être lancée (mission Nodssum portée par le CNRS et l'Ifremer)

1 Sur internet : https://www.cigeo.gouv.fr/

en 1991, en 2006, puis en 2016, le choix du stockage géologique profond comme option de référence.

Un laboratoire dédié poursuit la recherche sur cette solution. Une solution de stockage, alors baptisée CIGEO. Si le projet est autorisé, 270 km de galeries seront creusées à 500 m de profondeur. Elles permettront de stocker définitivement 85 000 m3 de déchets, dont plus de la moitié est déjà produite. CIGEO sera située à cheval sur la Meuse et la Haute-Marne. Un site spécialement choisi pour ses propriétés géologiques. Une roche quasi imperméable et stable, capable de confiner les matières radioactives pendant de très longues heures. Le site sera fermé et enregistré pendant de nombreuses années. Au fil du temps, la dangerosité des déchets stockés diminuera. C'est le phénomène de décroissance radioactive. Une fois le centre mis en service, sa construction se prolongera encore sur plus de 100 ans. Pendant cette période, la loi prévoit que les générations futures pourront choisir de poursuivre la construction et l'exploitation du stockage, ou de le faire évoluer si une meilleure solution de gestion des déchets est trouvée. Vers 2150, une fois le centre de stockage plein, le site sera fermé et enregistré. Il entrera en phase de surveillance. Les déchets resteraient alors confinés pendant les centaines de milliers d'années à venir.

En résumé, écrit Ange Pottin, « le nucléaire présente deux faces : d'un côté, il porte le rêve d'une électricité décarbonée, grâce à laquelle on entend assurer l'avenir de l'humanité à grands coups de machines et d'investissements ; de l'autre, il porte le lourd héritage radioactif d'une industrie fragile et vieillissante. Comment opère-t-on la transfiguration qui le fait passer de l'héritage encombrant à l'horizon glorieux ? Un aspect particulier de l'industrie nucléaire permet d'envisager cette question de manière plus précise : les projets de recyclage du combustible nucléaire usé. » (op cit. p. 28)

La « technosphère », qui revient régulièrement sous notre plume, n'en finit donc pas de nous surprendre. Le nucléaire – ou l'atome – fait parfaitement le lien avec la guerre, autre vecteur majeur d'amplification des pollutions. Le fait que la plus grande centrale nucléaire d'Europe (dotée de 6 réacteurs pour un total de 6000 MWe) se trouve aujourd'hui prise dans une guerre de haute intensité, à Zaporijia sur le fleuve Dniepr au sud-est de l'Ukraine, devrait nous interroger.

3-« La guerre est littéralement toxique »

a-D'un siècle à l'autre

Il est difficile d'évoquer la guerre, avec son cortège d'atrocités, de souffrances et de dégâts matériels, pour les humains, leurs constructions, mais aussi les autres êtres vivants et la nature en général. Je suis le premier membre masculin dans ma famille, depuis plusieurs générations, qui n'aie pas eu à risquer ma vie sur un champ de bataille. C'est difficile, mais il ne faut pas le perdre de vue. La mémoire du 20° siècle reste présente, au moment où l'on commémore les 80 ans des étapes de la fin de la seconde guerre mondiale en 1944 et 1945. Et d'ailleurs ce serait bien impossible aujourd'hui d'éviter les nouvelles et les images de la guerre, sauf à être coupé du monde, tant les conflits sont intenses en ce moment même dans certaines régions du globe.

L'exposition « Regards sur la reconstruction (1944 - 1958) : photographies d'une aventure humaine »[1] réalisée pour les 80 ans de la création du ministère de la Reconstruction et de l'Urbanisme (MRU), illustre la situation française à l'époque. On dénombre alors sur l'ensemble du territoire 2,5 millions de bâtiments détruits et 5 millions de personnes sinistrées. C'est seulement à partir de 1958 que le terme « reconstruction » disparaît du nom du ministère.

L'urgence et le provisoire dominent les débuts, comme l'expliquent les panneaux de l'exposition : « Sur l'ensemble du territoire, le gouvernement doit mesurer précisément les destructions, identifier les sinistrés et chiffrer les dommages à indemniser. Il faut non seulement compter chaque dégât (comme ici à Maizières lès-Metz, détruite à 90% par les combats de 1944 opposant l'armée américaine aux divisions allemandes), identifier chaque propriétaire, mais aussi spécifier l'origine et la responsabilité du sinistre, notamment pour avoir accès aux différents fonds internationaux. » Plus loin dans l'exposition, une photographie de ruines est ainsi commentée : « Étape majeure des alliés après le débarquement, la ville de Caen est libérée en septembre 1944 dans un état catastrophique. Seule la moitié des habitants d'avant-guerre demeure sur place. On estime jusqu'à 10 % la part de la population morte sous les bombes alliées. Un tiers des bâtiments sont détruits et un autre tiers endommagé. » … Au total, « les gravats, estimés à cent millions de m3 à l'échelle nationale,

---

1 Sur internet : https://new.express.adobe.com/webpage/lQqYGHUFV3hIT

constituent un chantier majeur pour le MRU, qui se poursuit parfois jusque dans les années 1950. Ils participent à la transformation profonde du paysage : recyclage en matériau de construction, comblement de zones humides, réalisation de boulevards de ceinture, rehaussement de certains quartiers jusqu'à plusieurs mètres au-dessus du niveau d'avant-guerre… »

Changement d'époque, revenons à aujourd'hui. En Ukraine à l'est de l'Europe en guerre depuis le 24 février 2022 suite à l'invasion par la Russie, on dénombre déjà un million de victimes (morts et blessés) au printemps 2025. Dans la bande de Gaza sur la côte de la Méditerranée orientale, il y aurait 60.000 morts au moins depuis le début des hostilités entre le Hamas et Israël après l'attaque palestinienne du 7 octobre 2023 puis la riposte israélienne. Le Programme national des Nations-Unies pour l'environnement (PNUE) a donné une première estimation des dégâts occasionnés par ces conflits[1].

Pour l'Ukraine, un an après le début de la guerre, la directrice du PNUE, Inger Andersen, déclarait : « La cartographie et l'examen initial des risques environnementaux ne font que confirmer que la guerre est littéralement toxique. » Les installations énergétiques, dont parlent régulièrement les médias, sont touchées. « Les infrastructures liées à l'eau, notamment les stations de pompage, les stations d'épuration et les installations d'assainissement, ont également subi des dommages importants, et de nombreuses installations industrielles, entrepôts et usines ont été endommagés, certains stockant une série de substances dangereuses allant des solvants à l'ammoniac et aux plastiques. (…) On rapporte également que plusieurs grandes exploitations d'élevage ont été prises pour cible, les carcasses de bétail constituant un risque supplémentaire pour la santé publique. (…) L'imagerie satellitaire a également montré une augmentation significative des incendies dans diverses réserves naturelles et zones protégées, ainsi que dans les zones forestières. En outre, la pollution due à l'utilisation intensive d'armes, y compris dans les zones peuplées, et les grands volumes de déchets militaires, notamment les véhicules militaires détruits, constituent un défi majeur en matière de nettoyage. »

A Gaza, toujours selon le PNUE, « plus de 39 millions de tonnes de débris ont été générés par le conflit. (…) Or les débris présentent des risques pour la santé humaine et l'environnement, en raison de la poussière et de la contamination par des munitions non explosées, de

1 Programme des Nations-Unies pour l'environnement, articles des 23/2/2023 (Ukraine) et 19/6/2024 (Gaza)

l'amiante, des déchets industriels et médicaux et d'autres substances dangereuses. (…) L'eau et l'assainissement se sont effondrés. Les infrastructures essentielles continuent d'être décimées. Les zones côtières, les sols et les écosystèmes ont été gravement touchés. Tout cela nuit gravement à la santé des populations, à la sécurité alimentaire et à la résilience de Gaza. (…) Le système de gestion des déchets solides est gravement endommagé. Cinq des six installations de gestion des déchets solides de Gaza sont endommagées. En novembre 2023, 1.200 tonnes de déchets s'accumulaient quotidiennement autour des camps et des abris. (…) Les cinq stations d'épuration de Gaza ont fermé, et les eaux usées contaminent les plages, les eaux côtières, le sol et l'eau douce avec une multitude d'agents pathogènes, de nutriments, de microplastiques et de produits chimiques dangereux. Cela représente une menace immédiate et à long terme pour la santé des habitants de Gaza, la vie marine et les terres arables. »

b-« L'écologie de guerre »

Des chercheurs ont étudié les liens directs mais aussi indirects entre la guerre et l'environnement. Jarrige et Le Roux, toujours eux, consacrent au sujet un chapitre de leur ouvrage sur « la contamination du monde ». Ils indiquent que « la prolifération des polluants chimiques est largement due à la nécessité de recycler les productions de guerre. » Evoquant notamment l'usage du DDT, ils précisent que « la pollution agricole de l'après-guerre naît largement de l'écoulement des stocks hérités de la guerre. Au XXe siècle, brutalisation des sociétés humaines et brutalisation de la nature vont de pair, et l'exceptionnel justifié par les temps de guerre est ensuite normalisé en temps de paix ; on ne saurait donc comprendre entièrement le renforcement des naturalisations des pollutions d'après 1945 sans ces affrontements militaires de grande ampleur. » En somme, expliquent-ils, « les guerres du XXe siècle ne doivent pas être analysées comme des phases aberrantes ; elles radicalisent plutôt des pratiques polluantes qui existent en temps de paix et qui trouvent, dans les urgences du conflit, de nouveaux horizons pour se déployer. Les industries chimiques, automobiles et aéronautiques sont les principales bénéficiaires des conflits meurtriers. Sans eux, les énormes moyens en hommes, en matières premières et en énergie n'auraient pas été rassemblés. Des groupes comme BASF, Monsanto ou DuPont de Nemours n'auraient pas été les empires industriels qui inondent la planète de leurs produits. Ces moments d'exacerbation de puissance pathologique annoncent de nouvelles trajectoires énergétiques et industrielles, la révolution des consommations et des transports, tout en consolidant les logiques du fordisme et de la mobilité généralisée, au risque de leurs pollutions. » (op cit. p. 220, 221 et 230)

Al-Hamandou Dorsouma et Michel-André Bouchard ont eu l'idée quant à eux d'envisager les apports de l'évaluation environnementale[1], en distinguant les phases de l'avant, pendant et après le conflit. Leur conclusion est la suivante : « Les impacts des conflits armés sur l'environnement sont multiples et variés. Dès la phase ante bellum (pré-conflit), de nombreux impacts sont constatés, notamment ceux liés aux activités de préparation de la guerre : pillages des ressources naturelles pour le financement de la guerre, manipulations environnementales dues aux opérations militaires, déboisement ou défoliation, déplacement des populations, etc. En phase syn-conflit, des impacts tant directs qu'indirects sont constatés : pression sur les ressources naturelles par les forces armées et les populations civiles, pertes de la biodiversité dues à l'afflux et à la présence des réfugiés et personnes déplacées, etc. En post-conflit, les impacts continuent et persistent, y compris les impacts collatéraux liés essentiellement au manque de gouvernance : la contamination des eaux, des sols et de l'air, etc. »

Autre approche, celle de Pierre Charbonnier, qui fait le lien entre puissance, guerres et ressources, et introduit la notion d' « écologie de guerre »[2]. Il écrit : « Comme la crise du Covid l'a déjà indiqué, la souveraineté au 21e siècle ne pourra se perpétuer sous la forme essentiellement abstraite qu'elle avait prise lors des dernières décennies : dans un contexte où l'Europe s'envisage de plus en plus comme une citadelle assiégée, la nécessité du contrôle des ressources se fait de plus en plus pressante. L'Europe, prétendant au rang de puissance mondiale, se heurte donc aux conditions matérielles de la puissance – connues de tous mais dont les conséquences étaient généralement ajournées. »

L'auteur poursuit, alors que la guerre en Ukraine a mis en relief la dépendance de l'Europe aux ressources énergétiques russes : « C'est en cela qu'il ne s'agit plus seulement de mettre en jeu l'énergie

1 Al-Hamandou Dorsouma et Michel-André Bouchard, « Conflits armés et environnement - Cadre, modalités, méthodes et rôle de l'Évaluation environnementale » in Développement durable et territoires, 2008, 17 p., voir le § 43

2 Pierre Charbonnier, « La naissance de l'écologie de guerre » in Green, n° 2, septembre 2022, p. 76-83, voir p. 77, 79 et 80

comme moyen et comme finalité de la confrontation, mais d'embarquer les politiques climatiques dans un nouveau grand récit historique. Alors que le sacrifice demandé par les écologistes à l'industrie et aux consommateurs pour atténuer le choc climatique était habituellement codé comme une contrainte lourde, incertaine, encombrante, ce même effort désormais re-qualifié en question de sécurité internationale, de subversion de la tyrannie, et d'une certaine manière de patriotisme, devient subitement non seulement acceptable, mais activement recherché. (…) Dans une moindre mesure, on assiste aussi à l'érosion de certaines normes environnementales en Europe pour faire plus de place aux activités extractives et agricoles, encore une fois pour se donner l'espace réglementaire suffisant pour une compensation des pertes d'importation. »

On peut aussi évoquer ici la question des chaînes d'approvisionnement et de commercialisation de certains produits ou équipements visant l'armement (ou pouvant y contribuer).

c-Le choix de la paix

La question de savoir pourquoi l'humanité fait-elle la guerre devrait être davantage explorée[1], mais nous ne l'aborderons pas ici. Toutefois, il me semble utile de rappeler comment la construction européenne après la 2° guerre mondiale marque un choix pour la paix dans une partie du globe antérieurement secouée périodiquement par les guerres.

Maxime Lefebvre indique sur le site internet gouvernemental « Vie publique » que « la paix est l'essence même de la construction européenne. Après deux guerres mondiales dévastatrices, l'Europe entend transformer la pluralité et la rivalité des États en une coexistence parfois difficile, mais féconde, au service du bien commun. »[2] Parmi ses valeurs, figure « le développement économique, social et environnemental ». Il note cependant que « l'Europe est en réalité bien loin d'un système de sécurité collective achevé. Le multilatéralisme a fait des progrès depuis la fin de la guerre froide. Mais la tendance s'inverse avec la recrudescence des rivalités géopolitiques, la relance de la course aux armements, l'application trop relative des droits de l'homme et de la démocratie, la remise en

1 Lydie Bader, Pourquoi l'humanité fait-elle la guerre – la conscience d'Hiroshima, L'Harmattan, 2024, 132 p.

2 Maxime Lefebvre, « L'Europe, modèle de paix structurelle », site internet gouvernemental Vie publique, 4 novembre 2019, 4 p.

cause des organisations internationales et du droit international. »

Alors certes, soyons vigilant et critique vis-à-vis de la communauté européenne et de ses institutions, mais pour l'améliorer et non pour la détruire.

Cette section et ce chapitre closent notre partie sur « l'inventaire ». Il est temps maintenant de passer aux solutions, à tout le moins à la prise en compte des déchets, rejets et pollutions.

Partie 3
Agir : les effets, le contexte, les causes

Chapitre 7 - Agir sur les effets : circularité, progrès technique, dilution, externalisation

Chapitre 8 - Agir sur le contexte : questions de densité et d'échelle

Chapitre 9 - Agir sur les causes : entre modération et redirection

Chapitre 7
Agir sur les effets :
Circularité, progrès technique, dilution, externalisation

Ce chapitre explicite le premier niveau de la prise en compte des déchets, rejets et pollution, sans remettre en cause ni le contexte de la société ni son fonctionnement global. Nous avons choisi d'y exposer quatre approches complémentaires par lesquelles on cherche à réduire les nuisances, au moins dans l'environnement immédiat. Ainsi sont successivement abordés : la sensibilisation à la « hiérarchie des déchets » (section 1), des approches plus techniques ou méthodologiques (s. 2), le principe de dilution (s. 3), et l'externalisation (s. 4).

1-Sensibiliser le public et les acteurs à la « hiérarchie des déchets »

11-Priorité à la prévention et la « circularité »

Les pouvoirs publics mise sur une prise de conscience généralisée de tous les acteurs de la société pour tenter de réduire l'impact des déchets sur l'environnement et rendre durablement possible leur traitement, en commençant par réduire la quantité de déchets à la source via la « prévention ».

Nous avons présenté au chapitre 3 (section 7) la hiérarchie des déchets figurée par la pyramide inversée ci-dessous :

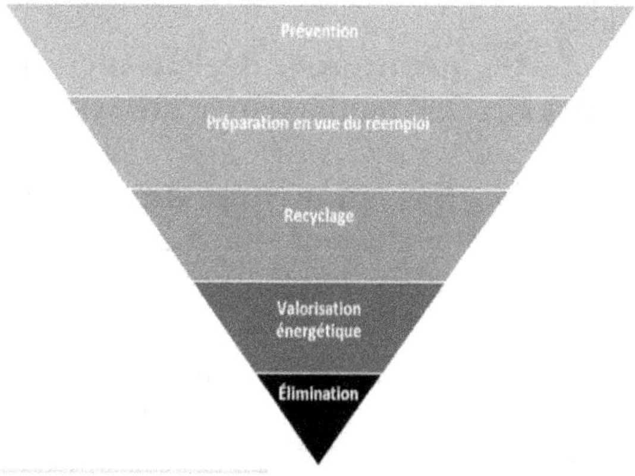

En droit français, la prévention des déchets est ainsi inscrite au sommet de la hiérarchie des modes de traitement des déchets (article L. 541-1 du code de l'environnement). Comme le précise le plan national de prévention des déchets (PNPD) 2021-2027 actuellement en vigueur[1] : « la prévention de la production des déchets vise à réduire les impacts environnementaux liés aux étapes de production, transformation, transport et d'utilisation des matières et produits qui génèrent des déchets. Il est possible de distinguer la prévention amont des déchets obtenue par les mesures prises par les fabricants et les distributeurs avant qu'un produit ne soit mis sur le marché, et la prévention aval portant sur les mesures prises par le consommateur final ou les collectivités territoriales pour réduire les déchets. »

Ce plan s'articule avec tout un ensemble juridique et renvoie à la « feuille de route économie circulaire » publiée en avril 2018, et la loi relative à la lutte contre le gaspillage et à l'économie circulaire du 10 février 2020 (loi anti-gaspillage). Il se décline notamment dans des plans régionaux (comme celui de la Nouvelle-Aquitaine que nous avons présenté au chapitre 3). Il est structuré en cinq axes et 47 mesures (suivies en fonction d'une série d'indicateurs) :

Axe 1 - Intégrer la prévention des déchets dès la conception des produits et des services,

Axe 2 - Allonger la durée d'usage des produits en favorisant leur entretien et leur réparation,

Axe 3 - Développer le réemploi et la réutilisation,

Axe 4 - Lutter contre le gaspillage et réduire les déchets,

Axe 5 - Engager les acteurs publics dans des démarches de prévention des déchets.

La loi relative à la lutte contre le gaspillage et à l'économie circulaire du 10 février 2020 fixe les objectifs suivants en matière de prévention des déchets:

-réduire de 15 % les quantités de déchets ménagers et assimilés produits par habitant en 2030 par rapport à 2010 (loi anti- gaspillage – article 3) ;

-réduire de 5 % les quantités de déchets d'activités économiques par unité de valeur produite, notamment du secteur du bâtiment et des travaux publics, en 2030 par rapport à 2010 (loi anti-gaspillage – article 3) ;

-augmenter le réemploi et la réutilisation des déchets pour atteindre une quantité équivalente à 5 % du tonnage des déchets

1 Ministère de la transition écologique, Plan national de prévention des déchets 2021-2027, 56 p.

ménagers en 2030 (loi anti-gaspillage – article 4) ;

-atteindre une part des emballages réemployés mis sur le marché de 5 % en 2023 et 10 % en 2027 (loi anti-gaspillage – article 9) ;

-réduire le gaspillage alimentaire de 50 % d'ici 2025, par rapport à 2015, dans la distribution alimentaire et la restauration collective, et de 50 % d'ici 2030, par rapport à 2015, dans la consommation, la production, la transformation et la restauration commerciale (loi anti-gaspillage – article 11) ;

-viser la fin de la mise sur le marché d'emballages en plastique à usage unique d'ici à 2040 (loi anti-gaspillage – article 7) ;

-réduire de 50 % d'ici 2030 le nombre de bouteilles en plastique à usage unique pour boisson mises sur le marché (loi anti-gaspillage article 66).

La campagne de sensibilisation « 3R » pour « Réduire, Réutiliser, Recycler » entend aller plus loin que ses devancières ciblées sur le tri et le recyclage, en ancrant les « bonnes habitudes » pour une « consommation responsable »[1].

Le principe de « circularité » s'amplifie ou se déploie dans de nombreux secteurs, par exemple :

-les déchets d'équipements électriques et électroniques (DEEE) sont spécifiquement ciblés,

-l' « urban mining » - « mine urbaine » en anglais - est l'approche consistant à voir dans les débris et déchets d'anciennes constructions, les ressources pour celles à venir, comme nous l'avons évoqué avec la démarche « REP » (responsabilité élargie du producteur) pour les produits du bâtiment.

A l'autre extrémité de la pyramide inversée des déchets, l'élimination est elle aussi vouée à faire d'importants progrès.

Concernant les déchets ménagers et assimilés (la « poubelle »), l'ADEME fait le point entre les deux formules en vigueur, l'incinération et le stockage (dont nous avons vu des illustrations dans les chapitres précédents de ce livre), comme l'indique le tableau suivant où il est indiqué que « les installations de stockage sont encore nécessaires »[2] :

---

1 Ministère de la transition écologique, « Campagne inter-filières Réduire, Réutiliser, Recycler : encourageons les bonnes habitudes », 12 p.

2 ADEME, Que faire de ses déchets - Moins jeter et mieux trier, édition septembre 2019, 11 p.

L’incinération	Le stockage
Brûler les déchets non recyclables permet d’en réduire le volume et de récupérer de la chaleur. On peut ainsi chauffer des logements ou produire de l’électricité et donc économiser les combustibles traditionnels. Les usines d’incinération sont soumises à une réglementation visant à limiter les atteintes à l’environnement. ▶ Les fumées sont épurées afin d’éliminer les poussières, les gaz acides, les dioxines et les métaux lourds. ▶ Les sous-produits de l'incinération sont acheminés vers des filières de recyclage ou de traitement adaptées. Il s’agit de mâchefers, réutilisés par exemple en remblai de routes, et de métaux recyclés par les usines sidérurgiques. Les résidus d’épuration des fumées sont, quant à eux, stockés.	Les installations de stockage sont encore nécessaires pour accueillir les résidus de déchets qui ne peuvent être valorisés d’une manière ou d’une autre. Ces sites sont soumis à une réglementation stricte destinée à protéger notamment les eaux, l’air et les sols. On distingue désormais trois types d’installations de stockage des déchets (ISD) : ▶ ISDND pour les déchets ménagers et banals ; ▶ ISDI pour les déchets inertes (déblais, gravats) ; ▶ ISDD pour les déchets dangereux.

12-Les limites et contournements du principe de circularité

Divers exemples illustrent cependant la difficulté de déployer totalement un principe vertueux en théorie. Et de toute façon, écrivent les auteurs de l'ouvrage sur « la civilisation du déchet »[1], le recyclage complet n'existe pas. Il faudrait impérativement réduire notre consommation industrielle en amont (« empreinte matière »), et raisonner en terme de « métabolisme », avec les extractions en amont de nos consommations et les déchets ménagers en aval. Selon les auteurs, « 71% des ressources utilisées ne sont ni recyclées ni réutilisées ; une partie est brulée (combustibles) et l'autre s'ajoute au stock d'infrastructures destinées à durer. »

Sans revenir sur les difficultés de remettre en cause des comportements très ancrés depuis que la consommation sous toutes

1 Cavé de Pin Tastevin, La civilisation du déchet – Tout savoir sur le recyclage … et ses limites, Les Arènes, 2024, 148 p., voir p. 132

ses formes s'est fortement développée, nous évoquons ci-après quelques limites parlantes. Il s'agit du cas des boues résiduaires issues du traitement des eaux usées et potentiellement utilisables comme fertilisants des sols agricoles, des vertus relatives du « jetable » et du réutilisable », ainsi que des « résistances structurées » à une évolution des pratiques vers davantage de responsabilité individuelle et collective en faveur de l'environnement.

a-Les boues d'épandage et les « éléments traces métalliques »

Concernant certains des résidus du traitement des eaux usées, alors que l'agriculture dispose de sa feuille de route spécifique pour l'économie circulaire[1], le sujet des boues « résiduaires » a retenu mon attention après le visionnage d'un reportage récent de la RTBF[2]. Ce-dernier montre comment cette pratique fut désastreuse dans un secteur du Maine aux Etats-Unis, avec une contamination jusqu'à toucher l'humain. Il expose aussi le transfert de ces boues à l'intérieur du territoire de la Belgique, entre le secteur des Flandres, émetteur, et celui de la Wallonie, récepteur.

D'après les spécialistes, la question est de savoir si ces épandages sur les terrains agricoles font ou feront augmenter significativement les teneurs en éléments traces métalliques (ETM) dans les produits récoltés sur les terrains concernés ? Une littérature abondante traite de ce sujet qui fait aussi l'objet de diverses observations[3]. La réglementation encadre d'ailleurs la pratique de l'épandage.

Dans un rapport de recherche paru en 2010[4], A.L. Reverdy et Marilys Pradel indiquaient : « La dépollution de ces eaux domestiques ou industrielles est inévitablement à l'origine de la production de boues qui doivent être à leur tour éliminées. Cependant, le traitement des boues ne permet pas de les supprimer totalement, il s'agit simplement de plusieurs phases visant à réduire leur teneur en eau, à les stabiliser et à les hygiéniser avant de les envoyer vers une

---

1 Ministère de l'agriculture et de l'alimentation, Volet agricole de la feuille de route pour l'économie circulaire, février 2019, 20 p.

2 Boues d'épuration : nos terres empoisonnées, RTBF janvier 2025, sur internet : https://www.youtube.com/watch?v=IQnzhaDdec0

3 Queffélec S, Adamczyk E. Trois ans de veille sanitaire vétérinaire sur l'impact des boues d'épandage de stations d'épuration. Environ Risque Santé 2020 ; 19 (S1) : 11-14. doi : 10.1684/ ers.2019.1379

4 A.L. Reverdy, Marilys Pradel. Les filières de valorisation des boues d'épuration en France : état des lieux, état de l'art. [Rapport de recherche] Irstea. 2010, pp.50. Hal-02593493

valorisation agricole, thermique ou en centre d'enfouissement.

Dans les années 2000, plus de 60% des tonnages de boues étaient éliminées par la voie de l'épandage agricole (ADEME 2000). Mais, avec l'apparition de la crise de la vache folle, dans les années 1990, de nombreuses inquiétudes sont nées dans les industries agro-alimentaires, les professions agricoles, ainsi que chez les consommateurs. C'est ainsi que les pouvoirs publics en sont venus à renforcer les réglementations concernant les boues, et principalement la valorisation agricole. Face à ces contraintes, la situation actuelle a-t-elle été modifiée ? »

Paru dans un rapport de 2007 de l'Académie des sciences sur les cycles biogéochimiques que nous avons déjà cité, le graphique ci-dessous représente la répartition de l'ensemble des résidus organiques épandus en France à cette période. Celle-ci est largement dominée par les déjections de bovins (83%), les résidus « autres » comptant pour moins de 5% de l'ensemble, dans lesquels figurent les boues et vidanges (2,4% rapportés au total général).

Résidus organiques épandus en France (matière brute, Kt)

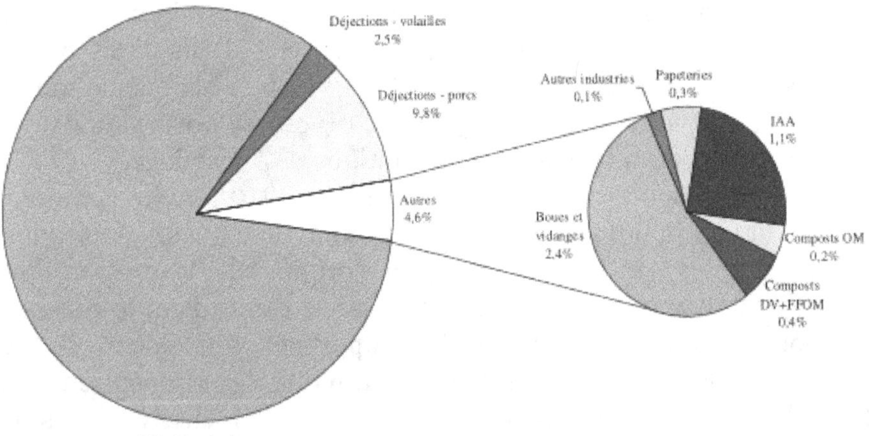

Source : Académie des sciences, op cit. p. 184
IAA : industries agroalimentaires ; OM : ordures ménagères ; DV : déchets verts ; FFOM : fraction fermentescible des ordures ménagères.

b-Intérêt de l'emballage « réutilisable » v/ le « jetable », oui si ...

Certaines études s'intéressent aux vertus écologiques des

emballages ou de certains produits réutilisables par rapport à ceux qui sont jetables. C'est une question que se pose aussi pour bon nombre de citoyen.en.s, pour les fruits, boissons, couverts, conserves, les couches pour bébé, etc., au moment de procéder à leurs achats. Un article du site internet Ecoconso en Belgique éclaire le sujet[1]. Inspiré par la méthode « ACV » d'analyse du cycle de vie et par celle de « l'écobilan », ce type de comparatif doit intégrer les trois dimensions que sont la finalité (avec le nombre de réutilisations de l'emballage ou du produit), la façon de le nettoyer (eau froide ou chaude notamment), et le transport qui entre en jeu (local ou non).

Cet article conclut que « si le réutilisable est préférable dans la grande majorité des cas, certaines conditions sont néanmoins importantes. (…) Le réutilisable est surtout pertinent là où il peut éviter de grandes quantités de déchets (événements, emballages) et où il est facile à mettre en place (sacs de transport, sacs pour fruits et légumes, cure-oreille...). Il ne remplacera cependant pas tous les objets jetables. Par exemple, un produit importé n'aura jamais intérêt à être emballé dans un emballage réutilisable si celui-ci doit être renvoyé dans le pays d'origine. Il y a donc un bon équilibre à trouver entre réutilisable et jetable-recyclable. Or c'est le recyclage qui a été particulièrement poussé ces dernières décennies. Il était temps, la prévention des déchets (souvent appelée aujourd'hui « zéro déchet », dont les objets réutilisables font partie) est la priorité en matière de gestion des déchets au niveau européen depuis pratiquement... 30 ans ! »

Le graphique ci-dessous illustre l'impact carbone concernant les types de récipients pour aliments (le réutilisable en partie gauche l'emporte largement), et l'affiche qui suit résume les recommandations au sujet des réutilisables.

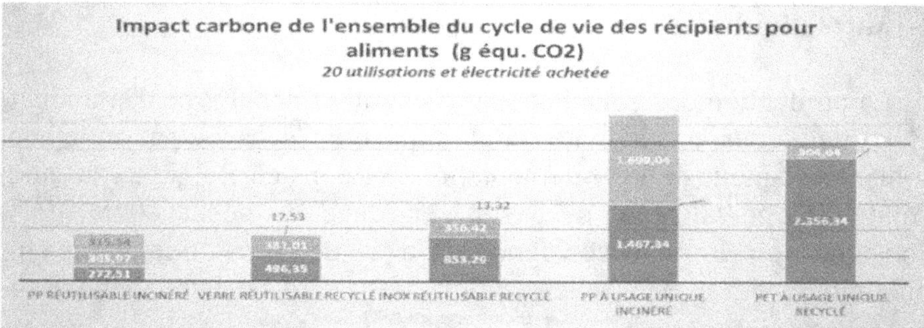

1 Site internet : www.ecoconso.be

Source : ICEDD. Impact carbone pour 20 utilisations. Au fur et à mesure du nombre d'utilisations, la part de la production des jetables grandit
PP et PET : plastiques

c-Luttes d'influence en matière d'emballage

La production des emballages en général et de tel type d'emballage en particulier est une activité économique qui n'échappe pas au jeu des influences autour de la réglementation. Restons en Belgique, où nous conduit Hugo Clément avec son reportage de début 2025 sur la consigne (ou la non consigne)[1]. On y découvre une campagne publicitaire qui a occupé les couloirs du métro de Bruxelles (sur le

1 Hugo Clément, « Verre, plastique : qui bloque le retour de la consigne ? », Sur le front, avril 2025, 9 mn,
Sur internet : https://www.youtube.com/watch?v=z-Wnk70aEmg

chemin des institutions européennes) pendant trois mois. Celle-ci présente un comparatif volontairement caricatural en faveur des emballages jetables par rapport à ceux qui sont réutilisables. Selon ces affiches, le jetable représente le bien-être et l'avenir, tandis que le réutilisable rime avec passé et insalubrité.

En France, le compte-rendu du « lobbying autour de la loi « AGEC » » (loi anti-gaspillage de 2020) publié par la Haute autorité pour la transparence de la vie publique (HATVP) rend également compte de l'intensité de telles démarches d'influence[1]. Le rapport, analysant les déclarations de 264 entités (organisations professionnelles, sociétés commerciales, associations, cabinets de conseil...), indique que ce texte a « cristallisé de nombreux débats qui ont fait émerger les différentes parties prenantes, parmi lesquelles des acteurs industriels, des acteurs de la filière recyclage et de la gestion des déchets et des associations environnementales. »

Parmi les stratégies à l'oeuvre, la HATVP a spécifiquement étudié celles relatives aux mesures de lutte contre la pollution plastique, l'obsolescence programmée, le gaspillage alimentaire et les dépôts sauvages de déchets. Concernant la sortie du plastique à usage unique d'ici 2040, « deux types de positions ont été défendues : des acteurs associatifs de la protection de l'environnement et de l'économie sociale et solidaire ont milité pour la fin du plastique à usage unique, tandis que des acteurs de l'industrie du plastique ont plaidé pour un report ou un allégement des règles relatives à son interdiction progressive. »

2-Différentes approches techniques ou méthodologiques : « ERC », « ACV » et « MTD »

Il est courant que les participants évoquent des notions techniques ou méthodologiques dans les projets et débats concernant les installations potentiellement polluantes. L'idée est ici de les évoquer non pas précisément, mais pour montrer dans quelle perspective elles sont utilisées. Nous évoquons ainsi la « séquence ERC » Eviter Réduire Compenser, la méthode « ACV » d'Analyse du Cycle de Vie, et l'esprit des « MTD » ou Meilleures Techniques Disponibles.

1 Haute autorité pour la transparence de la vie publique, Le lobbying autour de la loi « AGEC », 15/9/2022, 8 p.

21-La « séquence ERC »

La « séquence ERC » - Eviter Réduire Compenser – concerne les projets, plans et programmes relevant de l'évaluation environnementale en vertu de la réglementation en vigueur. Elle s'applique pour l'ensemble des thématiques de l'environnement et pas seulement pour les milieux naturels. L'urbanisme, l'énergie, la gestion de l'eau et de l'assainissement, des déchets, sont donc concernés. Un volet d'accompagnement s'y ajoute.

D'après le guide du Conseil général du développement durable (CGDD)[1] : « La séquence « éviter, réduire, compenser » a pour objectif d'établir des mesures visant à éviter les atteintes à l'environnement, à réduire celles qui n'ont pu être suffisamment évitées et, si possible, à compenser les effets notables qui n'ont pu être ni évités, ni suffisamment réduits. Le respect de l'ordre de cette séquence constitue une condition indispensable et nécessaire pour en permettre l'effectivité et ainsi favoriser l'intégration de l'environnement dans le projet ou le plan-programme.

L'ordre de la séquence traduit aussi une hiérarchie : l'évitement étant la seule phase qui garantisse la non atteinte à l'environnement considéré, il est à favoriser. La compensation ne doit intervenir qu'en dernier recours, quand tous les impacts qui n'ont pu être évités n'ont pas pu être réduits suffisamment.

La bonne mise en œuvre de la séquence ERC dès la phase de conception d'un projet ou d'un plan-programme peut renforcer par ailleurs l'acceptabilité sociale d'un projet ou d'un plan-programme en témoignant de la démarche itérative d'intégration de l'environnement dans la conception du projet de moindre impact. »

22-La méthode « ACV »

La prise en compte du temps (durée) que côtoient depuis toujours le jardinier et l'agriculteur, se diffuse désormais dans tous les pans de la production au travers de l'analyse en cycle de vie (ACV). Si l'on prend par exemple une automobile ou un immeuble, l'ACV permet d'appréhender plus complètement les impacts environnementaux, dès lors qu'outre les phases d'usage et d'exploitation classiquement pris en compte, on est désormais en capacité d'intégrer les phases de conception et de réalisation situées en amont, mais aussi celle de l'aval

1 Conseil général du développement durable, Évaluation environnementale - Guide d'aide à la définition des mesures ERC, janvier 2018, 134 p.

(recyclage, déconstruction, démantèlement) en ayant pris soin d'identifier au préalable toutes les étapes du « cycle de vie ». On révèle ainsi souvent des impacts a priori « cachés » (surtout si la production est délocalisée par exemple).

C'est bien ce qui se passe quand on applique la méthode au comparatif entre la voiture à moteur thermique et la voiture électrique. En effet, les composants de cette dernière ont nécessité l'extraction de minéraux « rares » pour fabriquer la batterie, entre autres, et l'électricité nécessaire à la conduite est plus ou moins « verte » selon le « mix » dont elle découle (par rapport au type d'énergie à la source : renouvelable, fossile ou nucléaire). Il faut donc intégrer les différents stades dans le raisonnement, de la conception à la fin de vie du produit ou de l'équipement en question.

De même, l'ACV est mobilisée pour comparer les différentes solutions d'emballages. L'ADEME y consacre tout un ouvrage à l'usage des professionnels (et des curieux), paru en 2022, dans lequel elle avertit que le nouveau contexte réglementaire (loi AGEC …) va « conduire à une évolution notable du secteur des emballages (innovations, développement de solutions et d'alternatives, etc.). Cette évolution engendre un réel besoin de pouvoir comparer les impacts environnementaux de différentes solutions d'emballages, qu'elles soient existantes ou en cours de développement. »[1]

L'assainissement n'est pas en reste. La revue Gestion & Management public lui consacre en 2017 un article intitulé : « L'Analyse du Cycle de Vie, nouvel outil d'évaluation environnementale à l'appui des politiques publiques locales : Quelle appropriation par les services d'assainissement ? »[2] Notons au passage que cet article très fouillé indique que, sur le panel de cas étudié, « Le coût intervient en 3e position et la dimension environnementale (hors normes de rejet) quasiment à la marge et sur des aspects essentiellement locaux (proximité des habitations, nuisances olfactives) », tout en démontrant « la force du référentiel réglementaire qui contraint l'action publique. »

---

1 ADEME, Cadre de référence – ACV comparatives entre différentes solutions d'emballages, janvier 2022, 147 p.

2 Laetitia Guérin-Schneider et Marie Tsanga Tabi (appel à projets Irstea), L'Analyse du Cycle de Vie, nouvel outil d'évaluation environnementale à l'appui des politiques publiques locales : Quelle appropriation par les services d'assainissement ? In Revue Gestion & Management public | Vol. 5, n°4 - juin-juillet 2017, p. 61-83

23-L'esprit des « MTD »

La révision récente de la directive européenne sur les émissions industrielles (directive « IED ») que nous avons mentionnée au chapitre 3 ainsi que les 33 secteurs d'activités auxquels elle s'applique, a permis de mettre en lumière le rôle décisif joué par les « MTD » - meilleures techniques disponibles. Pour chaque secteur d'activités, les MTD reposent sur un volumineux référentiel appelé BREF (best references). Ces documents MTD et BREF fondent la définition des valeurs limites d'émission et des autres conditions de l'autorisation délivrée par l'autorité publique (voir notre section sur les installations classées pour la protection de l'environnement).

Dans leur article pour les Annales des mines sur la révision de la directive IED[1], Jean-Luc Perrin et Loïc Malgorn précisent : « Les MTD, définies à l'article 3 de la directive, sont « le stade de développement le plus efficace et le plus avancé des activités et de leurs modes d'exploitation, démontrant l'aptitude pratique de techniques particulières à constituer la base des valeurs limites d'émission et d'autres conditions d'autorisation visant à éviter et, lorsque cela se révèle impossible, à réduire les émissions et l'impact sur l'environnement dans son ensemble ». Certaines industries seront appelées à se doter d'un « plan de transformation » au cours de la période 2030-2050. Ces documents techniques sont accessibles via le site internet de l'Ineris par exemple (Institut national de l'environnement industriel et des risques).

Dans le même numéro des Annales des mines, Christian Schaible du Bureau européen de l'environnement[2], précise que cette directive « couvre environ 50.000 activités industrielles qui sont responsables d'environ 40% des émissions de gaz à effet de serre de l'UE, 50% des émissions de polluants de l'air, et 20% en flux pour les émissions dans l'eau avec un coût externe évalué entre 277 et 433 milliards d'euros par an. » (op cit. p. 39)

Ces deux articles proposent deux lectures de l'évolution de la directive auxquelles chacun pourra se reporter.

Ces différentes méthodes ou techniques ont plusieurs vertus : expliciter les problèmes et permettre de proposer au long cours des évolutions des procédés et des organisations, fournir un étalon pour

1 Jean-Luc Perrin et Loïc Malgorn, « Révision de la directive IED » in Annales des Mines, n° 114, avril 2024, p. 36-38

2 Christian Schaible, « Vision du Bureau européen de l'Environnement pour la révision de la directive IED » in Annales des Mines, n° 114, avril 2024, p. 39-50

les décisions des pouvoirs publics en matière de réglementation, oeuvrer de manière collective avec un certain formalisme (un « vocabulaire ») à l'intérieur d'un secteur professionnel donné comme plus largement en partage avec le grand public, etc. D'un autre côté, elles participent à rendre acceptables des pratiques et des productions potentiellement problématiques pour la santé humaine comme pour la nature, nourrissant peu ou prou, dans certains domaines, ces « activités dangereuses » que nous avons évoquées précédemment.

3-« La dilution, l'ultime solution »

Prenons l'exemple d'une boisson désaltérante en été, la menthe à l'eau. Je verse un peu de sirop dans mon verre puis je complète avec une bonne quantité d'eau. Le sirop et l'eau se mélangent jusqu'à présenter un liquide homogène. La saveur du sirop s'est diffusé dans l'eau de même que sa couleur intense, devenue vert pâle.

Si la hauteur de sirop dans mon verre (réutilisable) gradué de forme cylindrique régulière est de 0,5 cm et que je complète avec l'eau jusqu'à 10 cm, on dira que le mélange est à 0,5 / 10 = 0.05 = 5%.

La concentration est associée à un état de dilution donné. Dans notre cas la concentration en sirop dans le verre est de 5%.

Pour des proportions beaucoup plus petites, on utilise couramment l'unité « ppm » ou partie par million. C'est comme si on avait versé dans notre verre (en supposant que cela soit concrètement possible) 1 infime goutte de sirop (1 millionième) pour 999999 gouttes d'eau. Le sirop ne serait sans doute pas perceptible dans cette nouvelle boisson mais pourtant bien présent.

Quand la substance n'est pas un sirop inoffensif mais un produit nocif actif, on doit surveiller cette proportion ppm. Et il importe aussi de surveiller la présence éventuelle d'autres substances pouvant déclencher un « effet cocktail ». Cet effet résulte des propriétés relatives à un mélange et pas seulement à la présence des différents produits pris isolément.

Ce qui paraît simple pour une soirée trop bien arrosée, où mon corps a ingéré une trop grande quantité d'alcool (là ce n'est plus la menthe à l'eau !) peut être beaucoup plus compliqué pour certaines substances aux effets méconnus. On sait dans le cas de l'alcool qu'à partir de 0,5 gramme par litre de sang je n'ai plus le droit de conduire, car mes capacités seront altérées, puis mon état va empirer encore si la dose monte, jusqu'à risquer la mort à partir de 3,8 grammes par litre.

La toxicologie étudie ce type de problèmes. La nature du milieu et la durée vont jouer sur la dilution et ses effets. Ce n'est pas la même chose quand un émissaire d'eaux usées traitées se jette au large dans l'océan traversé par les courants qui brassent l'eau, ou s'il se jette dans une baie protégée où l'eau est plus calme. Et si ça dure depuis 1 an ou depuis 30. De même si je séjourne longtemps à proximité d'une source de rayonnement électromagnétique potentiellement dangereuse, ou si je ne fais que passer à proximité rapidement, limitant le temps d'exposition. L'air, l'eau, les sols et le vivant sont tous ces milieux dans lesquels opère la dilution.

C'est ainsi que Jarrige et Le Roux (encore eux), évoquent « la dilution, l'ultime solution » au 19° siècle : « Durant tout le siècle et partout dans le monde, compte tenu des limites des régulations administratives ou judiciaires, et des imperfections des dispositifs de recyclage, le mode de résolution des pollutions reste la dilution. Celle-ci est à la fois atmosphérique et aquatique, mais l'éloignement garde encore la préférence des institutions à partir du moment où les chemins de fer la rendent possible. Dans son Traité de 1870, Freycinet résume parfaitement les principes qui guident les autorités et les techniciens : « L'isolement des usines [...] est le premier moyen qui s'offre à l'esprit »; le deuxième est la construction de hautes cheminées pour disperser les émanations toxiques dans l'atmosphère car « les dommages devaient diminuer pour le moins en raison de ladite hauteur » ; la troisième est « ce que nous nommons les débouchés naturels », c'est-à-dire les fleuves à haut débit et la mer. » (op cit. p. 196)

Ils ajoutent, évoquant à la fois le chemin de fer naissant et la pratique du « tout à la mer » (vrai aussi pour les fleuves) : « Ce processus de dilution spatiale se joue à différentes échelles, celles de la ville, de la région ou du monde. » (op cit. p. 199) C'est ce que nous allons voir maintenant au titre de « l'externalisation ».

4-Quand l'externalisation des déchets confine aux trafics internationaux frauduleux

Si j'habite une résidence collective où le tri des biodéchets n'est toujours pas prévu, mais que j'ai la chance d'avoir des amis dans le quartier pavillonnaire voisin, alors je peux régulièrement leur apporter mon « bio seau » contenant les épluchures de la semaine, les coquilles d'oeuf, etc. D'une certaine façon, « j'exporte » mes déchets à courte distance. Les amis disposant du bac nécessaire et les chats du quartier assurant la régulation de la population de rongeurs qui pourrait être attirés par le stockage de ces déchets en décomposition, tout le monde est content. Et régulièrement je peux récupérer quelques légumes gratuits en échange de mes déchets devenus fertilisants au potager. C'est un jeu « gagnant - gagnant » comme on dit. Et c'est aussi vrai à l'échelle collective : j'évite l'encombrement de l'incinérateur ou du centre d'enfouissement le plus proche, ainsi que d'alourdir le travail des agents et du camion-benne assurant la collecte des ordures ménagères. Mais il n'en est pas toujours ainsi. Et dans bien des cas, de vastes transferts de déchets ou de pollutions s'opèrent loin des consommateurs, avec des conséquences en termes de nuisances, mais pas seulement.

L'histoire rapportée dans un article du Courrier international sur la cessation début 2018 de la Chine de ses importations de bon nombre de déchets venant de l'hémisphère nord (Etats-Unis, Europe) est édifiante[1]. On y comprend comment une « zone grise » de trafic frauduleux a pris une ampleur considérable, servie d'une part par la mauvaise « qualité » des déchets en Chine même au détriment de l'industrie nationale privée d'une large réutilisation, et d'autre part le souhait de valoriser les immenses porte-conteneurs qui sans cela avaient toute chance de retourner à vide vers leur port d'attache chinois après avoir livré leur cargaison de produits manufacturés « made in China », occasionnant une perte économique.

Ainsi, précise l'article, l'organe central chinois en vient à prévoir l'arrêt pour fin 2017 au plus tard de « toute importation de déchets solides présentant des risques importants pour l'environnement et pour la santé de la population tels que les déchets plastiques issus de la vie courante, les vieux papiers non triés, certaines matières textiles et des déchets provenant de la fabrication de l'acier (contenant notamment des résidus de vanadium). (...) D'ici fin 2019, la Chine arrêtera d'importer les déchets solides pouvant être remplacés par des produits locaux. » Les volumes concernés à cette date sont colossaux (dépassant la moitié des volumes mondiaux), notamment pour les déchets plastiques : en 2016, il s'agit par exemple de 7,3 millions de tonnes de plastiques, pour une valeur de 3,7 milliards de dollars. Pour les métaux usagers en provenance des Etats-Unis, le montant est encore supérieur, avec 5,6 milliards de dollars la même année.

Cette décision est motivée par des considérations environnementales. Ainsi, selon l'article, le ministère chinois de l'environnement explique : « Nous constatons que de grandes

1 Guoji Jinrong Bao, « Recyclage. La Chine ne veut plus être la poubelle du monde » in Courrier international, 24 janvier 2018

quantités d'ordures souillées et de détritus dangereux sont mélangées à des déchets solides recyclables, ce qui entraîne une forte pollution de l'environnement en Chine. (…) Afin de protéger l'environnement et la santé publique, il est urgent de procéder à une révision de la liste des déchets solides dont l'importation est autorisée et d'interdire l'entrée sur notre territoire des déchets solides les plus polluants. »

Cet article fait écho à la situation française, telle qu'elle ressort du rapport établi par le CGEDD à la suite de la publication de la loi anti-gaspillage de 2020[1]. « En 2020, la France a exporté 12 millions de tonnes de déchets industriels et ménagers (hors agriculture, agro-alimentaire et bâtiments et travaux publics (BTP)), pour une valeur de 3,8 milliards d'euros, selon les sources du commerce extérieur incluant les transferts vers d'autres pays de l'Union européenne, qui concentrent plus de 80% du total de ces exportations françaises. La tendance est plutôt a la baisse au cours des années récentes. » Le document évoque également l'effondrement des importations de la Chine à compter de 2017. Il mentionne aussi des « trafics en large partie illicites » pour certains gisements de produits en fin de vie, « équipements électriques et électroniques et véhicules au premier chef ». Face à cela, une amélioration notoire de la qualité des statistiques est attendue, ainsi que l'actualisation des outils juridiques existants, tels la convention de Bâle[2] et le règlement européen relatif aux transferts de déchets (dont la nouvelle version est parue le 11 avril 2024 abrogeant le texte de 2006).

Toutefois, dans sa conclusion, le rapport « assure que l'exportation légale des déchets par les entreprises françaises se déroule dans des conditions globalement respectueuses de l'environnement et de la santé humaine. »

---

1 CGEDD, Le devenir des déchets exportés à l'étranger par la France, Rapport n° 013750-01, Février 2022, 292 p.

2 Sur internet www.basel.int

Chapitre 8
Agir sur le contexte :
Questions de densité et d'échelle

Ce chapitre vise à mettre en relief diverses réflexions et actions possibles qui aillent au-delà des pratiques courantes, en interrogeant les structures mêmes dans lesquelles sont générés les déchets, rejets et pollutions. On développe ainsi le sujet des densités de population (section 1) et celui des outils juridiques internationaux (s. 2), en terminant sur deux illustrations pratiques (s. 3), l'une visant la ville en général (villes « zéro déchet »), l'autre visant les activités et « l'empreinte matière », notion largement méconnue (démarche d'écologie industrielle et territoriale).

1-Densités et « super densités »

11-Population, ressources et façons de vivre

a-Le grand écart en matière de densité géographique et de revenu

On ne peut pas appréhender la question des déchets, rejets et pollutions sans se forger une vision de la population humaine et de ses dynamiques tant spatiales que temporelles. Comme nous l'avons indiqué dans un autre ouvrage centré sur l'agriculture et l'alimentation[1] : « Il est évidemment plus facile de nourrir une population peu nombreuse sur une grande superficie de terres riches, qu'une population importante sur de faibles surfaces qui plus est peu propices à la culture ou à l'élevage, cela d'autant plus sans position côtière qui permettrait de bénéficier des ressources halieutiques (pêche, aquaculture). En cas de déficit, l'ajustement doit alors se faire par les importations, ce qui pose d'autres questions. » Autant dire que tous les pays ne sont pas logés à la même enseigne en la matière, indépendamment même des techniques agricoles disponibles.

1 Daniel Ducher, Agriculture et alimentation – un autre modèle est possible, Editions Libre & Solidaire, à paraître, voir le chapitre 1er

Le tableau et le graphique ci-dessous donnent un aperçu de la situation actuelle et des dynamiques tant passées que présentes. D'après le graphique sur le temps long, la population mondiale s'élève à environ 6 millions à l'aube du Néolithique, période souvent retenue comme marqueur d'une nouvelle étape majeure de l'humanité il y a environ dix mille ans. Puis elle entre dans une ère nouvelle au 18° siècle jusqu'à la situation que nous connaissons aujourd'hui, avec une croissance démographique sans précédent portant la population mondiale à 8 milliards d'habitants en 2024.

Le tableau ci-dessous en donne des éléments clés. L'Asie avec plus de 4 milliards d'habitants regroupe aujourd'hui la moitié de la population mondiale, devant le continent africain avec 1,5 milliard, où la croissance reste la plus forte, l'Europe continentale (où la population a commencé à diminuer) et les autres continents (Amériques, Océanie). Les dynamiques démographiques actuelles sont très variables d'un continent à l'autre.

Population mondiale 2023 : quelques indicateurs démographiques

Continents	Population totale (en millions)	Taux de natalité (o/oo)	Taux de mortalité (o/oo)	Espérance de vie (années)	Taux de mortalité infantile (pour 1000 naissances)	Nombre d'enfant(s) par femme	Taux de croissance (o/oo)	Population de 65 ans et plus (en millions)
AFRIQUE	1460	32	8	63	43	4,2	23	51
AMÉRIQUE SUD	665	14	7	76	12	1,8	8	63
AMÉRIQUE NORD	379	11	9	80	5	1,6	6	67
ASIE	4753	14	7	75	21	1,9	7	472
EUROPE	742	9	11	79	3	1,5	-1	148
OCÉANIE	46	15	7	79	15	2,1	12	6
MONDE	8045	17	8	73	27	2,3	9	808

Etabli d'après : Institut national d'études démographiques - www.ined.fr

Source : World Population Prospects. Nations Unies. 2022</br>

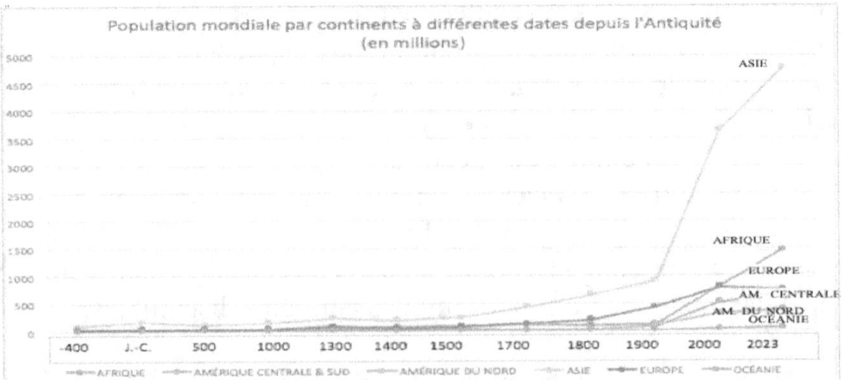

Outre la population, la production de déchets, rejets et pollutions est bien entendu déterminée par les niveaux et les modes de vie. Or, selon le Programme des Nations-Unies pour l'environnement (PNUE), « des inégalités fondamentales sont au cœur de l'utilisation mondiale des ressources : les pays à faible revenu consomment six fois moins de matériaux et génèrent dix fois moins d'incidences sur le climat que les pays à revenu élevé. L'utilisation des ressources dans les pays à revenu intermédiaire supérieur ont plus que doublé au cours des 50 dernières années en raison de leur croissance, en particulier dans le domaine de l'infrastructure. La délocalisation des processus à forte intensité d'utilisation de ressources des pays à revenu élevé dans ces pays est également une des raisons de cette croissance. Dans le même temps, l'utilisation des ressources par habitant et les incidences sur l'environnement qui en découlent dans les pays à faible revenu sont restés relativement faibles et pratiquement inchangés depuis 1995. » Face à cela, le rapport 2024 du Groupe international d'experts sur les ressources (IRP) fait montre d'optimisme, en affirmant que « des changements politiques radicaux peuvent permettre à l'humanité de vivre selon les ressources disponibles et de réduire d'un tiers la croissance prévue de l'utilisation des ressources, tout en développant les économies, en améliorant le bien-être et en minimisant les effets nocifs sur l'environnement. »[1]

b-Les alertes sur « l'effet population »

La question du rapport entre les ressources et la population est de longue date étudiée, de « l'effet population » à « l'effet mode/niveau de vie ». L'ouvrage de l'économiste britannique Thomas-Robert Malthus « Essai sur le principe de population » de 1798 (avec une édition revue en 1803) est le plus connu de ces travaux, à tel point que l'adjectif « malthusien » a été formé (puis « néo malthusien »). Le dernier paragraphe du chapitre 1er consacré à « l'exposition du sujet » indique : « Le rythme d'accroissement de la population, de période en période, l'emporte donc tellement sur celui de l'augmentation des subsistances, que pour maintenir le niveau et pour que la population existante trouve toujours des aliments en quantité suffisante, il faut qu'à chaque instant une loi supérieure fasse obstacle à son extension. Il faut que la dure nécessité la soumette à son empire, et que celui de ces

---

1 ONU Programme pour l'environnement,
sur internet : https://www.unep.org/fr/actualites-et-recits/communique-de-presse/les-pays-riches-utilisent-six-fois-plus-de-ressources-et

deux principes opposés dont l'action est tellement prépondérante soit contenu dans d'étroites limites. »[1]

Plus près de nous, le sujet est intensément débattu au tournant des années 1960/1970, avec la parution successive aux Etats-Unis de « La bombe P » (« The Population Bomb ») des biologistes Paul et Anne Ehrlich[2], en 1968, et du « rapport Meadows » sur les « limites à la croissance » dans un monde fini, paru en 1972 et émanant d'un groupe de jeunes chercheurs du MIT pour le compte du Club de Rome.

Un article d'Educsol propose de prendre du recul par rapport à ces débats. Il indique par exemple, citant le démographe Yves Charbit au sujet de Malthus : « la pensée de Malthus est plus complexe que ce qu'on en dit habituellement, notamment parce qu'il avait proposé plusieurs scénarios, dont un qui prévoyait la croissance du secteur agricole, en contradiction avec l'idée d'un plafond des subsistances habituellement attachée à son nom. »

La première et la seconde conclusions du Rapport Meadows[3] indiquent quand à elles, non sans rappeler le rapport onusien que nous venons de citer :

1.Si les tendances actuelles de croissance de la population mondiale, de l'industrialisation, de la pollution, de la production alimentaire et de l'épuisement des ressources se poursuivent, les limites de la croissance sur cette planète seront atteintes au cours des cent prochaines années. Le résultat le plus probable sera un déclin plutôt soudain et incontrôlable de la population et de la capacité industrielle.

2.Il est possible de modifier ces tendances de croissance et d'établir une condition de stabilité écologique et économique durable dans le futur. L'état d'équilibre global pourrait être conçu de manière à ce que les besoins matériels de base de chaque personne sur terre soient satisfaits et que chaque personne ait une chance égale de réaliser son potentiel humain individuel.

On pourrait multiplier les contributions. Terminons par l'examen de l'équation ou « identité de Kaya » de l'économiste japonais du même nom, formulée en 1993. Cette équation pose une égalité entre le volume des émissions de CO2 (côté gauche de l'équation) et quatre

---

1 Thomas-Robert Malthus, « Essai sur le principe de population », 1798, édition électronique réalisée par Jean-Marie Tremblay, bénévole, professeur de sociologie au Cégep de Chicoutimi (Québec), p. 12

2 50 ans après Ehrlich et « La Bombe P », faut-il (re)lire Malthus et les malthusiens ? Géoconfluences, Educsol, 26/01/2018

3 Meadows, Meadows, Randers, Behren, The limits to growth, Universe Books, New-York, 1972, 205 p., notamment l'Introduction p. 17-24.

termes dont la population (POP) et la production par habitant (PIB / POP), mais aussi l'intensité de la production en énergie (TEP / PIB) et l'intensité de l'énergie en CO2 (CO2 / TEP).

Dans un article de 2014, le spécialiste des énergies Jean-Marc Jancovici, explore cette équation en détaillant tous ces termes, et en proposant des chiffrages[1].

Concernant le volume de C02, il rappelle que pour cesser d'enrichir l'atmosphère en gaz carbonique il faut diviser les émissions mondiales de 2010 par un facteur 3 au moins (en prenant l'horizon de 2050 ce qui fixe une durée – 40 ans - et donc un rythme).

Par ailleurs, on sait que la population continue de croître sur cette période (le chiffre retenu est un facteur 1,33) et que la production par habitant continue de croître également (hypothèse d'un facteur 2,2 sur la durée totale de la période 2010 2050).

Cela reporte donc les « efforts » sur les deux termes de la partie droite de l'équation que sont :

-l'intensité énergétique de la production (TEP / PIB) qui devrait pouvoir être divisée par 2,

-et plus encore l'intensité carbone de l'énergie (CO2 / TEP) qui devrait pouvoir être divisée par 4,5,

comme indiqué dans l'équation ci-dessous tirée de l'article cité :

L'équation de Kaya selon Jean-Marc Jancovici

$$CO2 = \frac{CO2}{TEP} \times \frac{TEP}{PIB} \times \frac{PIB}{POP} \times POP$$

CO2	CO2 / TEP	TEP / PIB	PIB / POP	POP
$x\frac{1}{3}$	$x\frac{1}{4,5}$	$x\frac{1}{2}$	x 2,2	x 1,3
↘	↓	↘	↗	→

Compte tenu de l'épuisement certain à terme des stocks d'énergies fossiles et des limites à développer les autres énergies (renouvelables, nucléaire), de même que des difficultés à diminuer encore fortement l'intensité énergétique de la production (ç'est-à-dire moins d'énergie pour produire davantage), il paraît inéluctable que la production et donc le niveau / mode de vie, ainsi que la population, doivent entrer

1 Jean-Marc Jancovici, Qu'est-ce que l'équation de Kaya ? 1/6/2014, Sur internet : https://jancovici.com/changement-climatique/economie/quest-ce-que-lequation-de-kaya/

en ligne de compte dans la conduite des sociétés au 21° siècle.

c-En route vers les étoiles avec les « techno-optimistes »

Le "Manifeste du mouvement techno-optimiste" de Marc Andreessen[1], figure de la "tech" de la Silicon Valley, mérite qu'on s'y arrête. Il pose qu'il existe trois sources de croissance qui sont la démographie, les ressources naturelles et la technologie. Selon lui, l'intelligence humaine et l'énergie devraient être poussées a l'infini car « le progrès technologique conduit à l'abondance matérielle pour tous », même avec une population de 50 milliards ou plus « quand nous aurons colonisé d'autres planètes ». Il s'agit là, dit-il, d'une « philosophie matérielle », d' une « vision sous contraintes », non utopique, non politique, qui relègue toutes les idées de développement durable, décroissance, principe de précaution et autres, aux oubliettes de l'histoire. Même si « l'expansion de l'énergie ne doit pas se faire au détriment de l'environnement naturel », ce qui est possible selon lui grâce à « la solution miracle pour une énergie pratiquement illimitée et sans émissions : la fission nucléaire. » Ces propos peuvent paraître outranciers mais notons que :

-ils correspondent à la vision de l'élite dirigeante actuelle de la plus puissante nation du monde, les États-Unis d'Amérique ;

-les principes qui les fondent sont déjà à l'œuvre, de manière plus ou moins explicite, dans beaucoup de décisions majeures d'aujourd'hui, alors qu'il ne se passe pas un jour sans annonce d'un nouveau programme d'exploration, d'extraction ;

-au-delà même, ils sont profondément ancrés dans une grande partie du monde où le rapport à la nature a fait place au rapport à la technosphère.

Les films de science-fiction « Avatar » de James Cameron (le premier en 2009) illustrent de manière sensible et formidablement imagée ce type de problématique.

12-Ces « super densités » aux effets diversement appréhendés

Nous avons évoqué au sujet du Bassin d'Arcachon (chapitre 6) les problèmes posées par la pression démographique et la fréquentation touristique par définition saisonnière et plus limitée dans le temps. Plus généralement, nos sociétés sont confrontées à des phénomènes de

---

1 Marc Andreessen, Manifeste du mouvement techno optimiste, 2023, in L'empire de l'ombre, Le Grand continent, Gallimard, 2025, p. 117-145

type « heure de pointe » (transports, fourniture d'électricité, parkings de supermarchés, équipements divers) conduisant à des dimensionnements toujours plus importants des (infra) structures supports de ces services. Il faut alors pouvoir transporter le maximum de passagers sur deux séquences horaires dans la journée (migrations alternantes professionnelles), délivrer le maximum d'énergie sur certains créneaux (quand les gens rentrent du travail), etc. On se situe là dans une optique de « disponibilité » maximum, avec le surcroît de pollution et de nuisance qui en découle. Certaines villes se dotent d'ailleurs de « politiques temporelles » comme elles ont des politiques d'aménagement de l'espace. C'est sans doute plus qu'une option.

2-Des accords internationaux en nombre mais la pollution plastique toujours à l'écart

S'agissant des échelles, il existe de nombreux documents juridiques internationaux concernant l'environnement et plus spécialement les déchets. Parmi ceux-ci, certains :

-visent les effets néfastes des produits chimiques et des déchets dangereux[1], notamment :

--la Convention de Bâle sur les mouvements transfrontières de déchets dangereux et leur élimination (1989) ;

--le Protocole de Montréal sur les substances appauvrissant la couche d'ozone et ses amendements (1987) dont l'Amendement de Kigali, entré en vigueur en janvier 2019, qui a inclus les hydrofluorocarbures ;

--la Convention de Rotterdam sur la procédure de consentement préalable en connaissance de cause (PIC) applicable à certains produits chimiques et pesticides dangereux qui font l'objet d'un commerce international (1998) ;

--la Convention de Stockholm sur les polluants organiques persistants (POP) (2004) ;

--l'Approche stratégique pour la gestion internationale des produits chimiques (SAICM, 2006-2020) ;

--la Convention de Minamata sur le mercure (2013) ;

-visent (ou viseraient) le plastique, avec un traité mondial pour mettre fin à cette pollution : « 400 millions de tonnes de déchets

---

1 Sur internet :
https://www.diplomatie.gouv.fr/fr/politique-etrangere-de-la-france/climat-et-environnement/la-protection-de-l-environnement-et-la-lutte-contre-les-pollutions/gestion-internationale-des-produits-chimiques-et-des-dechets-dangereux/

plastiques sont générés chaque année et polluent l'ensemble des milieux, en premier lieu terrestres » mais aussi océaniques, précise le ministère en charge de l'écologie ; malheureusement le texte se heurte à des oppositions conduites par un bloc minoritaire de pays producteurs de pétrole ;

-concernent plus spécialement le territoire de la Communauté européenne : le règlement du 11/4/2024 relatif aux transferts de déchets modifie les règlements (UE) n° 1257/2013 et (UE) 2020/1056 et abroge le règlement (CE) n° 1013/2006 ; il indique dans son premier « considérant » :

Il est nécessaire d'établir des règles au niveau de l'Union en vue de protéger l'environnement et la santé humaine contre les incidences négatives pouvant résulter du transfert de déchets. Ces règles devraient également contribuer à faciliter la gestion écologiquement rationnelle des déchets, conformément à la hiérarchie des déchets établie à l'article 4 de la directive 2008/98/CE du Parlement européen et du Conseil (.), à réduire les incidences globales de l'utilisation des ressources ainsi qu'à améliorer l'efficacité de cette utilisation, ce qui est essentiel pour réussir la transition vers une économie circulaire et atteindre la neutralité climatique d'ici à 2050.

3-Des démarches volontaristes de villes et de territoires industriels

Comme pour les outils juridiques, il existe des initiatives pour promouvoir tant des pratiques plus respectueuses de l'environnement en général qu'une prise en compte accrue des déchets. Ainsi pour l'environnement, on peut citer la charte d'Aalborg (Danemark) pour la durabilité (adoptée le 27 mai 1994), de même que toutes les démarches d' « écoquartiers ». En matière de déchets, on s'attache ci-après à évoquer les « villes Zéro déchet », ainsi que la démarche de l' « EIT » d'écologie industrielle territoriale. De fait, les communautés volontaires (publiques, privées ou mixtes le plus souvent) agissent ainsi sur la structure même du fonctionnement des services urbains ou de l'organisation productive.

31-Villes « Zéro déchet »

"Zero Waste Cities" est un terme utilisé par Zero Waste Europe pour son programme qui a pour but d'aider les villes et les communautés à passer au zéro déchet. D'après le document de présentation[1], il s'agit de « Toute municipalité qui s'est engagée à devenir zéro déchet dans un délai précis, par la mise en œuvre de politiques locales créant un système qui ne génère tout simplement pas de déchets en premier lieu. » Le tableau suivant illustre l'exemple d'une ville "zéro déchet" comparée à une ville n'ayant pas pris un tel engagement (citation). On cite Roubaix et Besançon pour la France. On y retrouve logiquement le tri à la source, la tarification incitative, l'attention aux fournisseurs et aux contrats, le suivi statistique pour pouvoir ajuster les mesures dans la durée, la préférence au réutilisable plutôt qu'au jetable.

Ville dotée d'un système traditionnel de gestion des déchets	***Ville avec un système de zéro déchet***
Différents matériaux recyclables sont collectés ensemble dans un sac ou un bac.	*Les matériaux recyclables sont collectés séparément dans différents sacs et poubelles.*
Les citoyens déposent leurs matériaux recyclables dans des poubelles communes dans la rue.	*Les citoyens séparent les matières recyclables dans des bacs à la maison qui sont collectés dans les trottoirs.*
Les citoyens ne compostent pas leurs déchets organiques.	*Les citoyens reçoivent des équipements et une formation sur le compostage à domicile, tandis que des centres de compostage communautaires sont créés avec l'aide de la ville.*
Tous les citoyens paient une taxe standard sur les déchets.	*Les citoyens paient une taxe sur les déchets qui varie en fonction du volume de déchets qu'ils produisent.*
La ville a un contrat fixe à long terme avec une décharge ou un incinérateur.	*La ville dispose d'une option flexible d'élimination des déchets résiduels qui ne contraint pas à une production continue de déchets.*
Les entreprises qui souhaitent proposer des produits réutilisables doivent le faire elles-mêmes	*Les entreprises qui souhaitent proposer des alternatives réutilisables reçoivent un soutien financier et/ou des connaissances et/ou sont mises en*

1 Sur internet : www.zerowasteeurope.eu voir aussi l'ouvrage de l'association : Territoires Zéro Waste – guide pratique pour révolutionner la gestion locale des déchets, Editions Rue de l'échiquier, 2019. A noter qu'il existe par ailleurs le blog et l'ouvrage « Famille zéro déchet » de Jérémie Pichon et Bénédicte Moret, Thierry Souccar Editions, 2016, 256 p.

	contact avec des entreprises qui peuvent fournir les produits/infrastructures réutilisables.
La ville ne dispose pas de données sur les déchets qui ne sont pas recyclés.	*La ville effectue régulièrement des évaluations des déchets résiduels afin de comprendre la composition des déchets non recyclés actuels et s'en sert pour informer les futurs processus d'élaboration des politiques.*
Les événements, bâtiments et espaces publics proposent des articles à usage unique, comme des couverts et des tasses.	*Sur la base d'une politique commune, les événements, bâtiments et espaces publics ne proposent que des options réutilisables.*
Les citoyens ne savent pas où ils peuvent apporter les articles qui ont besoin d'être réparés et qui, sinon, seront jetés et constitueront des déchets.	*Les citoyens peuvent facilement accéder à des informations sur un grand nombre de possibilités de réutilisation et de réparation dans la ville.*

32-Les démarches d'écologie industrielle territoriale révèlent « l'empreinte matières »

L'écologie industrielle territoriale (EIT) repose sur l'analyse des flux de matières brutes et pas seulement des déchets à l'échelle d'un territoire donné, scrutant le « métabolisme territorial ». Sabine Barles, dont c'est la spécialité, restitue dans un article de 2014 différentes études[1] : « Ces études de cas montrent que le bilan de matière reflète assez fidèlement les caractéristiques socio-économiques des territoires (en particulier ruralité versus urbanité), que leur matérialisation se traduit par des stocks grandissants et des émissions considérables vers la nature qui relativisent (notamment) les politiques de recyclage mises en œuvre par les collectivités territoriales et autres acteurs de la gestion des déchets. La désagrégation des bilans montre que les trois flux principaux en masse sont ceux de matériaux de construction, de produits agricoles et alimentaires et de combustibles fossiles (le rang des deux derniers pouvant s'inverser selon le pôle ruralité versus urbanité). » A titre d'illustration de la méthode, voici ses résultats pour

1 Sabine Barles, « L'écologie territoriale et les enjeux de la dématérialisation des sociétés : l'apport de l'analyse des flux de matières », Développement durable et territoires [En ligne], Vol. 5, n°1 | Février 2014,
URL : http://journals.openedition.org/developpementdurable/10090 ;
DOI : 10.4000/developpementdurable.10090

le territoire de Midi-Pyrénées en 2006 :

« Ces chiffres, qui tournent autour de la demi-tonne par an (ndr : déchets collectés par le service public par habitant), nous permettent de jauger l'ampleur des flux de matières qui circulent à travers une région telle que Midi-Pyrénées : les entrées directes de matière sont cinquante fois plus élevées (26 t/hab), les rejets vers la nature près de vingt fois (9 t/hab).

Les flux entrants traduisent l'importance de l'extraction locale, sur laquelle nous reviendrons, qui en représente environ les deux tiers. Quant aux sorties, elles se répartissent entre trois postes d'ordre de grandeur voisin : les exportations, l'addition au stock et les rejets vers la nature. On mesure ainsi l'imperfection des comptabilités matérielles classiques, qui se concentrent sur les flux de matières associés à des flux monétaires et ne permettent de considérer ni le stock et son augmentation, ni les rejets vers la nature. La prise en compte du premier est pourtant fondamentale à plusieurs titres : elle traduit le déplacement des matières du milieu naturel vers la société, et donc constitue l'un des indicateurs de l'anthropisation de la région ; elle est aussi nécessaire dans une vision à plus long terme, puisque le stock d'aujourd'hui sera probablement le déchet de demain. Quant aux seconds, les rejets vers la nature, on voit qu'ils dépassent les exportations commerciales, et qu'ils sont à plus de 60% constitués de rejets atmosphériques, parmi lesquels 96% sont des gaz à effet de serre. (...) Enfin, le dernier enseignement notable de ce bilan est justement la faiblesse du recyclage tel qu'il est actuellement pratiqué, puisqu'il représente à peine 1,3 t/hab. »

Une question subsidiaire vient immédiatement : qui gouvernent ces matières et leurs flux ? Qui décide et qui subit ?

En 2018, une étude consacrée au sujet estimait à une centaine le nombre de démarches basées sur l'EIT en France[1]. Il s'agit dans les territoires concernés de permettre à un réseau d'acteurs coordonnés localement d'aller vers une gestion sobre des flux de matière, d'eau et d'énergie. Plus précisément, indique l'étude : « La finalité des démarches d'EIT est d'instaurer une gestion sobre des ressources à travers des pratiques coopératives multi-acteurs (pouvoirs publics, entreprises de toute taille, associations, laboratoires de recherche, citoyens). De fait, la question de la gouvernance dans ces démarches doit être posée comme levier au changement, en vue d'orchestrer

1 Auxilia – Mydiane – Pôle Eco Industries, Pérennité des démarches d'écologie industrielle et territoriale en France - Constats, enjeux, et recommandations, mars 2018, 44 p.

l'écosystème territorial et de structurer une action collective alternative au modèle existant. »

Il apparaît que tous ces flux, constituants majeurs de la technospère, passent largement sous les radars du grand public.

Chapitre 9
Agir sur les causes :
Entre modération et redirection

Ce dernier chapitre vise à explorer quelques pistes au-delà des interventions sur les effets et sur les structures, en se demandant s'il n'y aurait pas mieux à faire dans l'orientation générale même de nos actions. On aborde ainsi pour commencer la notion de « développement durable » dont la postérité depuis près de 40 ans est remarquable (section 1), puis celle plus récente et novatrice d' « écologie du démantèlement » (s. 2) assurément plus radicale.

1-Le « développement durable » tient-il ses promesses ?

11-Définitions et doubles sens

La notion de développement durable, aujourd'hui passée dans le vocabulaire courant, émerge en 1987 avec le rapport Brundtland des Nations-Unies. La durabilité est alors définie comme « la satisfaction des besoins des générations présentes sans compromettre la capacité des générations futures à satisfaire leurs propres besoins. » Afin de la vulgariser et de la promouvoir, cette notion est illustrée par un schéma où se croisent trois cercles représentant l'économique, le social et l'environnemental, sensés se combiner harmonieusement, ainsi qu'une série d'objectifs de développement durable – les « ODD » - au nombre de dix-sept (voir illustration ci-dessous) [1]. Selon l'ONU, « les ODD forment un cadre pour améliorer la vie des gens dans le monde entier et atténuer les effets de l'homme sur le climat. » Certains ODD visent plus particulièrement le changement climatique : ODD 13 : Action sur le climat. ODD 14 : Vie sous-marine et ODD 15 : Vie sur terre.

Cela fait donc bientôt 40 ans que le développement durable nourrit les politiques publiques, à tous les échelons territoriaux, et par voie de conséquence les stratégies des entreprises. Et pourtant l'impression d'une dégradation de la nature demeure, et elle est corroborée par

1 Les « ODD » en détail sur internet :
https://www.un.org/sustainabledevelopment/fr/

beaucoup d'observations concrètes. Est-ce à dire que nous avons pris le mauvais chemin et / ou que de toute façon nous n'avons aucune prise sérieuse sur ces évolutions ?

Il me semble à tout le moins que le mot d'ordre du « développement durable » - « sustainable development » en anglais - est doublement ambigu et ce faisant insuffisamment moteur pour une prise en compte déterminée de l'évolution négative des conditions de vie « naturelles » sur Terre.

Tout d'abord, si le terme « développement » ouvre la porte à une consommation matérielle tous azimuts, dont on a vu les effets considérables en termes de déchets et plus encore d'empreinte matière, alors il y a erreur. Cela ne veut pas dire qu'il faille opter à l'inverse pour une « décroissance », car le développement est bien nécessaire de par le monde, en matière de santé, d'éducation, de culture. Ce sont autant de dimensions d'un bien-être ou d'un « bonheur » qui s'écartent singulièrement du produit intérieur brut par habitant, dont la mesure constitue aujourd'hui l'alfa et l'oméga de bien des décideurs.

L'autre terme de l'expression - « durable » - prête aussi à plusieurs lectures, surtout accolé au mot « développement ». On peut y voir une croissance à l'infini (qui dure), alors qu'il s'agit plutôt d'articuler avec mesure le prélèvement des ressources et le niveau de vie. Il s'agit ainsi de faire en sorte que la régénération des ressources soit possible (pour les renouvelables), afin de « ne pas compromettre la capacité des générations futures à satisfaire leurs propres besoins » comme l'indique la définition originelle. Il s'agit en sorte, en gestionnaire averti, de vivre des intérêts sans entamer le capital.

Divers auteurs ont exploré de nouvelles voies que nous allons aborder maintenant au travers de trois contributions parmi beaucoup d'autres.

Source : www.un.org

12-Pour dépasser le développement durable

a-La « déconsommation » n'est plus tabou

Tout d'abord, notons que la « déconsommation » n'est plus tabou, elle est même évoquée par les pouvoirs publics et dans des programmes de recherche nationaux.

Le site gouvernemental « Vie publique » titre « De la société de consommation à la déconsommation ? » un article sur internet introduit en ces termes : « Circuits courts, locavorisme, magasins bio... De plus en plus de consommateurs délaissent les supermarchés pour se tourner vers de nouveaux modes de consommation. Soucieux de leur santé et de leur environnement, les Français font le choix de consommer moins mais mieux »[1].

En outre, un guide de l'ADEME nous instruit sur « Comment faire de la place chez soi ? » où sont présentés et illustrés le tri, la second vie, et comment « ne pas ré-encombrer ».

L'ADEME toujours publie une série de documents sur le thème « oser changer – mieux consommer – vivre plus léger » (il y a même un jeu de cartes).

La « Lettre du CNRS Sciences humaines & sociales » de janvier

1 Sur internet : https://www.vie-publique.fr/eclairage/272242-de-la-societe-de-consommation-la-deconsommation NB : le « locavorisme » est le fait de consommer essentiellement des produits locaux

2024 relate quant à elle la vie des réseaux de recherche sur le thème « les sociétés face à leurs déchets ». On peut y lire que « la compréhension des processus amenant à réduire la dépendance à la matérialité dans nos sociétés est donc une question essentielle pour les recherches en sciences humaines et sociales ». Plus encore, la Lettre pointe du doigt le « modèle consumériste », et indique que « le recyclage n'est ainsi que la solution résultant de l'échec d'un projet de sobriété matière ».

b-L'océan n'est plus une « ultra ressource »

Comme en écho à un monde d'objets, Roberto Casati, dans sa « philosophie de l'océan »[1], nous enseigne les vertus de l'absence de « superflu » : « Aller en mer nous enseigne, et c'est un chemin sans retour, la liberté par rapport aux objets superflus. La possession d'un objet superflu n'est pas en soi répréhensible, simplement à bord il n'y a pas assez de place pour lui, et la question qu'il nous pose (à l'instar de n'importe quel autre objet, mais avec une intonation particulière) : « Pourquoi donc suis-je ici, pourquoi m'as-tu acquis ? », et qu'il nous pose de manière insistante dans la mesure où, dans les espaces réduits du bateau, nous le trouvons sans cesse sur notre passage, revêt une urgence particulière. » (op cit. p. 109). Il constate que la mer voit son statut d'« ultra ressources » menacé. Selon lui, les ultra ressources (comme le rayonnement solaire, la gravité), « ont en commun le fait qu'elles pardonnent. Elles pardonnent la logique extractive, le modèle du gisement ; elles pardonnent nos tentatives de les dilapider. (…) La mer s'est trouvée pendant très longtemps dans une illusoire zone de confort en compagnie des autres ultra ressources. (…) À l'instar de la mer, d'autres milieux tampons comme l'atmosphère, le désert, les grandes forêts, ont absorbé pendant des centaines de milliers d'années, sans se troubler, en pardonnant, nos déchets, et sans souffrir ont cédé leurs fruits et pardonner l'extraction cyclopéenne des ressources qu'elles représentent et qu'elles contiennent. (…) Le caractère inépuisable était une illusion, levée par l'avancée de la mécanisation. Le changement moderne est simple : c'est un changement d'échelle. La pêche mécanique a pour ainsi dire modifié la dimension de la mer, l'a réduite. C'est comme si tout l'Atlantique était devenu de la même

1 Roberto Casati, Philosophie de l'océan, PUF, 2022, 284 p. A noter aussi la déclaration « Exploiter ou préserver les fonds marins » de l'IPOS (avril 2025) qui demande une moratoire d'au moins 10 à 15 ans « ou jusqu'à ce que des connaissances suffisantes soient disponibles pour prendre des décisions éclairées »

taille que la Méditerranée. D'après David Abulafia, nous pourrions tout simplement dire que l'océan comme étendue sans limite a aujourd'hui disparu. » (op cit. p. 181-184)

Il nous invite cependant à profiter des enseignements de la vie en mer : « De la navigation nous tirons d'innombrables leçons : redondance, frugalité, réutilisation, précision lexicale, intelligence collective, observation et communion avec le milieu environnant. » (op cit. p. 206-207) Puisqu'on a commencé cette section avec un exercice de terminologie, voyons comment Casati nous invite à revoir notre vocabulaire sur l'océan : plutôt que de réserves halieutiques, parlons de « peuple extra-terrestre » ; plutôt que de gisements pétrolifères, évoquons des zones sous-marines de protection atmosphériques ; à la place des ressources, voyons des « condition de survie » et pour la pêche (dans ses développements industriels), il s'agit plutôt d'une « extraction mécanique » (op cit. p. 208-209)

c-« Co-évolution » et « durabilité forte »

Dans leur ouvrage sur « l'économie face à la nature »[1], Harold Levrel et Antoine Messemer estiment que « la pauvreté n'est pas dû à la parcimonie de la nature mais une mauvaise organisation socio-économique » (op cit. p. 101)

Pour eux, « La dette écologique générée par notre système économique n'est plus acceptable, et c'est de cette dernière qu'il faut partir pour penser la transformation écologique de l'économie dans une perspective systémique. » Ils proposent pour ce faire une « co évolution » reposant sur 5 principes développés dans leur livre :

1 encastrer l'économie dans les dynamiques naturelles,
2 reconnaître la dette écologique des systèmes économiques,
3 nourrir l'être humain sans détruire les éco systèmes,
4 apprendre à vivre avec la biodiversité sauvage,
5 transformer le contrat social en contrat naturel.

A certains égards, l'exercice que nous avons précédemment exposé avec « l'équation de Kaya », cherchant à égaliser la combinaison de différentes grandeurs (dont la production par habitant et la consommation d'énergie) avec un niveau de pollution au gaz carbonique fortement abaissé, fait écho à cette approche. Il s'agit là plus généralement de ne pas créer de nouvelles impasses nous enfermant dans une planète qui ne serait plus vivable pour l'humanité.

---

1 Harold Levrel et Antoine Messemer, L'économie face à la nature. De la prédation à la coévolution, Les petits matins, 2023, 247 p.

Les auteurs définissent ce qu'ils appellent une « durabilité faible », équivalente à celle du développement durable selon le rapport Brundtland (cf. ci-dessus), et une « durabilité forte » constituée de seuils et de droits du non humain. Cette dernière, proposée par Herman Daly (1990), suppose trois conditions qui sont : pour la consommation : le renouvellement des ressources renouvelables, pour la consommation des ressources non renouvelables : inférieure à l'innovation de substitution, et pour la pollution : inférieur à la capacité d'absorption. (op cit. p. 42-44)

Envisageons maintenant une deuxième piste complémentaire à celle que nous venons d'aborder.

2-L'héritage comme posture et la fermeture comme méthode

21-Une typologie des « communs négatifs »

Dans leur ouvrage singulier sur « la civilisation du déchet », Jérémie Cavé, Alizée De Pin et Yann Philippe Tastevin suivent la « vie » de six objets du quotidien que sont : une tomate en hiver, un T-shirt en coton, une canette de soda en alu, une bouteille d'eau en plastique, une voiture thermique et un smartphone[1]. Il est très rare de pouvoir suivre un déchet du début de son existence à la fin. C'est ce que proposent ces auteurs, en soulevant ainsi le voile sur des activités et des circuits largement méconnus. D'après leur enquête, « les tribulations de ces six produits emblématiques illustrent le destin étonnamment globalisé de nos objets du quotidien, car l'incinération ne fait pas disparaître les déchets : elle les réduit en volume, les intensifie en toxicité, et le recyclage n'est pas toujours cette issue vertueuse que les industriels nous font miroiter. (…) La masse des objets manufacturés est en train de dépasser en poids l'ensemble du règne animal et végétal. Tel est le déséquilibre majeur qui caractérise l'anthropocène, notre époque, aussi nommé « capitalocène ». (op cit. p. 128-129)

Quand à savoir « que faire ? » leur réponse tient en trois propositions (op cit. p. 136) :

-cesser d'extraire, d'autant que les rendements vont en diminuant ;

-démanteler et réemployer le stock (en consacrant aux « mines

---

1 Jérémie Cavé, Alizée De Pin et Yann Philippe Tastevin, Cavé de Pin Tastevin, La civilisation du déchet – Tout savoir sur le recyclage … et ses limites, Les Arènes, 2024, 148 p.

urbaines » les moyens et pas comme à ce jour 1,6% de la population active en France, et selon une logique de « communs ») ;

-prendre soin et « faire monde » avec ces restes, sur le principe d'un métabolisme vivant.

C'est précisément ce qu'étudient Emmanuel Bonnet, Diégo Landivar et Alexandre Monnin, dans un ouvrage regroupant leurs trois contributions sous le titre « Héritage et fermeture – Une écologie du démantèlement »[1]. Une typologie des « communs négatifs » est ainsi établie, permettant d'envisager des stratégies différenciées à leur endroit :

-pour « vivre avec désormais » en les « patrimonialisant » (les déchets nucléaires, les usines chimiques, les terrils, etc.),

-ou « vivre avec autrement » en imaginant un autre rapport (les bactéries, les espèces invasives, les virus, etc.),

-ou enfin « vivre sans » moyennant une désaffectation (les technologies « zombies », les énergies fossiles, etc.).

Cette double approche avec d'une part « l'héritage », posture qui consiste à assumer le monde dans son état, et d'autre part la « fermeture » comme méthode pour les voies et moyens, conduit à une nouvelle forme d'écologie. « Nous proposons ainsi de bâtir une écologie mettant les mains dans le cambouis mécanique, minéral, métallique ou chimique de la Technosphère. Autrement dit, regarder d'abord vers la Technosphère et s'en occuper » écrivent les auteurs (op cit. p. 101).

La « fermeture » n'est pas nouvelle en soi : elle se déploie déjà au travers des organisations avec différentes modalités comme la séparation, la liquidation, le démantèlement ou la patrimonialisation. Mais il s'agit selon la thèse des auteurs de l'appliquer aux « communs négatifs » dont on vient de rappeler la typologie.

22-Une série d'exemples d'un rapport assumé à des (infra) structures périmées

Vues sous cet angle, de telles démarches existent déjà, comme le montrent les exemples qui suivent.

a-Dans les transports

L'armée de l'air des Etats-Unis dispose d'une base dans le désert du

1 Emmanuel Bonnet, Diégo Landivar, Alexandre Monnin, Héritage et fermeture – Une écologie du démantèlement, Editions Divergences, 2021, 166 p.

Névada où sont garés 3.100 avions hors service qui servent de pièces détachées. En France, la SNCF ne manque pas de communiquer dans un article sur « que deviennent nos vieux trains ? » pour montrer comment elle traite les anciennes rames Corail, locomotives ou motrices de TGV. C'est une véritable filière qui permet de démanteler 1.000 à 1.200 rames par an. Sur le total des matériaux en résultant, les 2% restant dits « déchets ultimes » sont dirigés vers un centre d'enfouissement spécialisé[1]. Dans le secteur de la navigation de plaisance, la question émerge du traitement des déchets complexes que sont les bateaux en fin de vie, comme le montre un article de la revue Développement durable et territoires[2]. Ainsi, « Depuis quelques années, une filière de déconstruction et de recyclage des «bateaux de plaisance hors d'usage » (BPHU selon la terminologie) se met en place, tandis que le recours aux biomatériaux fait l'objet d'expérimentations et d'applications prometteuses. »

b-Dans le secteur énergétique

C'est le cas bien connu du charbon en France. Le rapport de l'Institut Veblen que nous avons cité au chapitre 6 indique (op cit. p. 8) : « Bien que les effectifs des agents travaillant dans le secteur charbonnier déclinent en continu à partir de 1947, la fin des mines, qui s'étale sur plus d'un demi-siècle, connaît plusieurs étapes :

-Moteur de la reconstruction et « bataille du charbon » (1946 – 1960),

-Une politique de réduction de la production erratique et hésitante (1960-1984),

-Organisation d'une fermeture totale, coordonnée et irréversible (1984-2004).

C'est aussi le cas pour la « déconstruction des centrales nucléaires » sous la « responsabilité entièrement assumée par EDF ». L'entreprise précise ainsi sur son site internet[3] : « La déconstruction est une étape

---

1 Sur internet : https://www.groupe-sncf.com/fr/engagements/developpement-durable/recyclage-anciens-trains

2 Nicolas Bernard, « Déconstruction et bioconception des bateaux de plaisance : de nouveaux paradigmes pour l'industrie nautique française », Développement durable et territoires [En ligne], Vol. 12, n°3 | Décembre 2021, URL : http://journals.openedition.org/developpementdurable/19619 ; DOI : https://doi.org/10.4000/ developpementdurable.19619

3 Sur internet : https://www.edf.fr/groupe-edf/produire-une-energie-respectueuse-du-climat/lenergie-nucleaire/edf-une-expertise-nucleaire-unique/deconstruction-des-centrales-nucleaires

normale dans la vie d'une centrale nucléaire. EDF en assume l'entière responsabilité technique, financière et réglementaire. Au sein du groupe EDF, 1.000 personnes sont mobilisées sur les opérations de déconstruction des centrales nucléaires et de la gestion des déchets radioactifs. Aujourd'hui, neuf réacteurs de quatre technologies différentes sont en cours de déconstruction en France :

-Brennilis (réacteur nucléaire à eau lourde),

-Bugey 1, Chinon A1, A2 et A3, Saint-Laurent, A1 et A2 (réacteurs nucléaires à uranium naturel graphite gaz),

-Chooz A (réacteur nucléaire à eau pressurisée),

-Creys-Malville, (réacteur nucléaire à neutrons rapides).

Pour chaque réacteur, le démarrage des opérations de déconstruction est autorisé par décret ministériel, suite à examen de l'Autorité de Sûreté Nucléaire (ASN) et après enquête publique auprès des populations locales. » EDF explique que « la déconstruction d'un site nucléaire comprend trois phases » :

-Phase 1 : la mise à l'arrêt définitif,

-Phase 2 : le démantèlement hors bâtiment réacteur,

-Phase 3 : le démantèlement du bâtiment réacteur.

c-Concernant les territoires

Trois situations très différentes illustrent le sujet de la désaffectation / réaffectation à des échelles territoriales, certaines impliquant prioritairement la prise en compte des déchets.

Si l'on connaît le système des « toilettes sèches » pour les maisons individuelles et notamment en secteur péri urbain ou rural, il est très rare de voir évoqués des systèmes plus centralisés en milieu urbain. Partant du constat des limites du système actuel de traitement des eaux usées, basé sur le mélange des effluents, une recherche menée sur le cas du Grand Paris étudie les « freins et leviers techniques, organisationnels, économiques, en vue de la production de fertilisants à partir des excrétats humains et en particulier des urines, dans de bonnes conditions sanitaires et agronomiques. »[1] Reste à inventer de « nouveaux dispositifs socio-techniques » pour ce faire. Ce « nouveau paradigme » serait fondé sur la séparation à la source car, précise

1 Marine Legrand, Aurélie Joveniaux, Alexsandro Arbarotti, Bernard de Gouvello, Esculier Fabien, et al.. Séparation à la source et valorisation des excrétas humains du Grand Paris : des filières émergentes. TSM. Techniques Sciences Méthodes – Génie urbain, génie rural, 2021, 9 (9), pp.103-118. 10.36904/tsm/202109103 . hal-03703655

l'étude, il s'agit d' « une approche alternative de l'assainissement qui consiste à collecter de façon séparée différents flux (urines, matières fécales, eaux ménagères, eaux pluviales, etc.) pour faciliter leur traitement et leur valorisation, permettant notamment le recyclage des nutriments. » Toutefois, notent les auteurs, « l'agenda des actions à mener reste dense ». On veut bien le croire !

Restons en région parisienne, dans un décor radicalement différent : le quartier d'affaires de Paris La Défense, le plus grand d'Europe, avec son Arche emblématique, ses 20 gratte-ciels et plus de 3,5 millions de m2 de bureaux. Oui mais voilà le colosse montre des signes inquiétant de fatigue. L'étude du cabinet Deloitte pour l'Association des propriétaires révèle que la vacance des surfaces a plus que triplé depuis 2010 pour s'établir à 19% en 2023[1]. La part des investissements au sein du Grand Paris a été divisée par 2,5 en 5 ans. On y observe une flambée des « mesures d'accompagnement » c'est-à-dire des réductions consenties sur le loyer à la signature du bail. Les causes avancées sont multiples : l'augmentation du télétravail entraînant la libération de surfaces, l'obsolescence d'une partie du parc (1,5 million de m2 obsolescents dans les 15 ans) pour non conformité réglementaire, inconfort d'usage ou inadaptation aux nouveaux modes de travail. Ce qui implique que « ces tours devront donc être redéveloppées pour pouvoir être relouées » indique l'étude, sans que l'on voit clairement comment sortir du « cercle vicieux ». En effet, la spirale à laquelle est confronté le quartier enchaîne successivement la hausse de la vacance, la baisse des loyers, la baisse de la valeur des immeubles, la baisse des investissements et des réhabilitations, l'obsolescence des immeubles et la dégradation du quartier, puis enfin la baisse de l'attractivité qui elle-même débouche sur de la vacance... Conclusion : « Paris La Défense : un modèle à réformer ». Divers scénarios sont imaginés pour renverser la tendance et renouer avec un cercle vertueux, passant par une forte diversification du quartier.

Pour terminer notre dernier chapitre, voici un programme encore plus marquant qui nous ramène au cœur de la problématique des déchets, rejets et pollutions : le « plan national de résorption des décharges littorales présentant des risques de relargage des déchets en mer »[2]. Comme le rappelle la secrétaire d'Etat à la biodiversité en 2022, Bérangère Abba, « la présence sur le littoral français d'anciennes décharges en front de mer constitue une menace

1 Cabinet Deloitte, Etude sur les devenirs de La Défense, 85 p.

2 Ces éléments sont extraits du dossier de presse du 18 février 2022 du ministère de la transition écologique

environnementale majeure. Le réchauffement climatique provoquant une hausse du niveau de la mer et une érosion rapide du trait de côte, accélère le risque de relargage de déchets en mer. » Le programme consiste à résorber, en dix ans, les 55 décharges littorales françaises présentant, à court terme, le plus fort risque de déversement de déchets en mer, situées à moins de 100 mètres du trait de côte et soumises aux aléas érosion et / ou submersion marine. La liste des sites est fournie. Dès 2022, le traitement de trois sites prioritaires est engagé, sur la décharge de Dollemard (périphérie Nord du Havre), celle de Fouras Pré-Magnou (Charente-Maritime) et celle de l'Anse Charpentier (Martinique).

Ainsi se termine notre dernier chapitre. Nous avons tenté d'y présenter et d'illustrer deux voies complémentaires : d'une part revisiter le « développement durable » notamment pour toutes les nouvelles réalisations, d'autre part ne pas tourner le dos à un inévitable et lourd « héritage » d' (infra) structures périmées, qu'on pourra traiter d'autant mieux qu'on les connaît et que la décision d'intervenir n'aura pas trop tardé.

Conclusion

Cette conclusion ouvre le champ et questionne plus qu'elle ne conclut, et cela sur trois registres :

-préférer la factualité à la fatalité ;

-rédéfinir notre approche de l'environnement autour de trois plans ;

-investiguer les trois perspectives sociétales qui s'offrent désormais à nous.

1-Points de repère fixés dans ce livre : factualité plutôt que fatalité

« Comprendre pour agir » : il s'agit de relier des informations éparses, parfois techniques, pour construire et partager un récit cohérent, documenté, ancré sur le terrain, en fin de compte essayer de rassembler idées et images pour créer du sens.

L'un des enjeux est de proposer une vision plus large dépassant les seuls « déchets » solides, pour approcher tout ce que rejettent l'existence et les activités humaines, sans oublier « l'empreinte matière » largement négligée (que les démarches peu connues d'écologie industrielle et territoriale révèlent utilement).

C'est aussi de compléter l'approche en « flux » qui est le plus souvent mise en avant, par celle en « stocks », c'est-à-dire les effets cumulatifs plus rarement mis en relief. Plus le flux annuel résiduel est important et plus les stocks permanents grossissent rapidement, au risque de dépasser un jour les capacités prévues (quand elles le sont), de ruiner les mécanismes de dilution, ou de casser le ressort de l'externalisation (comme quand la Chine a dit « stop déchets » en 2017 en mettant fin à ses importations massives).

L'histoire nous a montré le rôle déterminant de la métallurgie dès l'Antiquité. On a aussi vu comment les trois derniers siècles et surtout les 19° et 20°, pourtant associés au « progrès », marquent une accélération inquiétante de la contamination, dopée notamment par la (sur) consommation (dans la partie « riche » du globe surtout), les énergies et les guerres, sans oublier l'explosion démographique. Ces quatre dimensions doivent forcément retenir notre attention.

Mais comment nos sociétés s'en arrangent-t-elles ? Nos modes de vie et de consommation sont-ils pérennes au regard des ressources et des cycles biogéochimiques planétaires ? On a pu voir que le « principe du pollueur-payeur » est loin d'être appliqué partout (chapitre 1er). Les installations et processus existants (techniques de traitement, centres de stockage, incinérateurs, stations d'épuration des eaux usées, enfouissement profond, etc.) sont-ils bien calibrés et pour combien de temps ? Et sont-ils suffisamment entretenus ou a-t-on déjà bien chargé la dette avec laquelle les générations futures devront se débrouiller ? On a pu mesurer les lourdes responsabilités qui incombent aux collectivités territoriales (chapitre 3), y compris l'exercice périlleux de planification au travers d'un plan régional de prévention et de gestion des déchets.

C'est la recherche d'explications plus que « l'alerte » qui nous a guidée. Cette dernière est plus que nécessaire, mais elle ne doit pas cacher le fait que, plutôt qu'un « processus inéluctable », ces évolutions s'analysent avant tout comme un « fait social et politique », comme l'expliquent Jarrige et Le Roux dans leur ouvrage.

2-Une approche de « l'environnement » redéfinie autour de trois plans

Le but est donc plutôt ici d'inviter chacun-e à évaluer sa propre volonté et ses capacités d'évitement et de réduction d'impact, au travers de choix et de gestes du quotidien comme d'engagements collectifs, localement comme aux niveaux territoriaux supérieurs, en se saisissant, au-delà des nécessaires « écogestes », des multiples dispositifs d'observation et de surveillance que nous avons rappelés (chapitre 5). L'attitude du « NIMBY » est largement dépassée (« not in my back yard » : pas dans mon jardin). La démographie démultipliée n'explique pas tout, surtout quand l'écart de niveau de vie est d'un facteur 40 entre ici et là-bas.

Or force est de constater que notre approche de « l'environnement » limite notre entendement, en corrélation plus ou moins bien définie avec la « nature » et selon la dichotomie humain / nature. L'individu contemporain semble plutôt évoluer sur trois plans entremêlés : la réalité naturelle (plus ou moins altérée selon les endroits), la réalité de la technosphère (qui s'est fortement développée depuis trois siècles dans les nations industrialisées puis diffusée sur toute la planète, au point d'en devenir quasi « transparente »), l'hybridation de ces réalités « concrètes » avec des créations artificielles informatiques et numériques (dont le « méta-univers » ou metavers en anglais est la figure emblématique). On évitera de qualifier d' « immatériel » ce dernier espace de la vie humaine car, si l'on comprend bien la différenciation avec le monde physique matériel (un paysage et des ambiances recréés par exemple dans le but d'une expérience « immersive »), il ne faut pas oublier les importantes quantités d'énergie et de matière nécessaires aux technologies assurant le fonctionnement de tels espaces (et les importantes pollutions qu'elles provoquent). Plus prosaïquement, la question « où suis-je ? » mérite d'être bien posée !

3-Les trois perspectives qui s'offrent à nous

Les déchets, rejets et pollutions, en tant que « double » de nos existences, questionnent les choix de société d'une manière beaucoup plus profonde qu'il n'y paraît de prime abord. Ils ne sont pas de simples « restes ». Par-delà les arrangements de court terme, on a ainsi pu voir ces dernières années se dessiner trois approches globales distinctes.

Que ce soit « au fil de l'eau », ou de manière assumée, le « techno-optimisme » que nous avons mentionné précédemment, semble tenir la corde. Sciences et techniques restent reines, en cela notamment qu'elles sont censées traiter y compris les problèmes environnementaux grâce à de nouvelles découvertes (nouveaux matériaux, nouvelles énergies, ...). Cette tendance est profondément ancrée dans la société, probablement transmise dès les premiers pas, et bénéficiant, il faut le dire aussi, de grandes réussites. Malheureusement les évaluations objectives dont nous disposons, comme la veille sur le risque de dépassement des « limites planétaires », montre les angles morts de cette approche. Dans cette partie d'à bas les masques, le « développement durable » fait office de grand vainqueur.

A l'opposé, il ne fait plus de doute pour certains que « l'effondrement » s'approche à grand pas, une ou quelques décennies, qu'il sera plus ou moins étalé dans le temps, et plus ou moins douloureux pour les sociétés humaines[1]. Les « survivalistes » s'y préparent, et moins radicalement les défenseurs de « l'autonomie » aussi. Au contraire du premier, ce message semble se diffuser

1 Voir par exemple Yves Cochet, Devant l'effondrement – Essai de collapsologie, Le compte à rebours a commencé, Editions Les Liens qui Libèrent, 2019, 252 p.

difficilement dans la société, car il n'est certes pas aisé d'accepter une sorte de fin du monde, en tout cas de « fin d'un monde » de bien-être et d'opulence (dans les sociétés « occidentales » principalement dans l'hémisphère nord nonobstant, y compris là, d'importantes inégalités sociales).

Une troisième voie en appelle à la sagesse, à réévaluer les relations des humains à - dans - la nature, à préférer une « robustesse » (caractéristique de nombreux processus biologiques) à une « optimisation » tous azimuts efficace à court terme mais porteuse de maints désordres à moyen et long termes. Elle bénéficie de grandes voix mais manque certainement aujourd'hui d'une formulation convaincante et « projective »[1]. Parce que « la terre est une mère qui ne meurt jamais » (proverbe Maori), l'exigence de préserver (réellement) la vie terrestre des générations futures, posée dans le rapport Brundtland en 1987, doit nous donner cette détermination. Même si, comme je l'ai exposé dans le chapitre 9 (le dernier), ce cadre des relations avec la nature comme des relations des humains entre eux mérite d'être reformulé et dépassé. Notamment parce qu'il apparaît, après presque quarante ans d'application, comme une simple acclimatation de la logique « croissantiste »[2].

Je pense pour ma part qu'il est nécessaire de prendre conscience de l'omniprésence de la « technosphère », notre « seconde nature », à tout le moins pour les populations urbaines. Ce faisant, on pourra s'interroger sur ses dimensions, et sur les modalités de sa gouvernance, publique, privée ou le plus souvent mixte, aujourd'hui, mais aussi pour demain, quitte à prendre au sérieux l'avènement d'entreprises privées toutes puissantes à la direction des affaires collectives. A l'avenir, que serait en effet un monde qui aurait glissé vers le « tout technologique » et perdu les compétences d'un rapport « im-médiat » et direct à l'environnement naturel, dans l'oubli de la « terre habitable » originelle ?

Sans une meilleure connaissance (parfois ardue) de ces « services urbains » (et de l'artificialisation généralisée des techniques agricoles qui applique un raisonnement de laboratoire à ce qui est en fait un pan entier de la nature), sans une attention accrue pour cette sphère dans la sphère et notamment le développement des technologies numériques,

---

1 Ainsi de Michel Serres avec son « contrat naturel » (Ed. F. Bourin, 1990), rappelé par le biologiste Olivier Hamant dans le préambule de son stimulant ouvrage sur « la troisième voie du vivant » (Odile Jacob, 2022, 285 p.)

2 Pour une étude approfondie de cette thèse, voir l'ouvrage de l'économiste Hélène Tordjman, La croissance verte contre la nature – Critique de l'écologie marchande, Editions La Découverte, 2024 (2021), 414 p.

sans la recherche et l'obtention d'un équilibre, il y a fort à craindre que la préservation de la nature (au sens traditionnel) ne soit qu'un vœu pieux, un combat non pas dépassé mais truqué, une forme d'abandon inconscient du terrain à un « techno-optimisme » conquérant. Celui-là même qui, finalement, donnera raison aux tenants de l'effondrement.

Bibliographie

Figurent ci-après les sources principales pour l'écriture de ce livre par ordre alphabétique des auteur-e-s, d'abord les livres, articles et rapports, puis les documents internet.

Livres, articles et rapports

ADEME, Que faire de ses déchets - Moins jeter et mieux trier, édition septembre 2019, 11 p.

ADEME, Cadre de référence – ACV comparatives entre différentes solutions d'emballages, janvier 2022, 147 p.

ADEME, Déchets – chiffres-clés, édition 2023, 84 p.

ADEME, Le paradoxe du plastique en 10 questions – Pratique, omniprésent mais très polluant, 2023, 13 p.

ADEME, En la matière soyez efficace ! Tri à la source des 9 flux, 7 p.

ADEME, CREDOC (Hélène Blake), 2024, « Sensibilité à l'environnement, action publique et fiscalité environnementale : l'opinion des Français en 2024 », 23 p.

ANDRA, Inventaire national des déchets radioactifs, 2018, 28 p.

Andreessen Marc, Manifeste du mouvement techno optimiste, 2023, in L'empire de l'ombre, Le Grand continent, Gallimard, 2025, p. 117-145

Arnould Jacques, L'espace n'est pas un dépotoir ! Editions L'Harmattan, 2023, 100 p.

Assemblée nationale, Rapport visant à établir les raisons de la perte de souveraineté et d'indépendance énergétique de la France, n° 1028, déposé le jeudi 30 mars 2023, Président : Raphaël Schellenberger, rapporteur : Antoine Armand, députés

Auxilia – Mydiane – Pôle Eco Industries, Pérennité des démarches d'écologie industrielle et territoriale en France - Constats, enjeux, et recommandations, mars 2018, 44 p.

Bader Lydie, Pourquoi l'humanité fait-elle la guerre – la conscience d'Hiroshima, L'Harmattan, 2024, 132 p.

Bao Guoji Jinrong, « Recyclage. La Chine ne veut plus être la poubelle du monde » in Courrier international, 24 janvier 2018

Barles Sabine, « L'écologie territoriale et les enjeux de la dématérialisation des sociétés : l'apport de l'analyse des flux de matières », Développement durable et territoires [En ligne], Vol. 5, n°1 | Février 2014, URL :

http://journals.openedition.org/developpementdurable/10090 ; DOI : 10.4000/developpementdurable.10090

Bonnet Emmanuel, Diégo Landivar, Alexandre Monnin, Héritage et fermeture – Une écologie du démantèlement, Editions Divergences, 2021, 166 p.

Bossard, Milesi, Richard, Nonn-Traya, Rivasi, La pollution électromagnétique, Terre Vivante, 2018, 206 p.

Casati Roberto, Philosophie de l'océan, PUF, 2022, 284 p.

Cavé de Pin Tastevin, La civilisation du déchet – Tout savoir sur le recyclage … et ses limites, Les Arènes, 2024, 148 p

Centre pour l'Aquaculture, la Pêche et l'Environnement de Nouvelle-Aquitaine, Observatoire ostréicole du Bassin d'Arcachon, Rapport annuel 2023, avril 2024, 42 p.

Charbonnier Pierre, « La naissance de l'écologie de guerre » in Green, n° 2, septembre 2022, p. 76-83

Clément Gilles, Jardins, paysage et génie naturel, Collège de France, Leçon inaugurale prononcée le jeudi 1er décembre 2011

Cochet Yves, Devant l'effondrement – Essai de collapsologie, Le compte à rebours a commencé, Editions Les Liens qui Libèrent, 2019, 252 p.

Commission nationale du débat public, Projet de nouveaux réacteurs nucléaires à Gravelines, compte-rendu des débats du 17/9/2024 au 17/1/2025, 96 p.

Conseil général du développement durable, Évaluation environnementale - Guide d'aide à la définition des mesures ERC, janvier 2018, 134 p.

CGEDD, Le devenir des déchets exportés à l'étranger par la France,

Rapport n° 013750-01, Février 2022, 292 p.

Corteel Delphine et Stéphane Le Lay (Direction), Les travailleurs des déchets, Editions Erès, 2011, 327 p.

Cour des comptes, Rapport public annuel 2023, mars 2023, Chapitre 5 : Les déchets ménagers : un défi au quotidien pour les intercommunalités et un nouvel enjeu pour les régions, p. 425-452

Cour des comptes européenne, Principe du pollueur-payeur : une application incohérente dans les différentes politiques et actions environnementales de l'UE, 2021, 56 p.

Cour des comptes européenne, Action de l'UE pour une gestion durable des sols – Des normes peu ambitieuses et un ciblage limité, Rapport spécial, 2023, 59 p.

Delile Hugo. Signatures des paléo-pollutions et des paléo-environnements dans les archives sédimentaires des ports antiques de Rome et d'Éphèse. Géochimie. Université Lumière Lyon 2, 2014. Français. NNT : . tel-01084909

Deloitte, Etude sur les devenirs de La Défense, 85 p.

Dillenseger Clément, Héloïse Gaboriaud, Margot Favreau et Aliénor de Viry, « Les décharges formelles et informelles en France, de la montagne de déchets à la colline végétalisée », Géoconfluences, novembre 2024. https://geoconfluences.ens-lyon.fr/informations-scientifiques/dossiers- thematiques/geographie-critique-des-ressources/articles/decharges-isdnd-en-france

Dorsouma Al-Hamandou et Michel-André Bouchard, « Conflits armés et environnement - Cadre, modalités, méthodes et rôle de l'Évaluation environnementale » in Développement durable et territoires, 2008, 17 p., voir le § 43

Ducher Daniel, Planète Garonne – Un fleuve à l'âge de la crise écologique, Librinova (en ligne), 2023

Ducher Daniel, Agriculture et alimentation : un autre modèle est possible – Se reconnecter à la terre et au vivant, Libre & Solidaire, à paraître

Elysée, « Discours du Président de la République à l'occasion de la réunion avec les dirigeants des 50 sites industriels qui émettent le plus de gaz à effet de serre en France », 8/11/2022, 9 p.

EUMOFA, Etude de cas : les huitres dans l'UE, octobre 2022, 61 p.

Gaillardet Jérôme, La Terre habitable - ou l'épopée de la zone critique, La Découverte, 2023, 255 p.

GIEC, Rapport spécial sur les océans et la cryosphère, 2019, résumé de l'ONEC, février 2020

Guérin-Schneider Laetitia et Marie Tsanga Tabi (appel à projets Irstea), L'Analyse du Cycle de Vie, nouvel outil d'évaluation environnementale à l'appui des politiques publiques locales : Quelle appropriation par les services d'assainissement ? In Revue Gestion & Management public | Vol. 5, n°4 - juin-juillet 2017, p. 61-83

Hamant Olivier, La troisième voie du vivant, Odile Jacob, 2022

Haute autorité pour la transparence de la vie publique, Le lobbying autour de la loi « AGEC », 15/9/2022, 8 p.

Host Sabine et Maylis Telle-Lamberton, « Le milieu urbain, réceptacle de nuisances multiples », in Cahiers de l'Institut d'aménagement et d'urbanisme d'Ile-de-France, n° 170-171, septembre 2014, p. 36-40

Ifremer, Etude sanitaire des zones de production du Bassin d'Arcachon, Convention études sanitaires DGAL/IFREMER 2021-2022, Rapport intermédiaire, 30/9/2022, 63 p.

IGEDD, Accompagnement de la candidature au label Grand site de France « Dune du Pilat » (département de la Gironde, Région Nouvelle-Aquitaine) – Mission des 22, 23 et 24 novembre 2023, rapport n° 015391-01, 29/2/2024, 34 p.

INSEE, Les déchets dans les établissements de l'industrie et du tertiaire en 2022, Insee Première n° 2034, janvier 2025

Institut Veblen, Relever le défi des reconversions – le cas du charbon français, 2019, 42 p.

Jancovici – Blain, Le monde sans fin (BD), Dargaud, 2021, 193 p

Jarrige François, Thomas Le Roux, La contamination du monde : Une histoire des pollutions à l'âge industriel , Paris, Le Seuil, 2017

Le Mailloux Yannick, « Smurfit-Kappa, une usine en forêt des Landes » in Mines & Carrières, n° 196, octobre 2012, p. 16-18

Legrand Marine, Aurélie Joveniaux, Alexsandro Arbarotti, Bernard de Gouvello, Esculier Fabien, et al.. Séparation à la source et valorisation des excrétas humains du Grand Paris : des filières émergentes. TSM. Techniques Sciences Méthodes – Génie urbain, génie rural, 2021, 9 (9), pp.103-118. 10.36904/tsm/202109103 . hal-03703655

Levrel Harold et Antoine Messemer, L'économie face à la nature. De la prédation à la coévolution, Les petits matins, 2023, 247 p.

Mairie d'Arcachon, Arcachon environnement – une ville engagée, printemps 2025, 28 p.

Malthus Thomas-Robert, « Essai sur le principe de population », 1798, édition électronique réalisée par Jean-Marie Tremblay, bénévole, professeur de sociologie au Cégep de Chicoutimi (Québec)

Meadows, Meadows, Randers, Behren, The limits to growth, Universe Books, New-York, 1972, 205 p.

Ministère de l'agriculture et de l'alimentation, Volet agricole de la feuille de route pour l'économie circulaire, février 2019, 20 p.

Ministère de la transition écologique, Plan national de prévention des déchets 2021-2027, 56 p.

Ministère de la transition écologique, Bilan de la qualité de l'air extérieur en France en 2023, SDES Datalab, octobre 2024, 70 p.

Ministère de la transition écologique, « Campagne inter-filières Réduire, Réutiliser, Recycler : encourageons les bonnes habitudes », 12 p.

Ministère en charge de l'écologie, Bilan de l'action de l'inspection des installations classées – sur l'année 2023 et perspectives pour l'année 2024, 34 p.

Noailles Mikaël, « L'aménagement touristique de la Côte Aquitaine » in Cahiers de la Métropole bordelaise, n° 15, mai 2019, pp. 60-63

Office parlementaire d'évaluation des choix scientifiques et technologiques, Rapport sur les impacts des plastiques sur la santé humaine, Philippe Bolo, député, 14/11/2024, 23 p.

Pedro Georges (Direction), Académie des sciences, Cycles biogéochimiques et écosystèmes continentaux, 2007, 482 p.

Perrin Jean-Luc et Loïc Malgorn, Révision de la directive IED, in Annales des Mines, n° 114, avril 2024

PNMBA, Ramassage de déchets sur les plages – Enjeux environnementaux, 18/3/2025, 53 p.

Pottin Ange, Le nucléaire imaginé – le rêve du capitalisme sans la terre, La Découverte, 2024, 151 p.

Préfecture de la Gironde et Département de la Gironde, Plan départemental de l'habitat de la Gironde 2024-2029 – Fiches territoriales - Bassin d'Arcachon Val de l'Eyre

Programme des Nations-Unies pour l'environnement, articles des 23/2/2023 (Ukraine) et 19/6/2024 (Gaza)

Région Nouvelle-Aquitaine, Evaluation environnementale du plan régional de prévention et de gestion des déchets (PRPGD), Rapport environnemental adopté le 21 octobre 2019, 216 p.

Reverdy A.L., Marilys Pradel. Les filières de valorisation des boues d'épuration en France : état des lieux, état de l'art. [Rapport de recherche] Irstea. 2010, pp.50. Hal-02593493

Roudier Candice et Cécile Kairo (Santé publique France), Quels indicateurs pour surveiller la santé de la population générale autour des grands bassins industriels français ? In Annales des mines, avril 2024, n° 114, p. 31-35

Sauvé Jean-Marc, Intervention de clôture lors du colloque des 20-21 mai 2010 (Rennes) à l'occasion du « bicentenaire du décret impérial du 15 octobre 1810 relatif aux manufactures et ateliers qui répandent une odeur insalubre ou incommode », 10 p.

Schaible Christian, « Vision du Bureau européen de l'Environnement pour la révision de la directive IED » in Annales des Mines, n° 114, avril 2024, p. 39-50

Sénat, Commission d'enquête sur la pollution des sols, « Pollutions industrielles et minières des sols – Assumer ses responsabilités, réparer les erreurs du passé et penser durablement l'avenir », Rapport d'information n° 700 (2019-2020) de Mme Gisèle Jourda, sénatrice de l'Aude, 8/9/2020

SIBA et Cap Sciences, Assainissement du Bassin d'Arcachon - 1.000 km de réseau c'est long !

Tordjman Hélène, La croissance verte contre la nature – Critique de l'écologie marchande, Editions La Découverte, 2024 (2021), 414 p.

Vaucelle Sandrine, Les modes de gestion des services d'eau, in Les cahiers de la Métropole bordelaise, n° 15 / mai 2019

Zeitoun Jean-David, Le suicide de l'espèce – Comment les activités humaines produisent de plus en plus de maladies, Denoël, 2023, 243 p.

Zéro waste Europe, Territoires Zéro Waste – guide pratique pour révolutionner la gestion locale des déchets, Editions Rue de l'échiquier, 2019

Documents internet

ADEBA Association de Défense des Eaux du Bassin d'Arcachon https://adeba.fr/

ADEME, Vidéo pédagogique 2018 sur la sécurisation d'une décharge https://www.youtube.com/watch?v=sHjU5Vm0jKM

Atmo-France, Sur internet :

https://www.atmo-france.org/article/surveillance-de-lair-exterieur

Charvolin Florian, « 1970 : L'année clef pour la définition de l'environnement en France », La revue pour l'histoire du CNRS [En ligne], 4 | 2001, mis en ligne le 20 juin 2007, URL : http://journals.openedition.org/histoire-cnrs/3022 ; DOI : https://doi.org/10.4000/histoire-cnrs.3022

Clément Hugo, « Verre, plastique : qui bloque le retour de la consigne ? », Sur le front, avril 2025, 9 mn, Sur internet : https://www.youtube.com/watch?v=z-Wnk70aEmg

Convention de Bâle, Sur internet www.basel.int

Eau de France Site internet :

https://www.eaufrance.fr/le-systeme-dinformation-sur-leau-sie

Géorisques, Sur internet : https://www.georisques.gouv.fr/sites-et-sols-pollues-ou-potentiellement-pollues

Ecoconso, Site internet : www.ecoconso.be

IFOP, Sondage Ifop pour Sepur, Les Français et leurs poubelles, 29/12/2023. Résultats sur internet :

https://www.ifop.com/publication/les-francais-et-leurs-poubelles/

Infobassin, « De la décharge de village … à 47 ha de déchets enfouis : le CET, un monstre sous cloche », 12/2/2016

https://www.infobassin.com/decharge-cet-audenge-travaux/

Jancovici Jean-Marc, Qu'est-ce que l'équation de Kaya ? 1/6/2014, Sur internet :

https://jancovici.com/changement-climatique/economie/quest-ce-que-lequation-de-kaya/

Le Goullon, Gwenaëlle, Le choix de polluer, in La Vie des idées, Collège de France, 9/3/2018, sur internet : https://laviedesidees.fr/Le-choix-de-polluer

Ministère de l'écologie, Sur internet :

https://www.ecologie.gouv.fr/politiques-publiques/cadre-general-filieres-responsabilite-elargie-producteurs

Ministère de l'écologie, Déchets dangereux, mis à jour le 24/2/2022, sur internet :

https://www.ecologie.gouv.fr/politiques-publiques/dechets-dangereux

Ministère des territoires, de l'écologie et du logement, « Préoccupations environnementales des Français - Synthèse des connaissances en 2023 », publié sur internet le 30/11/2023

Ministère de l'écologie, Sur internet : https://www.statistiques.developpement-durable.gouv.fr/edition-numerique/chiffres-cles-energie/6-bilan-energetique-de-la-france

Nature France, Source internet : https://naturefrance.fr/pollutions

ONU Programme pour l'environnement, sur internet : https://www.unep.org/fr/actualites-et-recits/communique-de-presse/les-pays-riches-utilisent-six-fois-plus-de-ressources-et

ONU Les « ODD » en détail sur internet : https://www.un.org/sustainabledevelopment/fr/

Rouillon Valentin et Émilien Despret, reportage « Le Wharf de la Salie, une pollution de plus d'un demi siècle », 25/5/2021, 18 mn https://www.youtube.com/watch?v=89WW3lh3x0w

RTBF, Boues d'épuration : nos terres empoisonnées, RTBF janvier 2025, sur internet : https://www.youtube.com/watch?v=IQnzhaDdec0

Véolia, Sur internet : https://www.activities.veolia.com/group/fr/2

Vie publique, Maxime Lefebvre, « L'Europe, modèle de paix structurelle », 4 novembre 2019, 4 p.

Vie publique, Sur internet : https://www.vie-publique.fr/eclairage/272242-de-la-societe-de-consommation-la-deconsommation

Vie publique, Sur internet « La politique du nucléaire civil : chronologie de 1952 à 2024 », 3 septembre 2024

Xerfi, Le marché des déchets, Tirer parti des opportunités de la transition écologique et des innovations technologiques, 25/09/2024, sur internet : https://www.xerfi.com/presentationetude/le-marche-des-dechets_SCO34

Remerciements

Je remercie mes ami-e-s défenseurs de l'environnement du Bassin d'Arcachon, qui m'ont appris qu'il ne suffit pas de brasser de grandes idées ou de siéger dans des commissions, mais qu'il faut aussi chausser ses bottes pour nettoyer les fossés et les rivières, surveiller les propositions qui font peu de cas des continuités écologiques nécessaires à la survie de la biodiversité, ou promettent à l'artificialisation le moindre lopin de terre encore naturel, et tant d'autres actions encore.

Je remercie également Abdu Gnaba, le directeur de la présente collection, qui a accordé sa confiance à mon travail, et m'a prodigué les conseils nécessaires à la clarification de sa partie conclusive, ainsi que l'équipe des Editions L'Harmattan qui a mené à bien la publication de l'ouvrage

Table des matières

Partie 2
Inventaire des déchets et des pollutions

Partie 3
Agir : les effets, le contexte, les causes

Structures éditoriales du groupe L'Harmattan

L'Harmattan Italie
Via degli Artisti, 15
10124 Torino
harmattan.italia@gmail.com

L'Harmattan Hongrie
Kossuth l. u. 14-16.
1053 Budapest
harmattan@harmattan.hu

L'Harmattan Sénégal
10 VDN SICAP AMITIE 3
BP 45034 Dakar-Fann
direction@senharmattan.com

L'Harmattan Cameroun
Tsinga/Derrière polyclinique FECAFOOT
BP 11486 Yaoundé
Jacques.koukam@harmattan.fr

L'Harmattan Burkina Faso
Villa 281, secteur 23 623, rue 14.32
Ouagadougou
zagbie@outlook.fr

L'Harmattan Guinée
Almamya, rue KA 028 OKB Agency
BP 3470 Conakry
harmattanguinee@yahoo.fr

L'Harmattan RDC
185, avenue Nyangwe
Commune de Lingwala – Kinshasa
matangilamusadila@yahoo.fr

L'Harmattan Congo
219, avenue Nelson Mandela
BP 2874 Brazzaville
deunovmikhael@gmail.com

L'Harmattan Mali
Immeuble Mgr Jean Marie Cissé
Aci Hamadallaye
BP 145 Bamako
syllaka@yahoo.fr

L'Harmattan Togo
Djidjole – Maison Amela
face EPP BATOME
02 BP 20680 Lomé
didieramela11@gmail.com

L'Harmattan Côte d'Ivoire
Résidence Karl – Cité des Arts
Abidjan-Cocody
03 BP 1588 Abidjan
harmattan.ivoire@gmail.com

L'Harmattan Bénin
Rue 604, (Immeuble à l'entrée
de la rue UCAO- Cite de Saint-Jean)
Cotonou
stepcorpus@gmail.com

Nos librairies en France

Librairie internationale
16, rue des Écoles
75005 Paris
librairie.internationale@harmattan.fr
01 40 46 79 11
www.librairieharmattan.com

Librairie des savoirs
21, rue des Écoles
75005 Paris
librairie.sh@harmattan.fr
01 46 34 13 71
www.librairieharmattansh.com